企业间信任与合作

李风华　赵学礼　张　敬　康　凯/著

　　河北省社会科学基金，企业网络中信任对合作绩效的影响研究（批准号：HB09BLJ003）

　　天津市哲学社会科学规划课题，天津市小微企业发展对策研究——基于企业生态视角（批准号：TJYY12-101）

科　学　出　版　社

北　京

内 容 简 介

工业 4.0 的到来以及我国"一带一路"倡议的提出，使得企业竞争趋于白热化，企业竞争不再是单一的竞争关系，而是更多地走向了竞合，竞争—合作—竞争必然成为企业间关系的主题。本书在系统阐述企业间信任、企业间合作基本理论的基础上，分析信任与合作的关系，并用实证的方法进一步分析信任与合作绩效的关系，构建企业间信任对合作的三层次模型、企业间信任对合作绩效影响的模型。

本书可作为管理科学与工程专业、企业管理专业硕士研究生、博士研究生的参考用书，也可以为同领域研究人员提供参考和借鉴。

图书在版编目（CIP）数据

企业间信任与合作/李风华等著. —北京：科学出版社，2018.1
ISBN 978-7-03-056242-5

Ⅰ. ①企… Ⅱ. ①李… Ⅲ. ①企业管理–经济合作–研究–中国
Ⅳ. ①F279.23

中国版本图书馆 CIP 数据核字（2018）第 006289 号

责任编辑：徐 倩 / 责任校对：贾娜娜
责任印制：吴兆东 / 封面设计：无极书装

科 学 出 版 社 出版

北京东黄城根北街 16 号
邮政编码：100717
http://www.sciencep.com

北京京华虎彩印刷有限公司 印刷
科学出版社发行 各地新华书店经销

＊

2018 年 1 月第 一 版 开本：720×1000 1/16
2018 年 1 月第一次印刷 印张：16 1/4
字数：322 000

定价：110.00 元
（如有印装质量问题，我社负责调换）

前　言

市场经济的本质是各种从事专业化活动的组织与个人之间，组织与组织之间根据各自需求实现交换，企业的性质要求其必然与相关企业发生交往与联系。近年来，随着经济的全球化、需求的个性化、竞争的白热化趋势日益明显，加之我国"一带一路"倡议的提出，工业 4.0 时代的到来，大数据、云计算的出现，越来越多的企业感受到自身资源的有限性，以至于很难处理这一变化迅速且很难预测的复杂环境问题。企业要通过自身投资获得所有资源或实现较高的目标，将会付出高昂的物质成本与时间成本，同时还会冒失去灵活性和管理能力不足的巨大风险。因此，通过开展更大范围、更高峰、更深层次的合作，打造开放、包容、均衡、普惠的合作框架，借助于企业外部的力量来实现企业的战略目标，降低自身的风险，成为企业的必然选择。

在影响合作的诸多因素中，信任起到了至关重要的作用，它能够通过影响参与者的心理过程，提高参与者感受到的预期收益，从而提高参与合作的意愿水平，促进参与者之间更广泛、更深入地沟通，降低合作中的障碍和交易成本。同时，信任作为一种治理机制，可以消除交换中的机会主义，促进合作关系。企业间合作的研究认为，在企业间合作过程中，需要通过契约和信任来控制企业间的合作风险，协调差异，解决双方在思想、信仰和知识等方面的冲突，因此，信任的介入可以增强企业间合作。

从 20 世纪 50 年代开始，信任问题就引起心理学、社会学、经济学等领域学者的兴趣，成为这些学科理论研究的中心问题。信任是一种社会现象，它的存在使人们在组织内工作得更容易，使得企业间的合作成为可能。特别是在现今这个不确定性和复杂性日益增多的世界，横向层级组织更多地参与管理模式，信任被认为是比科层权威或直接监督更有效地控制企业活动的适应机制。

在以往的企业间合作研究中，研究对象大多聚集于供应链企业、合资企业、战略联盟等模式，而对于普通企业间的合作关系缺乏系统性研究；关于信任的研究，多集中于人际信任、组织间信任，而对于企业间的信任研究较少。同时，以往的研究多以西方文化为背景，而以中国文化为背景开展研究的较少，中国是一个重视关系、人情的社会，基于此建立的信任也多表现为关系信任、情感信任 ，而这种差异对企业相互合作质量所产生的影响也大有不同。

　　针对中国企业信任度低、合作效率低下的现状，本书以中国企业作为研究对象，运用实证研究方法，试图解决这一问题，给企业提供建立信任合作关系的指导，从而提高企业间的信任度，最终提高企业间的合作绩效。

　　本书共分为五篇（共九章），分别为绪论篇、理论篇、实证篇、案例篇、结论篇。绪论篇共两章，主要提出本书的研究背景及逻辑思路与安排；理论篇共三章，分别对企业间信任、企业间合作、企业间信任与合作基本分析进行理论阐述，试图从理论上论述信任与合作的关系；实证篇共一章，论证企业间信任与合作绩效的关系；案例篇选取两个典型案例，用事实验证信任与合作的关系；结论篇共一章，对本书进行总结。

　　本书最大的特点是对企业间信任与合作进行系统的研究，从理论到实证，均进行深入的探讨，并将其放在不同的案例中进行检验。

　　本书在写作过程中，参考了很多理论观点，引用了大量的实例，在这里对这些资料的作者表示感谢。研究生张林晓、苏萌做了大量的工作，对她们的努力表示感谢。在出版过程中得到了科学出版社的大力帮助和支持，一并表示衷心的感谢。由于时间有限，撰写任务艰巨，书中难免有不妥之处，敬请广大读者批评指正。

李凤华

2017 年 8 月

目　录

第一篇 绪 论 篇

　　本篇主要阐述本书的研究背景，基于什么样的环境让作者对信任、合作产生兴趣？并提出研究的主要问题，信任是什么？合作是什么？它们之间的关系是什么？它们之间的作用机理是什么？信任是如何影响合作的？信任对于合作的效果的衡量，即合作绩效会产生什么样的影响？

　　本篇共包括两章：第一章，问题背景及现状分析；第二章，逻辑思路与安排。

案例导入 丰田汽车生产网络中的信任构建

丰田汽车公司（简称丰田），作为在全球排名长期领先的汽车生产商，除了独步全球的精益生产方式，其基于信任的企业间合作战略也功不可没。

丰田的生产网络采用了与通用汽车、福特汽车完全相反的管理战略。丰田不是努力地压榨供应商的利润空间，而是与所有合作伙伴协作，寻找成本削减机会，在整个生产流程中实施削减举措。它同时让供应商至少在一定时间内能够保留部分剩下的利润，通过这种方式，供应商的激励目标和丰田保持一致，所有供应链上的企业都有机会从协作中获利。由于交易行为能够保证供应商的持续性收益，丰田的供应商在与丰田的合作过程中就会保持更高的动力和积极性，目标的一致性促使交易双方的关系更加融洽，沟通也更加顺畅。

为了保证合作的高效性，丰田花费了大量的时间对潜在供应商进行评估，考虑了除价格外的很多其他因素，目标是建立长期的相互信任的协作关系。评估后，丰田和关键部件的关键供应商建立长期的供货协议（至少持续该型号汽车的整个周期，大约为 4 年）。但这并不意味着供应商就可以高枕无忧，恰恰相反，丰田从很多维度持续地评估每个供应商的绩效，包括质量、可靠性、创意的提出、和其他供应商的协作等。丰田的生产专家和生产商合作，寻找达到目标的方法。一旦达到后，就开始盈利共享；供应商保留半数盈利，同时设立新的成本水平作为下一阶段的成本削减目标。如果绩效无法达到，丰田会在合同期末把更多的采购额分配给竞争供应商。最终，实现奖优罚劣的目标。

丰田生产网络形成过程中的信任构建措施如下：通过成员企业的正确评估与合理选择来提供信任建立的前提，以互补性资源共享、公平、公正、互惠的合作氛围的营造与广泛积极的沟通来建立信任，在成员互相适应中逐步建立和巩固信任，通过内部信任评审体系来维护信任。丰田生产网络中企业间信任的构建首先通过评估成员企业的能力开始，属于信任形成的理性范畴，进而增进企业间沟通和资源共享，营造良好的合作氛围，最后依据内部信任体系来规范企业在生产网络中的行为，保障行为正确、不出现偏差。信任关系的存在促使丰田与其供应商的经营目标能够趋于一致，开诚布公的交流方式和合作模式帮助供应链上的各个环节都能顺畅，加快了整个链条的市场反应灵活度。

第一章 问题背景及现状分析

> 竞争可以是建设性的，也可以是破坏性的。但即使当竞争是建设性的时候，也没有像合作那样有利。
>
> ——阿弗里德·马歇尔

第一节 研究背景

信任是人类生活中经久不衰的话题，也是一种重要、复杂的社会心理学现象，从周成王桐叶封弟，到季布一诺千金，再到当今很多大学的无人售货点；从周幽王烽火戏诸侯，到岳飞衰崇焕之死，再到毒奶粉事件，摔倒的老人无人敢扶的现象，信任与失信作为一个硬币的正反面，不断地提醒着人们人与人之间、人与组织之间以及组织与组织之间微妙的关系。

市场经济的本质是各种从事专业化活动的组织与个人之间根据各自需求实现交换，企业的性质要求其必然与相关企业发生交往和联系。近年来，随着经济的全球化、需求的个性化、竞争的白热化趋势日益明显，越来越多的企业通过企业间合作，借助于企业外部的力量来实现企业的战略目标，降低自身的风险。

实现企业间的合作是个复杂的过程，达成合作受多种因素的影响，而信任就成为合作的一个前提条件。

一、工业 4.0 背景下的国际国内环境对企业的信任与合作提出了要求

企业产生、发展于错综复杂的环境之中，并与之共同演化。大到当今世界的政治、经济等宏观要素，小到竞争对手、技术变革等微观要素，都对企业的业绩水平乃至生死存亡产生或多或少的影响。

信息时代的来临，是 21 世纪的企业面临的最大机遇与挑战。新的信息技术使整个世界高度互联。这些变化与人类历史上曾经发生的变革完全不同，国家之间的竞争不再仅限于区域市场，还包括了对未来技术的掌控能力以及如何使之盈利的能力。工业 4.0 和企业海量数据的分析能力并不是新技术所带来的所有变化，其中还包括交易成本急剧下滑、行业竞争格局剧变等。

未来成功的企业必须知道如何整合技术资源，使其成为提高全球竞争力的工具。企业不能再"单打独斗"，必须明白自己是高度互联的全球信息系统的一部分。工业 4.0 不仅意味着技术的转变、生产过程的转变，也意味着整个管理和组织结构的调整。企业必须放弃孤岛式的想法，为变革做好准备，要在产品设计以及生产规划方面都做好准备。现代环境对企业间合作的要求超过了以往任何一个时期，技术的快速演进、颠覆性创新的不断涌现、消费者参与度的增强、信息的快速传播等，都需要企业与其供应商、政府、社会组织、媒体，甚至竞争对手进行更加广泛、深入、有效的合作。

更为重要的是，要在机器的世界里仍能保持领先地位，人类应牢记那些传世已久的经典哲思。无论是孔子时代流传下来的深刻东方道理，还是欧洲启蒙时期的西方哲学思想都强调：榜样作用、人性之本、信守诺言、手足情谊、学无止境、无私奉献、尊重和聆听他人。在即将到来的新一轮技术大潮中，人类必须不断赋予这些价值观新的理解、新的含义。这不是时代的退步，也不是要成为旧时代的守望者，而是用古人的智慧武装自己，应对新事物迅速发展所带来的混乱与无序。这是历史与未来的承接，如果没有这种传承，人类将失去前进的方向和发展的标杆。这是重拾人类智慧最核心的思想价值，以便投身于未知的与崭新的未来，这是将"文化"作为核心旗帜，让这一指南针带领人类航行于未知的宇宙。

在中国传统文化中，"信"是个人立身之本，是国家的财富。古人云"自古皆有死，民无信不立""信，国之宝也，民之所庇也"，然而，在中国市场经济飞速发展的今天，企业间的"信"却面临着严峻的考验。在经济利益的诱惑下，企业已经越来越难以做到"重信轻利"，由此导致的企业间信任缺失使得企业之间冲突频繁，交易成本居高不下。因此，深入地探讨企业之间的信任问题，对降低交易成本、促进企业合作关系的发展具有重要的现实意义。

综上所述，当今世界企业的发展离不开竞争，更离不开合作，表现形式大多是竞合，以实现双赢甚至多赢，合作的前提除了企业治理所做出的制度安排，更多的是双方的信任。正确把握和建立企业间信任与合作关系，是企业健康发展的保证。它不仅可以使企业赢得良好声誉，而且还是保障企业长远利益的根本所在。

二、国内外学者不断提升的理论使得信任与合作有了理论基础和支撑

在理论界，企业间的信任问题早就得到了国内外众多学者的关注。早在 1900 年，Simmel 就通过货币信任分析认为，信任是社会中最重要的综合力量之一，20 世纪 50 年代后，信任慢慢成为西方社会科学研究的一个中心问题。此后不断有学

者加入进来，西方学者对信任问题的研究有四种不同的取向：第一种将信任理解为对情境的反应，是由情境刺激决定的个体心理和行为；第二种将信任理解为个人人格特质的表现，是一种经过社会学习而形成的相对稳定的人格特点；第三种将信任理解为人际关系的产物，是由人际关系中的理性计算与情感关联决定的人际态度；第四种将信任理解为社会制度和文化规范的产物，是建立在法理（法律制度）或伦理（社会文化规范）基础上的一种社会现象。显然这些取向的研究范式主要是心理学与社会学。

信任是人类的一种情感，也是人类行为的一种形式，它在社会生活中的重要性从古代开始就受到中外思想家的重视。郑也夫（2003）曾从中西方最重要的两大典籍——《论语》和《圣经》中探寻信任的源头，他发现，在《论语》中"信"共出现 38 次，而在《圣经》中，trust 和 confidence 出现的次数也多达几十次。他认为从中西方这两大典籍中都可以看到古代对信任的高度重视。近年来，学术界尤其重视对信任的研究，在理论探讨和实证研究方面都取得了丰硕成果。信任之所以能够成为一个学术和理论界的研究热点，是由两方面的因素决定的：一是社会主义市场经济体制健全的过程对企业交往关系中的信任提出了要求；二是构建社会主义和谐社会的目标对社会各个构成要素之间的关系提出了信任的要求。

尽管经济学、社会学、心理学、管理学等学科对信任的理解不尽相同（Deutsch，1958；Hosmer，1995；Luhmann，1979；Luhmann，1988；Rousseau et al.，1998），但对于信任重要性的认识却是一致的。例如，信任可以促进合作（Gambetta，1988）；信任可以改变组织形式，改善组织网络关系（Miles and Creed，1995；Miles and Snow，1992）；信任可以减少交易费用和组织间冲突（Dyer and Chu，2003；Heide and John，1988；Nooteboom，1993；Nooteboom et al.，1997）等；同时信任可以提高企业网络整体的反应速度，尤其是面对突发事件和危机时的应变能力。

总结已有的研究成果，学者大多从以下两方面对信任进行研究。一方面，信任研究的重心由人际信任向组织信任转移，研究范围包括人际信任、社会信任、系统信任、组织内部信任（企业内部）、组织间信任研究（企业间），其中较为成熟的是人际信任、社会信任研究。直到 20 世纪 90 年代，由于管理模式的变革、组织行式的变迁，人们的研究重点才开始转向组织信任，特别是企业间的信任，尽管如此，以企业间信任为主题的文献在总量中所占的比例依然不大。另一方面，在信任的内容上，人们较多地分析了信任的成因及信任对企业行为的影响。研究发现，企业的声誉、规模、经营能力等个体特征，企业间的交往时间、沟通状况、依赖程度、信息分享程度、双方目标或价值观的一致性等双边因素均会影响到企业之间的初始信任的构建及信任关系的保持；在信任的结果上，已有的研究成果表明，企业间的信任会促进双方的信任交换，促进承诺和满意，促进企业间的团结和灵活性等关系行为，并在减少风险、减少交易成本、抑制机会主义行为等方面产生显著作用。

企业间合作关系的研究越来越引起学者的关注，*Strategic Management Journal*、*Organization Science*、*Academy of Management Journal* 均推出过专刊集中探讨企业合作的问题（（SMJ）*Special Issue：Strategic Networks*（2000）；（OS）*Special Issue：Managing Partnerships and Strategic Alliances*（1998）；（AMJ）*Special Forum of Cooperation*（1995）），充分说明这一问题的重要性。尽管合作一直以来被认为是企业成功的关键因素，但其作用在将来会越来越重要，特别是对于一些日益涌现的结构形式，如自我管理团队、水平组织、网络组织、虚拟组织与国际合资企业，它们的成功很大程度上依赖于有效的合作（Smith et al.，1995）。从合作的可行性角度，有很多的实验证据表明，相对于单纯的个人效用的最大化，人类通常更乐于合作（Canegallo et al.，2008）。

尽管学者对信任和合作的研究非常充分，但通过对现有文献的梳理，发现至少在以下几个领域还存在进一步研究的空间。

第一，多边的、网络的研究可能性。已有研究大多局限于供应链中，然而企业合作不仅仅在于供应链，合作的对象、合作的方式、合作的范围都有多样性，只限于供应链的研究具有较大的局限性。所有企业均内嵌于社会网络中，研究表明，社会网络会对信任产生较大的影响，因为基于网络的信任研究不应当被忽略。当前学者的研究只偏重于一对一的双边信任，很少有人关注两个以上的企业网络对信任产生的影响。

第二，动态的、整体的研究可能性。已有研究大多单一地研究信任的产生、影响因素等，很少将信任作为一个动态系统进行研究，割裂了信任的整体性，信任的产生、消解、修复、再信任是一个周而复始的过程，对整个过程的循环研究是本书关注的一个重点。

第三，本土文化背景的研究可能性。已有研究分析过信任对合作的影响，但信任与合作都是多维的概念，而且大多是在西方背景下开展的研究，中国文化背景下对于信任与合作的研究较少，这就提供了基于本土文化研究的可能。

综合以上分析，研究现状一方面为研究信任与合作奠定了较厚的基础，另一方面为进一步研究留下了较大的空间，这激发了作者的研究热情。

针对这种现状，如何建立企业间的信任？信任消解后如何修复？如何构建企业间信任分类体系？如何才能使企业间合作更加有效？信任是如何影响企业合作绩效的？本书立足中国的企业以中国传统文化为背景，探讨解决这些问题的办法，并试图找出信任影响合作的规律，希望可以在理论上为信任、合作的研究做出贡献，在本书研究过程中，为了更好地度量合作，引入合作绩效这一变量，用来作为合作效果的外在表现。

第二节 研 究 问 题

本书主要研究企业间信任与合作问题，通过对企业间信任、合作、合作绩效文献的梳理，建立企业间信任对合作的三层次模型，构建信任对合作绩效影响的分析框架，并进行实证检验，试图回答以下三方面问题。

（1）where——企业间信任是从哪里来的？在中国文化背景下，探索企业间信任的影响因素，建立企业间信任分析框架。

（2）what——信任是什么？合作是什么？合作绩效是什么？信任与合作的关系是什么？信任对合作绩效的影响是什么？企业间信任对合作绩效的影响路径是什么？在中国文化背景下探索信任维度划分，探讨不同类型的信任对企业合作绩效的影响规律。

（3）why——为什么要信任？为什么要合作？对企业间信任的影响因素、信任及合作绩效三者关系进行研究。通过拟合三者关系模型，探究人际因素、组织因素和关系因素作用于企业间信任进而影响合作绩效的规律。

第二章　逻辑思路与安排

第一节　研　究　目　的

通过国内外企业间信任、合作、信任与合作关系、合作绩效理论研究，探求企业间信任的动态发展过程，力求寻找信任的产生、保持、违背、修复规律，探求企业合作中信任的作用及信任对于合作效果的外在表现——合作绩效的影响。同时通过以国内企业为样本进行的实证研究，探索企业间的信任从哪里来，信任的维度划分及相互关系怎么样，企业间的信任是如何影响合作绩效的。

本书以中国本土文化为情境，以中国企业为研究对象，以信任与合作为研究内容，对相关命题进行分析与思考。研究工作具有一定的理论意义与实践价值。

信任作为企业间合作的重要影响因素，直接影响企业间合作的质量和效率，进而影响企业间合作绩效。分析合作企业间的信任关系能够帮助企业更好地了解合作方的需求，了解获取信任和判别可信度的积极意义，并有针对性地制定恰当的市场战略。本书将探索企业间信任的主要影响因素、企业间合作绩效的影响因素以及信任对于企业间合作绩效影响的一般规律，拓宽信任的研究领域，进一步推进企业间信任的研究，丰富这一领域的研究成果。

将企业间信任和企业合作绩效相关联，不再是抽象意义上的信任效果分析，而是直接将企业间信任研究深化到看得见、感觉得到的层次。对企业间信任的研究有助于开阔企业的思路，打造以信任为基础的指导框架，增强企业间信任和合作水平，实现企业间资源的优化配置。在与对方建立伙伴关系时，不再仅仅靠契约、合同，而是通过建立更深层次的信任，使双方的关系更稳定、更持久。

第二节　研　究　思　路

一、研究方法

本书采用规范研究与实证研究相结合的方法。规范研究为本书引出问题、认识问题和理解问题奠定了基础，实证研究则为进一步分析问题、解决问题提供了依据。

1. 文献研究法

本书对企业间信任与合作的文献进行比较详尽的、系统的搜集、梳理及研究，汲取前人研究的优点并借鉴他们的研究方法与成果，发现他们研究的不足或缺憾，在此基础上，提出自己的研究思路，构建本书企业间合作机制、合作模式、信任与合作的研究框架。

　　2. 规范与实证相结合的研究方法

　　本书对于企业间合作理论、合作的内涵、合作的方式、信任的分类等内容采用规范研究方法；最后对影响企业间合作与信任的结构方程模型进行实证检验，在对个人因素、企业因素、制度环境作为中介变量的信任对合作效果产生影响的路径分析中，获得了前面所做假设的检验结果。

二、技术路线

　　本书在研究中注重把握前沿理论、收集第一手的调查资料，采用科学的研究方法，技术路线如图 2.1 所示。

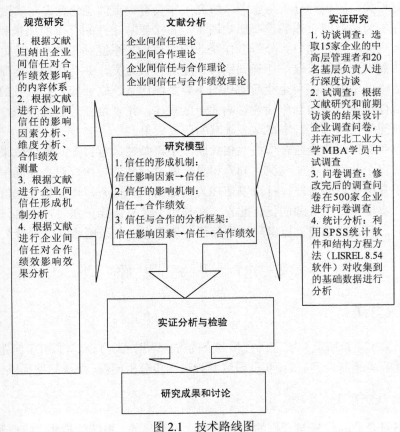

图 2.1　技术路线图

第三节 结 构 安 排

本书共分为五篇：绪论篇、理论篇、实证篇、案例篇、结论篇。沿着提出问题、分析问题、解决问题的路线展开研究。绪论是本书的起点，提出主要研究的问题，企业间信任、企业间合作及企业间信任与合作关系为理论分析，企业间信任与合作绩效关系为实证分析，结论是本书的终点。主要内容如下。

第一篇绪论篇：

重点介绍研究背景、研究目的及思路，提出要研究的问题，并说明本书的技术路线和整体安排。当今世界是个快速发展的时代，企业靠单一的力量无法在竞争中取胜，为获取更多的资源，减少交易的费用，企业倾向于开展合作以实现双赢或多赢，而合作的前提就是企业间相互信任，本书正是在这样的背景下开展研究的，力图通过探索企业间信任对合作的影响路径来揭示其作用规律。

第二篇理论篇：

第三章，企业间信任。不同学者对于信任有不同的认识，本书明确企业间的信任是一方企业认为另一方企业在合作过程中会竭尽全力，面对困难、危机时仍能一如既往地完成潜在交易的主观信念。关于信任的研究从人际信任慢慢过渡到企业间信任，中国是个注重感情和关系的国家，基于中国文化下的信任包括情感型、计算型、关系型。在以上基础上，本书构建信任对于合作影响的三层次模型。信任是个动态发展过程，包括产生、发展、衰退（破坏）、修复等。

第四章，企业间合作。企业双赢的前提是开展合作，然而怎么开展合作？哪些变量会影响合作？本章提出的企业间合作的二维分析框架，是从经济学与企业战略两个维度来分析企业间合作问题。从经济学角度，企业间合作与市场、企业层阶两种方式构成了经济交易的三分法。合作的经济理论包括企业理论、博弈论、产业组织理论、资源依赖理论等。其中企业合作的企业理论来源，是基于经典的市场与企业的边界理论，市场由价格机制协调资源配置，而企业利用行政强制力量配置资源，这是两种较理想化的划分。

第五章，企业间信任与合作基本分析。本章主要探讨信任对于合作的影响规律，包括企业间信任的来源、企业间信任的作用、企业间信任与合作的博弈分析，以及信任对于合作的稳定性分析等内容。通过以上分析，厘清企业间信任对合作的影响路径、互动关系等问题，建立企业间信任与合作的整体分析框架。

本篇主要从理论上对信任的概念、维度划分，特别是基于中国背景下信任维度的划分，以及企业合作的研究范式、企业间信任与合作的相互关系进行系统的理论阐述，为后面的研究打下基础。

第三篇实证篇：

本篇选取企业间信任与合作绩效关系进行实证研究。对企业间信任、合作绩效等关键概念进行界定，随后进行调研设计，通过问卷收集数据，对样本进行描述性的统计。经过实地访谈，把信任影响因素归结为人际因素、组织因素、关系因素。通过信任影响因素对信任三维度作用关系的拟合，发现善良、正直、交往经验、相互沟通、企业声誉和企业能力有助于企业间信任的产生。研究拟合信任对合作绩效的影响，发现情感型信任、计算型信任和关系型信任对合作绩效具有积极影响，提高企业间合作绩效可以通过加强企业间关系中的这三种信任得以实现。揭示了人际因素、组织因素、关系因素会对信任产生不同程度的影响，从而影响企业间合作绩效。

本篇是理论研究证明，试图以中国本土的企业作为研究样本，揭示企业间信任与信任效果即合作绩效的关系，进一步阐明企业间信任与合作的重要性。

第四篇案例篇：

本篇选取国内外相关案例，通过对案例的分析，找出企业间信任与合作的应用情境，探寻具体企业实践中信任产生的路径，验证不同维度的信任对于合作绩效的影响。以判定信任对于合作影响的直接效果，给出直观的答案，即因信任而产生的合作都取得了良好的效果，战略目标都得到实现，绩效得到提高，相反，没有信任的合作最终都是失败的。

本篇试图用直观的方式提示信任对于合作的重要性。跳出专业的理论与实证，用真实的案例揭示了信任对合作的影响效果。

第五篇结论篇：

本篇对全书内容进行总结和概括，回答绪论提出的问题，分析研究结论的理论和实践意义，为现实的企业间信任对合作产生效果即合作绩效影响提供建议，总结和分析研究的局限性，并提出进一步研究的建议。

第二篇　理　论　篇

　　本篇主要论述信任与合作的相关理论。什么是信任？什么是企业间的信任？信任的维度有哪些？信任的影响因素有哪些？研究信任的方法有哪些？企业的信任构建的模型有哪些？信任从产生到消解的过程是什么样的？如何对于失信行为进行补救？是盲目信任吗？企业间的信任成本是怎么评估的？什么是合作？怎样看待企业间合作？合作的动力模型是怎么样建立的？什么是合作绩效？合作绩效的测量维度有哪些？合作绩效的影响因素有哪些？信任与合作的博弈分析，以及合作性的保持研究。

　　本篇共包括三章：第三章，企业间信任；第四章，企业间合作；第五章，企业间信任与合作基本分析。

案例导入一　被信任是一种快乐

2012 年 12 月 25 日，国美电器（简称国美）在北京发布了未来企业发展战略及新品牌形象，同时推出新品牌口号"被信任是一种快乐"。这是国美成立 25 周年以来，第一次明确提出以"信"为核心内容的企业文化。对于一家零售连锁企业，特别是作为当时行业领军者的国美而言，这不仅是国美自身发展的一大步，也是推动行业前进的一大步。

孔子说："人而无信，不知其可也。"国美一直以"信"作为企业文化的基石，并以此为基础，立志成为备受信赖的世界级零售企业，其本质是将多方利益相关者会聚在一起，交换价值，创造价值，同时共享价值。在这个平台上，生存和发展的前提是服务于消费者，正如零售行业的本质就是服务。国美一直在追求的就是怎样为消费者提供更好的服务和体验，赢得消费者信赖。这是国美过去、现在、将来都需要考虑的永恒话题。可以说国美将供应商、消费者紧密地连接起来，它是一个让多方志同道合的利益相关者聚集在一起的商业平台，更是一个合作平台。核心即是在合作各方相互信任的基础上取得消费者的信赖。随着社会网络的不断发展和市场环境的越发复杂，消费者需要更加认真仔细地甄别市场中的各种虚假信息。从品牌诚信的角度树立企业形象，是一个较为实际也更容易被消费者接受的品牌战略。企业想要持久，就要与消费者之间建立默契，打造优良的社会口碑，一个被大众所接受的企业，才能够在市场上更好地存活。

所谓的道合就是在这个平台上，各方要有共同的理念去创造今天、明天和将来，拥有一个共同的价值观。正如国美高级副总裁魏秋立所说，国美之所以选择"信"作为企业文化，是因为国美从成立以来就相信商道唯信。国美这个品牌存在的最终目标就是赢得消费者的信赖、信任和信心。要达成这个目标，从企业内部来看，首先要建立的是国美领导上下级之间精于互信的关系，一个同心同德、值得信赖的团队，才能和合作伙伴互助互利。只有依赖于一个信任的团队，才能赢得消费者的信赖、信任和信心。

从企业间来看，信也有利于企业成本的降低。国美初创立身之本正是基于消费者的信任。互信的关系便于降低合作成本，使企业能将更多的精力投入到对消费者需求变化的理解和商业模式的创新中。在企业氛围和文化上也崇尚被信任是一种快乐。

魏秋立在阐述国美之信用"得信赖者得天下，失信赖者身不存。'信'之有无，命运两殊"时总结到"信是统领国美经营的核心价值观,因为大家有着共同价值观,所以大家志同道合聚集在国美这个平台上。国美将其信确立为统领国美的核心价值观,这个价值观对外会化为追求消费者信赖的品牌与信誉。对内化为全体国美同仁值得信赖的信品、信识、信能与信行"①。

魏秋立还表示国美力推"信"文化是一种鞭策,更是对社会的一个承诺。国美将把这个承诺内化为坚实的企业文化落实在员工的行为规范上,以回报社会和广大消费者对国美的信任。因此,在内部经营管理上,要求员工凝聚信识,正信不迷,要和合作伙伴有一个良好的契约精神。信行上则要有一个谨慎的承诺的态度,做到信口如一,言行一致。信能上要求专业的负责态度和追求卓越的意愿。信品上强调诚实不虚伪,正直有底线,这个底线是要有做人的底线,在企业里面,企业有行事的底线。通过在日常经营管理上,对员工信品、信识、信能、信行的要求,支撑国美对消费者的承诺,成为受消费者信赖的品牌。

对于一家企业而言,文化是"内",品牌是"外",只有做到内外一致,企业文化和品牌行为相统一,企业才能实现自我价值和发展。对国美而言,"信"文化符合家电连锁行业的属性,国美也具备讲"信"的文化和条件。作为中国最大的零售连锁企业,国美具有代表性和资格去讲"信"。

国美的信之道的实质也是企业间、企业与消费者之间的合作之道。企业间合作,是指两家或两家以上独立的、治理结构上互不控制的企业,为了实现自身经营目标,超越单纯以价格为衡量标准的市场交易行为,互相利用彼此的资源与能力,共同完成某一任务或达成长期的业务关系的经营行为。构建科学合理的企业间合作体系与平台可以为企业带来经营优势。但是,每个企业都具有不同的企业文化、经营哲学、产业地位与利益诉求,如何才能在这些具有不同特征的企业间达成默契、共赢的合作就成为首要考虑的问题。国美所搭建的平台正是共赢基础上的合作。

---

① 胡永峰,李珊. 被信任是一种快乐溯源国美"信"文化[EB/OL]. http://tech.hexun.com/2012-12-28/149575773.html[2017-08-01].

案例导入二 海尔集团与阿里巴巴集团之间的信任与合作——双赢

在一次采访中周云杰（海尔集团总裁）曾表示，在张瑞敏提出的"卖的不是产品，而是买用户资源"这一指导思想下，公司对于日日顺的定位将不单纯只是一个"送货的"，海量的用户数据才是物流服务的终极目标。日日顺是海尔集团旗下的综合服务品牌，旗下有日日顺乐家、日日顺物流、日日顺健康等国内专业的社区服务平台。日日顺乐家是中国专业的社区服务平台，提供源产地农特产、快递收发存、乐家驿站等便民服务；日日顺物流是中国大件物流专业品牌，9万辆车、500万平方米云仓、18万名服务师提供按约送达、送装一体的体验；日日顺健康是中国专业的净水、净空、母婴等健康解决方案平台。海尔集团与阿里巴巴集团的联手，充分展现了海尔集团的这一战略倾向。由于阿里巴巴集团在信息和资源获取方面存在绝对优势，可以为海尔集团在发展一体化服务的过程中获取海量用户数据和资源提供绝对帮助，这无疑将加快海尔集团在互联网转型道路上的步伐。正如周云杰所说，在庞大的用户数据和成熟的供应链管理的支持下，用户的消费预测将更加精准，C2B（customer to business，消费者到企业）个性化定制也有了实施的可能。相关信息显示，通过信息收集平台、设计制造能力、供应链以及物流配送能力的共同作用，海尔C2B预售与个性化定制产品的销售占比已接近3成。当然合作过程中也会有一定的规则限制，海尔集团的负责人在采访中表示，对于此次合作，海尔集团和阿里巴巴集团双方已经明确在遵守相关商业条款的基础上，确保部分品牌信息的保密性，以商业平台的职业操守来互相制约。例如，日日顺是一个开放的平台，将涉及多个品牌的产品和用户信息，如果输出的相关用户信息与另外一个品牌交互，那么对方品牌会因为新品牌带走自己的用户而产生不满，这样的信息就需要加以限制，这是该行业的必要条件，而有些信息的共享会促进供应，那这部分信息就需要予以开放。

日日顺的主要作用是为海尔集团自己的产品做物流配送，以促进海尔集团的物流开放进程。近年来又逐渐开始为其他缺乏物流体系的三、四线城市企业提供服务，但未实现饱和。目前，海尔集团自身产品的配送安装占到日日顺总订单量的70%。与阿里巴巴集团合作，同样是为了加快物流开放进程。正如海尔电器公告所称，双方将充分利用海尔集团在供应链管理、物流仓储以及配送安装服务领域的优势，以及阿里巴巴集团在电子商务生态体系的优势，联手打造一项全新的应用于家电及大件商品物流配送安装等服务中的整套体系与标准，并将该体系对全社会开放。此次合作的另外一个目的是阿里巴巴集团希望通过合作弥补白色家电物流配送的短板。就天猫商城而言，大件商品的配送方面一直存在缺陷，与海尔电器合作，一方面能够对大电器的品类加以扩充，另一方面会弥补大电器配送方面的短板。与成熟的快递公司组建合资公司是阿里巴巴集团在物流领域一直以来的策略。阿里巴巴集团联合银泰集团、复星集团、富春集团、顺丰、申通、圆通、中通、韵达等多家物流企业组建合资公司——菜鸟网络，但其主要涉及的是小商品的配送。日日顺物流成立于1999年，其发展经历了从企业物流到物流企业再到平台企业的三个转型阶段，在先进的管理理念和物流技术以及一流的网络资源的联合支持下，日日顺物流逐渐搭建起了开放化、标准化、专业化的大件物流服务平台。在以提高用户体验为主要目标的宗旨下，日日顺物流目前已经成为了为家电、家具、卫浴、健身器材及互补行业客户等多种商品的企业提供一流服务的物流企业。日日顺物流在大件家电、家居方面的配送做得颇有成色，且服务对象已经深入乡镇市场。数据显示，日日顺物流已经建立了7600多家县级专卖店，约26 000个乡镇专卖店，19万个村级联络站，并具备"最后一公里"优势。与日日顺合作是阿里巴巴集团弥补大件商品配送短板的不二选择。阿里巴巴集团和海尔集团间的合作不会仅限于物流服务，2012年海尔集团与阿里云宣布，双方将在移动互联网和云计算两个领域展开深入合作，打造移动终端智能手机与智能电视就是很好的证明。未来不排除海尔集团加大对Yun OS业务的支持。

第三章　企业间信任

如果你想对所有这些制度、文化模式、商业惯例和法律体系造成的净效应进行总结，可以归结为一个词：信任。它们创造和带动了很高的信任水平，这也是开放社会最重要的特点。从多方面来看，信任是美国成功经验中所有成分的产物。

——托马斯·弗里德曼《世界是平的》

企业间信任是指在有风险的前提下，一方企业认为另一方企业在合作过程中会竭尽全力，面对困难、危机时仍能一如既往地完成潜在交易的主观信念。

本章主要在梳理相关理论文献的基础上，对信任的研究方法、基本问题、信任构建的三层次模型、信任动态发展过程加以论述。本章共分为五节：第一节是企业间信任的研究方法；第二节是企业间信任的基本问题；第三节是企业间信任构建的三层次模型；第四节是企业间信任的产生、消解和修复；第五节是企业间信任的成本。

第一节　企业间信任的研究方法

对于信任问题的研究，吸引了包括哲学、社会学、人类学、经济学、管理学在内的很多领域的学者。但由于影响信任的因素很难分清，所以到现在为止没有一个很完善的框架被学者共同接受。姜广东（2004）总结为以下四种主要方法。

1. 交易费用方法

倡导者主要是 Williamson（1993），这种方法将信任与交易费用连接起来，并用交易费用分析方法处理信任概念与信任关系。影响交易成本的因素可分为两类：人的属性和交易特有的属性。Williamson（1993）认为，人的属性主要包含两方面，即有限理性及机会主义；交易的特有属性则为资产的专用程度、不确定的程度、交易的频率。而正式制度安排并不能完全覆盖交易中所有的层面，因此交易伙伴间的信任可以减少法律机制上的支出，从而可能使交换双方从交换中获益。

2. 博弈论方法

博弈理论把信任的研究定位在人与人之间及组织与组织之间的个体交易上，

而且每个不同的行动者都是在获取的现有信息的基础上，以利益最大化为准则寻求合作。博弈论学者把这个问题定义为"囚徒困境"（prisoner's dilemma）。在这个博弈中，两个参与者有两种选择："合作"（诚实地交换）或"背叛"（欺骗、误导或不实的质量、食言等）。这个陷阱的实质是对每一个参与者的最优选择导致了次优（经常是最坏）的集体结果。对这种社会陷阱的标准解决方案是利用正式或非正式的控制。正式的控制需要组织根据协议去监控与处罚（Hechter，1987）。然而，如果监控困难或者处罚需要广泛的诉讼来完成，那么正式的控制成本会很高。非正式的控制同时依赖于"未来的阴影"（shadow of the future）——预期的报复或者名誉的丧失，这会阻止双方背叛（Coleman，1990），重复博弈会加大信任的机会。在缺乏制度保护的情况下，毫不奇怪，很多企业会避开开放的市场中对已有供应商有利的交易。这种"保护"与"集团内更好"的狭隘倾向是与自由贸易和文化多样性的普遍原则背道而驰的。

3. 解释方法

解释方法目前还只是一种理论倡导，是对哲学家 Simmel 理论的进一步的引申和发展。Simmel 将信任看作理性计算与"信仰的额外因素"的结合，认为信任是知识与无知的合成物。将信任看作一个完整的认知过程，此过程分为三个阶段：解释、悬而未决（suspension）、预期。解释是基于对经验知识的总结所做出的对某种事物或当事人的主观阐释，人们常常比较重视解释与预期之间的关系，以"好理由"（good reason）解释信任的发生。但是 Simmel 认为：就信任来讲，仅有理性是不够的，信任具有难以琢磨的性质，在解释与预期间需要跨越一座桥梁。他把这一过程称为"悬而未决"，Simmel 实际上是将这一过程作为人对事物或人的"准宗教信仰"发挥作用的阶段，因此超越了无知与不确定领域，使解释过渡到预期，也就是跨越到信任状态。

4. 嵌入方法

从微观层面讲，嵌入方法是将个人嵌入社会网络；从宏观层面讲，嵌入方法是将组织嵌入组织网络结构。研究者要考虑产生、证明和展开社会资本的网络如何嵌入在较大的政治经济系统中或较大的文化与规范的系统中。而市场与科层内部都应嵌入主观的与非正式的关系，而嵌入性存在积极与消极两方面的影响。它可能决定了资本主义市场经济的不同发展之路，同时指出了不同学科对信任的方法上的片面性，主张打破学科界限，力主学科间的融合。嵌入性的研究显示了广泛的适用性，它使市场中的结构纳入信任的框架下，增强了信任范式的解释能力。

信任在本质上是一种心理态度，这种心理态度是通过具体的活动过程体现出来的，即发生信任行为，它具体体现在以下五个方面：相互信任的合作者之间会增加关系特定型投资；会接受对方的影响，自觉地调整自身的战略和行为，以满足对方的意愿；会保持沟通的开放性，以保持对合作伙伴各方面情况全面、及时地掌握；会降低对控制手段的依赖；会对机会主义行为进行克制。

信任可以广泛存在于企业与相关厂商、客户与资源提供者的关系之中。与买方的信任可以更好地留住顾客，培养顾客忠诚；与互补品厂商的信任可以建立更加紧密的协作关系；与同行业厂商的信任可以避免恶性竞争；与替代品厂商的信任可以更好地发现未来的发展方向，共同引导产业发展趋势；与潜在进入者的信任有助于建立健康的产业环境；与资源供应方的信任可以更好地整合价值链，降低经营成本。

信任研究的本质内容在于研究建立信任的方法、影响企业间信任的因素以及信任对于企业经营绩效的影响。因此，从实践导向出发，构建企业间的信任模型并厘清信任前置要素的作用模式、揭示信任不同维度对合作绩效的影响规律是本书的主要研究思路。

第二节　企业间信任的基本问题

一、信任的定义

20 世纪 50 年代，国内外学者开始将信任研究作为一个中心课题。在西方社会，社会心理学、社会学和经济学都有大量关于信任问题的研究。社会心理学对信任的研究以 Deutsch（1958）为代表，主要从个人的、心理的角度进行，把信任看成一种心理特征的表达。社会学对信任的研究以 Luhmann（1979）、Zucker（1986）为代表，认为信任是减少社会生活和社会交往过程中复杂性的一种机制，信任来源于过程、特征、制度。经济学视角的信任主要体现在委托-代理理论、博弈论、交易成本经济学等，Coleman（1990）利用委托-代理理论研究信任，把信任作为理性计算的结果，几乎没有注入感情成分。中国学者关于信任的研究起步较晚，罗家德（2005）从社会网络的视角研究信任，认为网络的结构位置首先会影响特殊信任形成，进而影响一般信任。

20 世纪 80 年代中期以来，信任成了组织研究的重点（罗家德，2005）。在企业战略和市场营销的文献中，企业间信任总是与竞争优势的扩大、经营绩效的提高、冲突和机会主义的减少、满意度的增加和其他好的经济结果相联系

（Zaheer et al.，1998）。在组织学的文献中，信任被用作一种治理机制，消除交换关系中的机会主义，促进合作关系（Morgan and Hunt，1994）。

　　关于信任的定义，学者都有不同的看法，由于各学科对于信任的定义各有不同，到目前为止，并未形成一个统一规范的定义（Palmer et al.，2000）。经过文献分析，可以把信任的定义归纳为三个方面：第一，对他人的信任反映了一种预期或信念，受信者是信得过的，本质是好的；第二，施信者不能控制或强迫受信者去履行对他的预期，也就是说信任带有使施信者受到伤害的脆弱性，施信者承担着被不履行预期的风险；第三，施信者对受信者有一定的依赖性，以至于施信者行动的结果受到受信者行为的影响。

　　学者关于信任的定义如表 3.1 所示。

表 3.1　信任的定义

学者	定义	核心词
Deutsch（1973）	信任方对被信任方采取合意行动可能性的信念和预期	信赖、预期
Golembiewski 和 McConkie（1975）	A 对 B 有信心，认为 B 有能力与意愿执行对 A 有利的结果	能力、信赖
Rotter（1980）	信任是一种稳定的信念，受到人们对情境熟悉度的影响，是维护社会共享价值和社会稳定的关键，信任来自于人们对他人产生的期望	信念、稳定、期望
Boon 和 Holmes（1991）	在承担风险的情形下，为尊重他方而对其动机的积极预期	风险、信赖、预期
Dodgson（1993）	信任是一种思维状态，即交易一方对另一方将付诸意料之中的、相互可以接受的行为的预期	可靠性、预期
Sabel（1993）	信任就是一方确信另一方不会利用自己的弱点来获取利益	信赖、预期
Morgan 和 Hunt（1994）	信任是指合作的一方对另一方的可靠性和诚实度有足够的信心	可靠性、信赖
Mayer 等（1995）	信任是指一方在有能力监控或控制另一方的情况下，宁愿放弃这种能力而使自己处于暴露弱点、利益有可能受到对方损害的状态	信赖、风险
Kozak 和 Cohen（1997）	信任就是确信某人可以不负所托，圆满达成自己的目标	信赖、期望
Smith 和 Barclay（1997）	信任是一种承担风险的意愿与情感或认知期望上的观点	期望、风险

续表

学者	定义	核心词
Doney 等（1998）	信任关系是指信任者与被信任者的动机与期望，对两者关系的发展有下列五种不同的行为：理性计算过程、预测过程、才能过程、意图过程、转移过程	动机、期望
Sako 和 Helper（1998）	信任是代理人对其交易伙伴的一种期望；交易伙伴会以一种相互可接受的方式行事（包括任何一方都不会利用对方弱点的期望）	期望
Gefen（2000）	根据以前的互动，人对于其他人将做的行为保持正面的期望且觉得有信心值得信赖	信赖、期望
Child（2001）	信任是一种演化的动态过程，可区分成初始时期以计算为基础的信任，共同合作后以相互理解为基础的信任和最后以联系为基础的信任	非正式性理解
Nguyen 和 Chung（2005）	在临时性团体和对组织里陌生人的互动中观察到的推定信任，都可以归为经由边界途径进行资料处理而得的。边界途径用来评估被信任者是否值得信任	边界、途径
罗家德（2005）	信任是一种相互性的行为，一方表现出值得信赖的特质，另一方则表现出信任他的意图	相互性、信赖
杨静（2006）	信任就是在风险和相互依赖的前提下，合作双方相信另一方有能力并且有意愿去履行承诺，同时任何一方都不会利用对方的弱点去获取私利	风险、依赖、能力
McKnight 等（2009）	信任是个体对信任目标在多大程度上表现出善意、正直、能力和可预测行为的信心	信心、善意、正直、能力、可预测性
Aljazzaf 等（2010）	信任是一种意愿，它依赖于受信方在指定环境中的行为承诺，这种意愿与施信方对于受信方能力的监督和控制无关，并且不能排除会出现消极结果的可能	意愿、承诺
Aris 等（2011）	信任是在潜在风险条件下，委托方对于受托方的一种信赖，这种信赖将导致一方的命运由另一方所掌控，且潜在风险很有可能使委托方承担由受托方引发的消极后果	信赖、风险承担

续表

学者	定义	核心词
李达和罗玮（2013）	信任是在施信方预期受信方能够以友好的动机实现有益的效果时，对受信方做出的一种资源或者权利方面的让渡	预期、让渡
Ajmal（2015）	信任是一种信念，这种信念使信任方相信受信方愿意在环境条件下以及可能发生的事情中考虑个人以及组织的利益	信念

　　根据相关文献分析发现，不同学者对信任的关注大多集中在风险、依赖上，学者对于产生信任的一些必要条件是有共识的。风险就是心理学、社会学、经济学概念中认为的信任的一个必要条件（Coleman，1990；Rotter，1967；Williamson，1993）。风险是指决策者感知到的损失的可能性（Chiles and McMackin，1996；MacCrimmon and Wehrung，1986）。风险与信任之间的相互关系导致了两者间的路径依赖关系：风险创造了信任的机会，而信任又会导致风险。而且当期望的行为变为现实后，承担风险又加深了对信任的理解（Coleman，1990；Das and Teng，1998）。当行动是完全确定、没有风险的时候，信任是不需要的（Lewis and Weigert，1985）。对他人意图与行为的不确定是风险的来源。信任的第二个必要条件是互相依赖，在这种情况下，一方的利益如果不依靠另一方就不能实现。虽然风险与依赖对信任的产生都是必要的，但是当互相依赖增加的时候，风险与信任的本质就会发生变化（Sheppard and Sherman，1998）。相互依赖的程度会改变信任产生的形式，就像一个公司对临时员工的信任与对老员工、核心雇员的信任是大为不同的。

　　通过总结以上观点，本书对信任的定义如下：信任是 A（施信方）在依靠 B（受信方）实现其目标的过程中，认为 B 会尽其所能履行承诺，并且不会利用 A 的弱点谋取不当利益的一种信念或者心理状态。

二、信任的类型

　　从很多学者对信任的定义中可以看出，信任是一种相信和预期。但是根据不同的研究目的，信任有多种不同的形式。对信任最有代表性的分类主要有以下几种。

　　1）Zucker（1986）为了说明信任与控制的关系，提出了两种信任：一种是基于个人的信任；另一种是基于制度的信任。基于个人的信任是指个人与个人间的信任，一般认为是委托代理关系的前提，但不是信任产生的主要形式。而基于制度的信任是通过制度设计的惩罚性威胁迫使组织中的成员必须采取合作的态度或者放弃机会主义的打算，是一种威慑性信任（deterrence-based trust），即强调通过功利主义的安排使一方相信另一方。

2）Barney 和 Hansen（1994）根据机会主义的强弱把信任分为弱式信任、半强式信任和强式信任。弱式信任意味着存在有限的机会主义的可能性，但是低度信任并不必然导致合作成员相互欺骗，合作者之间相信他们自己没有明显的弱点可被他方用来作为损害自己利益的武器，交易双方有足够的信心，这种信任的存在并不依赖于契约或其他形式的交易机制。半强式信任也称为治理信任，当合作组织中存在明显的机会主义，合作成员通过治理机制来维护自己的利益时，就出现了半强式信任。治理机制为一个有机会主义的交易方施加了多种成本，当机会主义行为的成本将比其收益高时，就迫使合作企业修正不当行为。强式信任是指在具有显著的交易脆弱性情况下，受到巨大的脆弱性威胁时，由于机会主义行为的存在违背了自己内在的价值观、原则及行为规范而形成的信任。强式信任是一种原则性的信任，它不依赖于社会和经济治理机制，且无论有没有完善的治理机制，双方依然可以相互信任。强式信任来源于对行为准则、企业文化和价值观的相互认同。这些强式信任的价值观和信仰将由于受到内部回报与补偿系统的支持而得以强化。

3）Lewicki 和 Bunker（1995）把信任分为计算型信任、了解型信任和认同型信任。计算型信任指交易者都是理性的，交易者自己也相信其他交易者会理性地分析信任与不信任的成本和收益。了解型信任依赖于交易双方共同的思考方式，这为理解另一方的思路和预测另一方的行动提供了基础。认同型信任指交易双方有着共同的价值观，双方都能很好地理解对方，这需要双方在思维上达到高度的一致性。这种信任的建立需要双方长期的合作，还要在不同企业的企业文化、价值观和经济哲学之间达到高度的共识。

4）Das 和 Teng（1998）把信任区分为两个维度：善意信任和能力信任。这与可感知到的不同类型的风险相关，这种区分是建立在以下基础上的：信任是在风险环境中对合作伙伴履行他的合作角色的一种预期，它依赖于各方完成任务的目的和能力。善意信任是与关系风险紧密联系的。它是指一种对对方努力完成合作中任务的预期，这种预期建立在相互理解和被看作信任保障的关键人物的态度上。能力信任是指对方有能力完成工作的预期，它与绩效风险相关。

5）罗家德（2005）认为信任分为两个维度：一般信任、特殊信任，没有特定对象的为一般信任，有特定对象的为特殊信任。一般信任的来源是制度、一群人间的认同、己方或对方的人格品质。特殊信任存在于两两关系中，是两人互动的结果。

6）杨静（2006）认为企业间的信任分为两个层次，第一个层次是理性层次，称为计算型信任。更多地考虑企业间的功利关系，大多数企业在信任对方时首先考虑对方的能力，而非善意、动机。在陌生企业间更是以正式的契约、合同为主，企业间的信任来自于契约的限制或双方的相互依赖性，违约成本使得机会主义行为的利益不足以弥补损失，因此，企业间的信任完全来自于成本和利益的计算。第二个层次是感性层次，称为关系型信任，产生于双方行为的可预测性，同时包括由于既有关系的存在而带来的基于情感的信任。

7）赵学礼（2008）认为企业间信任要考虑个人因素、组织因素、制度因素，他把由于个人因素而产生的信任称为联结型信任，把由于组织因素而产生的信任称为计算型信任，把由于制度因素而产生的信任称为制度型信任。

8）张景安和刘军（2009）认为信任可以分为两类：客观信任和主观信任。客观信任是以证据为基础而存在的，而主观信任则是一种认知现象，是对他人特征或行为的主观判断。

9）李勇军（2010）将信任分为直接信任和推荐信任，直接信任是主体 A 根据与主体 B 的直接交易历史记录而得出的对主体 B 的信任，推荐信任是主体间根据第三方的推荐而形成的信任，也称为间接信任。

10）Aris（2011）从功能和可靠性两个方面进一步区分了软维度信任及硬维度信任的概念。他从功能和可信度两个方面分析两种维度的信任的差别。功能涉及被信任的客体的能力、竞争力和可预见性，而可信度包括的属性有诚实、正直、善意和可靠。Aris 认为，硬维度信任以认知为基础，而软维度信任是固有的，是受信方在价值动机的驱动下，针对信任方的利益采取的行动。

11）Zhang 和 Daniel（2014）把信任分为直接信任和间接信任。直接信任是指用户与受信方直接接触而产生的信任，间接信任是指通过数据信息、标签、他方推荐等获得与受信方可信度相关的信息从而产生的信任。比较而言，由于间接的获得与受信方相关的信息更为常见，所以通常通过间接可信度来预测受信方的直接可信度。

12）姜文君（2014）将信任分为推荐信任和功能信任，他认为推荐信任是未来的优先选择项，推荐信任所涉及的信息领域是稳定客观的，不可改变的，而定义功能信任时，他用了四个因素，即社会关系、等级评定、信誉以及相似性。

13）Ajmal（2015）将信任分为积极信任和消极信任。积极信任是在可靠的、正直的、有竞争力的条件下形成的，促使双方进行真诚、善意的交流的态度。积极信任将促使项目的成功。相反，消极信任是利益相关者在不同的文化背景下，由于不稳定性以及分歧产生的不忠诚或者恶意的态度。这种消极信任将会导致项目执行过程的效率低下。

学者对信任的分类如表 3.2 所示。

表 3.2 信任的分类

学者	分类	核心词
Zucker（1986）	基于个人的信任	个体之间的信息
	基于制度的信任	规则
Sako（1992）	契约型信任	契约合同
	能力型信任	能力
	善意型信任	共同的信仰、友谊、情感
Barney 和 Hansen（1994）	弱式信任	机会主义的有限性
	半强式信任	治理机制
	强式信任	相互认同
Lewicki 和 Bunker（1995）	计算型信任	收益成本比较
	了解型信任	交易双方共同的思考
	认同型信任	共同的价值观
McAllister（1995）	认知型信任	对充分了解证据的掌握
	情感型信任	感情
Nooteboom 等（1997）	非自利型信任	伦理、道德、友谊、情感
	动机型信任	自利
Das 和 Teng（1998）	善意信任	关系风险
	能力信任	绩效风险
罗家德（2005）	一般信任	制度、认同
	特殊信任	权利、保证
杨静（2006）	计算型信任	成本、利益
	关系型信任	合作经验、情感
赵学礼（2008）	联结型信任	个人情感
	计算型信任	成本
	制度型信任	契约、制度环境
张景安和刘军（2009）	客观信任	证据
	主观信任	认知、判断

学者	分类	核心词
李勇军（2010）	直接信任	交易记录
	推荐信任	第三方
Aris 等（2011）	软维度信任	价值、利益
	硬维度信任	认知
Zhang 和 Daniel（2014）	直接信任	直接接触
	间接信任	第三方数据
姜文君（2014）	推荐信任	选择项、客观
	功能信任	相似性
Ajmal（2015）	积极信任	有利条件
	消极信任	不利条件

三、企业间信任的定义

对于企业间信任的定义，目前还没有形成一个统一规范，各个学科对企业间信任的定义也不同（Palmer et al.，2000）。对企业间信任的定义可以归纳为三个方面。第一，对其他企业的信任反映了一种预期或信念，被信任企业是善良的。第二，信任企业不能控制或强迫被信任企业去履行对它的预期。也就是说信任带有使信任企业受到伤害的脆弱性，信任企业承担着被不履行预期的风险。第三，信任企业对被信任企业带有一定的依赖性，以至于信任企业行动的结果受到被信任企业行为的影响。在一些文献中曾把企业间合作的信任定义为"一种交易一方的全体成员估计对方会按照己方具有信心的期望完成潜在交易的主观信念，不论己方的监督和控制能力如何"（Bhattacharva et al.，1998；Doney and Cannon，1997；Gambetta，1988）。Mayer 等（1995）及 McKnight 等（1998）还强调了信任和信任行为的差异，"信任是承担风险的意图，信任行为则是实际承担的风险"。可见信任的核心是风险，所以，有人更加狭义地将信任定义为在有风险的条件下对他人顾及自己动力的一种正面预期（Boon and Holmes，1991）。

由此看来，学者都认为信任是有风险的，信任的双方是互相依存的，同时认为信任是与好的结果相联系的，因此，本书对企业间信任的定义为：在有风险的前提下，一方企业认为另一方企业在合作过程中会竭尽全力，面对困难、危机时仍能一如既往地完成潜在交易的主观信念。

四、企业间信任维度的划分

在对前面信任维度的研究中，作者在国外研究文献的基础上对信任的维度进行了归纳，本书要研究的是组织间信任机制，主要是针对中国本土文化背景的研究，因此在本节中作者对近十年来国内对于信任研究的文献进行了总结，主要侧重于对组织间信任的研究，如表 3.3 所示。

表 3.3   组织间信任的维度

作者	信任维度
王蔷（2000）	低度信任、中度信任、高度信任（组织间）
金高波和李新春（2001）	过程型、特征型和制度型
张维迎和柯荣住（2002）	特征型、制度型、信誉型
高静美和郭劲光（2004）	认知型、情感型、行为型（组织间）
王晓玉和晁钢令（2005）	认知型、情感型
李永锋（2006）	能力型、仁爱型、诚实型（组织间）
杨静（2006）	计算型、关系型（组织间）
崔彦韬（2006）	情感型、理性维度（组织间）
张延锋（2003）	理性信任、感性信任
袁立科和张宗益（2006）	契约型、能力型、良好愿望的信任
徐雷（2007）	认知型、情感型、制度型（组织间）
王涛（2007）	结构型、社会型（组织间）
孙伟（2007）	可信性、善行
张瑾（2008）	初始信任、持续信任
刘南和姜成峰（2008）	过程型、特征型、规范型（组织间）
王静（2009）	计算型信任、关系型信任
陈彦雄（2009）	人际信任、制度信任

从表 3.3 中可以看出国内学者对于组织间信任维度的研究多是基于国外学者的研究，按照我国国情的具体情况进行了适当修改。总体来说，学者对于信任的分类大致可以归纳为三类：第一类是在 Zucker（1986）的基础上将组织

间信任分为过程型信任、特征型信任和制度型信任；第二类是在 McAllister（1995）的基础上将组织间信任分为认知型信任和情感型信任；第三类是在 Rousseau 等（1998）的基础上将组织间的信任分为计算型信任、关系型信任与制度型信任。

本书对组织间信任维度的划分借鉴前人的研究，综合考虑到中国文化和中国企业的具体情况，将组织间信任分为三个维度：计算型信任、关系型信任和情感型信任。计算型信任是基于理性的选择，双方的交易仅限于经济层面，投机行为的可能性依然存在，但有限的交换范围使得预期损失在可容忍的范围内；关系型信任来自于双方长期的反复互动；情感型因素可以形成支持信任的广泛因素，以支持更多的风险承担与信任行为，构成情感型信任的基础。

在某些特定情况下，各种维度的信任可能是混合在一起的。在组织研究中仅将组织间信任看作一种维度是不可以的，因为在特定的关系中，信任的维度会在一定的条件下进行转化，在同样的对象中由于任务或设置的不同也会形成不同维度的信任。因此组织间信任的维度要根据具体的交易发展情况做出判断。

通过前面对信任维度的分析发现，信任大多与感情、成本、契约相联系，相对应地把信任分为三个维度：第一个维度是情感类，这一个层次是把交易与价值观、文化背景、社会关系、个人情感等因素相关联产生信任，情感联结的产生基于对对方特征与处境的认知，而了解对方是认同的基础，认知之后才能产生感情联结，如个人型、认知型、了解型、情感型、过程型、善意型、非自利型等；第二个维度是理性计算类，这一个层次的特点是根据各种信息，对交易的得益损失进行权衡，来决定是否信任对方，代表经济组织的个人在决定是否信任对方企业的时候，要比个人之间的决策更加理性，通过计算自己信任对方的得失与对方背信的风险来判断对方可信任的程度，包括能力型、动机型、计算型、知识型、特征型；第三个维度是制度类，制度的存在使得信任不需要依靠个人特质或历史记录就可以发展。对法律规章、专业协会等的依靠，取代了对特定交换过程、特定交易对象的依赖，信任的对象也从个人或组织转到了个人或组织所在的制度环境。而人们对于关系型信任关注较少，考虑到中国文化是以儒家文化为主导的东方文化，是一个"人情"社会，企业中"人情、关系"在企业间的联系与合作中起了很重要的作用。因此，以家庭亲情和地域亲情为特征的人文关系，使基于感性信任的作用得到充分重视（张延锋，2003）。因此经过实际访谈，结合中国的实际情况，本书将信任分为三个维度，即情感型信任、计算型信任和关系型信任，如图 3.1 所示。

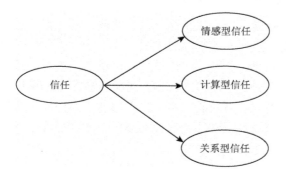

图 3.1　信任的维度划分

1）情感型信任。信任者基于对被信任者的情感依附而愿意信任对方，其主要特点是需要经过一段时间的互动之后才可能发展，而不太可能在交换关系开始时就出现。如果信任者在频繁互动中充分了解到被信任者的善意（benevolence）及可信任性，就会对被信任者产生依赖的意愿及情感的依附。情感型信任主要来源于长时间互动的共同感情基础（Wicks et al.，1999）。

2）计算型信任。Shapiro 等（1992）把这种类型的信任定义为威慑型信任。他们认为，这一类型的信任基于对行为一贯性的确信，即个体将按他们所说的去做，因为他们害怕如果不这样做而产生的后果。如同基于其他约束理论的行为一样，信任被维持在某一程度，在这一程度上，如果信任被破坏，那么威慑（惩罚）是清晰并有可能发生的。因而惩罚的威胁对于奖赏的承诺来说更具刺激性。我们曾把这一形式称为谋算型信任，因为我们认为威慑型信任不仅是基于对破坏信任所招致的惩罚的恐惧，而且源自维持信任所带来的收益。从这一观点来看，信任是一种维持，是以市场为导向并经过经济谋算的。这种谋算的价值来自于对维系或切断信任所付出的代价以及创设或维系其关系所带来的结果的判定。依照这种谋算型信任，信任的确定通常基于信任（信赖）存在所带来的收益及信任被破坏所带来的威胁。一个人的名誉会通过由他的朋友和其他伙伴构成的关系网而受到损害。在一个商务关系中，职业化的"名誉"从另一方面上可理解为一种"抵押品"（hostage）。如果一方当事人伤害了另一方当事人对他的信任，那么受害者会迅速通过侵害者的关系网把那个侵害者声名狼藉的情况弄得众所周知。"人们为了把自己包装成是诚实可信的而投入更多资源"（Dasgupta，1988）。即便你不是一个诚实可信的人，拥有诚实（或可信赖）的信誉也是很有必要的，对于一个商人来说，这是他很想维持的。所以假使有机会耍赖（或失信），那么这些从失信行为中获得的短期利益一定要抵得上（从谋算型信任的角度来看）维持信任所获得的长期利益。

3）关系型信任。企业间的"关系"来自于两方面。一方面是企业之间已存在的既有关系，如亲缘、地缘、血缘等。浙江温州的服装、浙江乐清的电器、浙江义乌的小商品等产业集群的企业就存在地缘关系，因此在选择合作伙伴时也会首选集群内部的企业，这种既有关系的存在，会使企业间产生一定程度的情感信任。另一方面，企业可以通过长期交往建立起一种稳固的关系，这种关系的建立来源于以往成功的合作经验。彭泗清（1999）对信任建立过程中的关系运作进行了问卷调查，调查结果表明，不同的关系运作方法有不同的使用范围，在长期合作关系中加深双方感情的关系运作较受重视，而在一次性交往中，利用关系网和利益给予的关系运作较受重视。

五、企业间信任的影响因素

本书要研究的是企业间信任与合作问题，主要是针对中国本土文化背景的研究，近年来国内对于企业间信任的影响因素的研究很多，归纳总结如下（表 3.4）。

表 3.4　组织间信任的影响因素

提出的学者	影响因素
陈剑和冯蔚东（2002）	伙伴间的合作经历、伙伴间的相互沟通、伙伴的组织背景
尹继佐和恩德勒（2003）	沟通、信息的公开、有信用的第三方的认证、人际关系、共同的价值观和动机
乔宪木（2004）	成员的合作经历、成员的信誉、彼此间的承诺、虚拟企业的生命周期、成员的机会主义行为、成员的相互依赖性、成员间的地域差异
于立和孟韬（2004）	人际关系、限制性交易、宏观文化、集体制裁、声誉
张东芳（2004）	企业声誉、产品因素、交易时间、特定性资产、信息共享度、及时供货性
刘永胜（2004）	法律体系、社会制度环境、文化背景（宏观因素）；能力、信息沟通与共享的程度、利益公平与程序公平的程度（微观因素）
郑也夫（2005）	熟悉、一些可信任的因素（如证书、声誉等）、法律
赵贵华等（2005）	沟通、伙伴间的合作经历、伙伴所处的环境背景
崔彦韬（2006）	对方企业特征、对对方企业信息的了解程度、集群制度供给
杨静（2006）	声誉、能力、产品重要性、交往经验、沟通、依赖性、对供应商人员的信任
李永锋（2006）	关系专用性资产、力量对比、沟通、企业声誉、共享价值观
潘文燕和余一明（2006）	信息的高度透明、连续性多次交易、有较多的备选企业、根植性、学习性
田宇和阎琦（2007）	声誉、对关系的投资、愿意共享机密信息、对交易经历满意度、合作时间长度

续表

提出的学者	影响因素
王涛（2007）	合作经历、声誉、网络制度规范、承诺、相互沟通、相互依赖、组织背景、知识链生命周期
罗家德（2007）	制度规范、人际关系、个人特质（如知识等）、双方潜在的利益
张瑾（2008）	合作经历、企业声誉、资源投入程度、预期合作收益、转移成本、虚拟企业生命周期、文化与地缘差异
邓靖松和刘小平（2008）	互动、了解
刘南和姜成峰（2008）	历史交易经验、伙伴企业社会声誉、关系特定型投资规模、可以相信的承诺
乔晶和胡兵（2008）	合作经历及相互沟通、企业文化和地域差异、机会主义防范机制、核心能力及声誉

从表 3.4 中可以看出，国内学者对组织间信任影响因素的总结大体上可以分为两类：一类基于企业间正式关系中的因素，如法律体系、社会制度环境、制度规范等；另一类基于企业间非正式关系中的因素，如声誉、能力、沟通、依赖性等。

（一）企业间正式关系中对企业间信任的影响因素

（1）企业制度环境

企业制度环境是指企业所处的宏观环境，包括社会文化、法制、市场等。企业制度环境对企业间信任网络的影响是显而易见的，健全的法律制度环境能够为契约的履行和企业间信任网络的形成提供根本保障。在良好的市场环境下，市场机制的全面有效运行，将使构建信任网络成为重复博弈条件下企业的内在必然选择。除了宏观的法律制度环境和市场环境，专业协会及认证机构也可以增进企业间信任，专业协会对其会员有明确的角色定义，能够成为其会员表示个体具备了某种程度的专业技能，认证机构提供职业标准以认定个体的专业技能，教育机构对完成教育训练并通过测试的个人提供证明其能力的证书，这些机构会因为其公信力而成为企业间信任的来源。

企业制度文化包括企业集权化、正式化和官僚化程度，以及管理风格、管理制度、企业氛围、企业核心价值观和行为准则等。这些会直接作用于人际信任网络，并通过企业对外交往、交易、合作等行为，间接作用于企业间信任。参与式的管理风格、和谐的企业氛围和公正的管理制度，对企业间信任形成具有正面影响；企业资源能力和市场地位，丰富的有形和无形资源、较强的能力状态，以及所处的市场领先地位，对企业各层次信任形成均有积极作用；随着企业社会化趋势的不断强化，企业承担社会责任的意识和行为，对企业间信任的正向影响也日趋显著。

（2）联合制裁

联合制裁是指在企业间合作过程中，若一方为了追求自身利益，违反了企业间内部达成共识的规则，则其他各方将集体通过社会或经济力量对其进行惩罚。联合制裁作为企业网络内部所规定的一种规则或章程，是属于企业间的正式关系范畴内的。这种对投机主义企业的惩罚机制包括三个方面：一是道德谴责；二是法律惩罚；三是经济制裁。在企业间合作中，制裁机制对信任水平的提高扮演着重要的角色。联合制裁减少了合作中的风险，使得合作方在追求自身利益及进行违规操作前有了忌惮，有了这种氛围的影响，各方在合作中将更加放心大胆地去信任其他利益主体，增进合作。Humphrey 和 Chmitz（1998）指出，在信任存在的地方，企业可以减少联合制裁的费用和复杂性。与此同时，企业间信任水平的提高也会产生以联合制裁抑制机会主义的强烈需求，达到风险控制的目的。Yamagishi T 和 Yamagishi M（1994）认为成员能够相互信任，不是因为一方认为另一方是善意的，而是因为每个成员都意识到联合制裁能够诱发其他成员以值得信赖的方式行动。

联合制裁使大多数企业产生相似的对企业间信任的乐观积极的认可，因为它超越了单个的合约关系，促使企业内的参与者积极塑造善意的精神和建立企业间信任，并产生联合利润最大化的动机。因此，联合制裁阻止参与者陷入"囚徒困境"的境地，促进他们把支持企业间信任作为一个重要的业务准则，从而使得企业间信任作为一种关键的行为规范被行业中的参与者接受，并通过企业间网络的产生在行业中形成高信任的特征。

（3）进入限制

进入限制是指在企业网络中，已加入网络的成员对新加入者的识别、选择的准则。进入限制往往是企业网络内部根据自身的属性制定的对新成员的相关要求，以网络中的章程形式规定下来，属于企业间正式关系中的一种形式。网络组织的形成离不开忠诚和信任，它们是企业网络健康成长的行为路径。这就要求网络参与者在选择成员时就应对成员的相关信息进行充分的了解，保证其属性与网络的属性和要求相吻合。Valenzuela 和 Villacorta（1999）指出，企业应当把供应商作为合作者，要仔细地进行选择，企业对供应商的识别，不仅是为了尽可能满足合作伙伴的需要，而且是为了确保供应商的需要和目标与本企业的需要和目标相协调。此外，在某些行业中，企业间关系正在经历根本性的变化，企业日益注重与更少的渠道伙伴保持更密切的关系，这种发展趋势主要是受到了对绩效关注的驱动。然而，这种限制性关系也增加了企业对合作伙伴机会主义的脆弱性（vulnerability），因此信任被认为是这种关系发挥潜力的基本因素。

在企业网络中，不同组织结点之间进行的交易多属于关系型交易，这样的关系交往会对双方未来关系的发展留下"伏笔"。所以，网络组织结点企业之间的交易会考虑这个未来"伏笔"的影响。考虑到这样的情况，进入限制就成为衡量新成员的加入是否能给整个网络带来收益的一条基本准则。有了这条准则的限制，在一个企业网络内，企业间就拥有了更良好的合作关系，组织间信任的形成也就顺理成章了。

（4）关系契约

契约和交易关系是密切相关的两个概念，Macneil（1980）提出的关系契约理论，就是通过 12 个契约维度，对离散型交易和关系型交换进行了区分，对关系营销概念和理论的产生与发展具有重要意义。根据 Macneil 的观点，关系契约是不同于法律契约的，它主要依靠信任、公平、责任和承诺等要素来维持关系的发展。对于正式的法律契约与关系契约的关系，学术界主要有两种观点。一种观点认为法律契约与关系契约是相互替代的，关系契约是用一种自我强化的方式维持着关系的发展，这种方式与复杂的正式契约相比，具有成本低而效果好的优点，因此如果双方建立起关系契约，就可以降低双方间法律契约的复杂性、正规性和重要性。另一种观点认为法律契约与关系契约是相互补充的，甚至是相互促进的。以Poppo 和 Zenger（2002）的实证研究为例，他们认为在关系契约中也要有精炼的法律条款来促进合作，关系越密切越容易发现合作中的具体问题，这些问题可以体现在双方之间不断修正的合同中，因此关系契约越强，法律契约将越具体、越复杂。另外，关系契约可以补充法律契约没有给予保护的问题，可以弥补法律契约灵活性差的缺陷。

国外的一些学者认为，由于中国的法律体系不健全，基于宏观的法律、制度的信任很微弱，所以在行为主体间建立起相互间的信任就很重要。这种观点意味着在中国市场上，行为主体之间的信任对法律制度有一种替代关系。本书也认为行为主体间信任的存在，会降低双方交往过程中对法律制度的依赖。因此，组织间信任的存在会对组织间的法律契约产生一定的替代作用。

（二）企业间非正式关系中对企业间信任的影响因素

（1）企业能力

许多学者都认为可靠性是信任的一个重要的维度。受信方的可靠性来源于很多方面，能力是其中的一个重要方面。Doney 和 Cannon（1997）提出信任可以通过 5 个不同的流程来建立，能力流程是其中非常重要的一个流程。他们认为能力流程就是一方确信另一方有能力履行自己的义务的过程。Ryans 等（2000）在其专著《市场领先》中将企业的能力定义为企业组织实施战略活动的所有能力。本书对此定义表示赞同，认为企业能力是一个广泛的定义，既包括竞争对手不可替代、难于模仿的企业核心能力，也包括非核心能力。这些能力主要包括企业动用相关资源的能力及基于质量、服务、低成本、速度、适应、创新和学习的能力。正如人们愿意与有能力的人交往一样，有能力的企业同样能够引起网络内其他企业的关注，从而吸引其他企业与之建立合作关系，建立组织间信任。企业能力的强弱在两个方面影响组织间信任的建立。首先，企业能力可以降低风险，风险的降低会减少信任的成本，有利于企业间信任关系的建立。企业在技术、生产方面的能力可以减少履约风险，沟通能力可能减少信息不对称的风险，帮助客户制订计划等能力可以增加双方的依赖，提高违约成本，以降低机会主义行为的风险。其次，企业的能力越强，越会促进合作企业愿意与其制订长期的合作计划，随着合作时间的累积，双方的各种投入逐渐增多，相互依赖性逐渐增强，这些都会促进组织间信任的产生。

（2）企业声誉

企业声誉是指行业内实体基于直接或间接的自身利益，经过对企业各种信息的选择和加工而形成的对企业实态的整体性认识与评价。企业声誉对企业间信任建立的影响是直接而重要的，只有拥有了良好的企业声誉，其他企业才愿意与之建立联系。这是因为良好的声誉会减少企业的机会主义行为，降低合作中的风险。在通常的企业经营行为中，当与没有交易记录的企业进行合作的时候，声誉就成为信任的一个主要来源。好的声誉是一家企业的重要资产，这种声誉可能源于有效的执行能力、诚信的品牌形象、高度的履约记录等。一个企业的声誉是经过多年的努力经营、长期积累得到的，所以如果一个具有好的声誉的企业在合作过程中产生背信行为，其长期积累的无形资产会面临毁于一旦的危险，也就是说，这会提高其违约与背信的成本，基于此，企业都会尽力维护其可信任的良好形象。

（3）关系专用性投资

关系专用性投资来源于 Williamson 对"交易"的三个维度的描述，即资产专用性投资、不确定性和交易发生的频率，Williamson 认为交易所涉及的资产专用性投资，是交易的三个维度中最重要的一个维度。资产专用性投资就是为支持某项特定交易而投资的耐久性资产，它不能够价值无损地被重新派做其他用途。也就是说投资完成后所形成的资产，如果不用于此项交易，而是用作他用，其价值会明显降低。根据 Gundlach 等（1995）的观点，关系专用性投资实际上是企业对关系的一种承诺，他们把承诺区分为两个维度：态度承诺和工具性承诺。态度承诺是指对发展和维持稳定的长期关系的一种意愿，而工具性承诺是指对关系进行实际投入，用行动而不是态度来表明对关系的维持。根据他们的观点，对关系进行专用性投资就是工具性承诺的重要内容和形式。Morgan 和 Hunt（1994）在对组织间信任的研究中指出，信任是形成企业承诺的一个前提条件，关系专用性投资作为企业承诺的一种形式，也应该是以信任为前提条件的企业决策。

企业对合作方进行关系专用性资产的投资时，就会将自己锁定于某种合作关系中，这会提高企业的转换成本，形成对合作方的脆弱性，因而表明了企业对合作方的信任；由于关系专用性资产的存在，如果转换合作对象，其价值会极大地损失，所以企业对现有的合作关系的承诺变得可信。如果合作双方相互进行关系专用性资产的投资，就会将合作双方锁定于某种合作关系中，即使以后双方找到更好的合作者，也不会轻易解除合作关系，因而增强了相互信任的程度。

（4）共享价值观

共享价值观是指行动者对行为、目标、政策等是否重要、是否合适等具有的一致信念（Morgan and Hunt，1994）。交易双方之间共享的价值观已被许多学者所关注。Dwyer 等（1987）通过理论分析认为，共享价值观对于发展关系营销中的信任和承诺具有重要的意义。Morgan 和 Hunt（1994）在渠道关系研究中，把 Dwyer 等（1987）的观点纳入关键中介变量（key mediating variable，KMV）模型中进行实证检验，发现分销渠道中企业之间共同的价值观是它们之间产生信任的重要前提条件。Armstrong 和 Yee（2001）认为，文化价值的相似性能够促进关系管理行为、提高买卖双方关系的质量，并且他们验证通过了买方所感知的买卖方之间文化价值观的相似性与买方对卖方的信任程度呈正相关关系的假设。Nicholson 等（2001）认为由于买卖双方之间的关系是在商业背景下的关系，所以他们之间共同的价值观更多地体现为共同的商业价值观，而商业价值观是指对市场的根本信念和方法，它一般是稳定的，不会反复变化。

在企业网络中，若企业间合作的过程中拥有共享的价值观，则表明双方对市场环境、趋势、营销行为等方面有一致的观点。这种一致性有利于相互间对对方行为的准确预测，能够降低合作中的不确定性，因此能够增强相互间的信任。

基于以上分析，本书认为法律体系、社会制度环境、制度规范等对信任的建立的确重要，但本书基于实践导向，这些因素对于单个企业很难改变，对企业实践缺乏可操作性的指导，因此本书选取善良、正直、交往经验、相互沟通、企业声誉、企业能力作为影响信任的因素进行深入研究。

第三节　　企业间信任构建的三层次模型

管理学的主要目标之一是希望能做出适当规划及决策，以期妥善管理外来的变化（Griffin and Hauser，1996）；但是外来环境的不确定性的复杂程度常使管理者无法制订一套可涵盖所有可能性的计划，也不可能有足够时间和资源去预测及控制未来变化（Lewis and Weigert，1985）。因此，从人际互动，到企业、社会运作，都存在着不确定性及风险。但是如果管理者尽可能地考虑所有可行性方案后才能做决策，或是必须依靠事无巨细的契约及严密的控制程序才能与客户交易，则会大幅地提升管理成本甚至是耗尽应有的利润。信任作为减少这种复杂性的有效机制，帮助人际及组织在比较简单且可靠的基础上运作，促进合作，使得经济交换更有效率（Young and Wilkinson，1989），从而降低组织内或组织间交换时所产生的风险及成本，如监控成本、缔约成本、交易成本等（Bradach and Eccles，1989；Das and Teng，1998；Beccerra and Gupta，1999）。因此，经由信任所衍生的经济价值，在管理学上具有重要意义。

信任可建立在人际间、个人-组织间、组织-组织间等不同层次上（Beccerra and Gupta，1999），随着互动角色的不同，各个不同分析层次的信任特质、影响因素及结果都不尽相同。对管理学而言，组织内及组织间的信任是较受关注的重点，因为其会牵涉组织效能的优劣表现。但是，各层次之间不是完全割裂的，因为组织的决策是由人来完成的，所以企业间的信任也会包含人际信任的因素。

本书的研究重点是企业之间的合作与信任问题，从表面理解这是组织之间的信任问题，这也是其他很多有关企业间信任研究的着力点所在。作为信任的双方，一方是施信方（trustor），另一方是受信方（trustee），施信企业的相关人员代表施信企业来实施自身行为，是否信任其他企业，可以归结为三个层次的因素：第一个层次是个人因素，信任可能来源于对方企业的有关人员，可能是这些人员的一些特质使施信企业的相关人员产生信任，如社会背景、文化认同、人格魅力等；第二个层次是企业自身因素，尤其对于初次交往的企业，可能对企业内的相关人员都不了解，但也可能因为其他企业自身的特征而产生信任，这些因素可能包括企业有很好的市场信誉、行业内有很好的声望、企业的技术能力强、能引领市场或产业发展趋势等；第三个层次是社会环境因素，社会环境因素可能会造成企业的背信行为得到应有的惩罚，那么企业从自身利益出发也会选择导致信任的行为。

根据前述对企业间信任维度的划分，企业间信任分为情感型、计算型、关系型三个维度。企业间信任产生的三个层次的因素与企业间信任的三个维度相对应，即个人因素产生情感型信任、企业因素产生计算型信任、社会环境因素产生关系型信任。个人因素、企业因素、社会环境因素通过作为中介变量的情感型信任、计算型信任、关系型信任，对合作产生影响，本书将这个结构称为企业间信任与合作的三层次模型（图 3.2）。

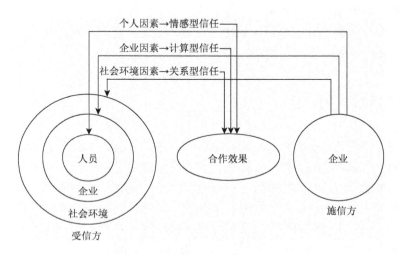

图 3.2　企业间信任与合作的三层次模型

信任的产生机制是信任研究的主要内容，产生机制的核心问题是信任来源于哪些因素，这些不同的来源产生何种类型的信任或者说如何产生信任。对于本书所针对的企业间合作中的信任，如果仅把研究重点放在企业层面会带来一定的局限性。因为企业间合作关系的处理要通过具体的人员来完成，那么在建立合作、反复互动的过程中，很难规避一些个人因素。同时，企业也处于整个经济体系、社会文化的宏观环境中，环境变量也会对企业的经营决策行为产生作用。

不同的学者对信任产生的侧重点关注不同，研究了不同的信任及其产生的模式或机制，但没有对企业间信任前置因素进行明确的区分，更多地是把人际信任的产生机制简单拓展至企业层面。对于企业间信任的维度划分也是众说纷纭，有的学者没有进行划分，统一以信任一语冠之；有的学者以情感型、认同型、计算型、制度型等划分信任维度，但是对其前置因素的来源或类型没有展开，这就造成其研究结果对企业实践的指导意义不足。本书在实际调研的基础上把信任的维度与信任影响因素进行对应，对企业间信任与合作的影响机制进行更深入的探究，增强了对企业实践的指导意义。

第四节　企业间信任的产生、消解和修复

在竞争与合作过程中，企业从一个阶段步入另一个阶段时信任也在发生演化。从一个阶段到另一个阶段的进程可能会需要关系的"框架改变"——占支配地位的认知范式的根本转变（Gersick，1989），框架的改变是从一种自己与他人间对比（不同点）感觉向自己与他人间类比（相同点）感受的转变。企业间的信任经历产生、消解（破坏）和修复的过程。

一、企业间信任的产生

长期关系是建立信任的关键。信任是在交易过程中逐渐建立起来的，企业间长期的互动所取得的社会知识使得交易人之间能够相互理解并能够合理地预测其他交易人的行为特征，更好地认定交易伙伴的诚实性，由于信息的不对称减少，也就减少了行为的不确定性。有信任才合作还是合作中产生信任，是一个令人困惑的问题，莫斯（Mauss）将礼物理论（gift theory）与独立的个体之间的合作行为（信任）的产生过程联系起来，巧妙地解决了这一难题。他认为合作行为产生于送礼与回礼的循环之中，A 送给 B 一个礼物，B 在回礼中发出愿意或不愿意建立关系的信号，合作行为和社会关系就产生于一系列送礼与回礼过程。因此，双方交易的期限越长就越有可能建立相互间的信任。

交易关系的强度是建立信任的重要因素。当个体间能够相互看到对方并直接进行对话时，相互间的合作和信任更容易建立起来。如果人们倾向于认为别人会选择竞争，他就会以竞争的方式来对付对方，从而迫使对方也做出竞争性的反应。也就是说，一旦你认为别人很危险，并以敌对态度来对待他，他也就真成了敌人了。当行为人之间可以交流时，双方误解的可能性会极大地减少，从而使对方信赖自己，在有合作基础的情况下，了解可以促进合作。由此可见，交易人之间面对面互动的机会越多就越有可能建立信任关系。

交易的连续性有助于信任关系的建立。企业间的反复交往有助于增加彼此的相互了解，而交往机会的多少与交往对象的数量有关。在其他条件相同的情况下，信任程度与双方关系的排他性成正比，与交易的伙伴数量成反比。用数学公式表示，即 $T = 1/N$，其中，T 为双方的信任关系，N 为双方拥有的交易对象数量。如果某一供应商连续多年赢得另一企业的订购，那么该供应商更有机会获得下一笔生意，这种持续稳定的交易关系促进了制造商和供应

商之间的信任。因此，交易人之间的交易关系越具有连续性越能加强彼此间的信任。

　　绝大多数制造商与零售商的关系是不平衡的，在这种情况下，强大的一方如何与弱小的一方建立信任关系呢？哈佛商学院的鲍德温（Baldwin）和克拉克（Clark）在《价值链管理》一书中指出，要公平地对待弱小的合作者。具体地说：①分配公平。所谓分配公平是指从结果可以观察到的公平，涉及如何"分饼"的问题，即合作双方之间的利益如何分配和责任如何分担，其关键是要关心合作者的盈利能力。②程序公平。所谓程序公平是指强大的一方对较弱的合作者在程序和政策上的公平，程序公平对双方关系所产生的效果要比分配公平强得多。这是因为，较弱一方通常认为，强大一方的程序公平系统更为准确地反映了它对较弱一方的态度。程序公平系统建立在以下六个原则的基础上：一是互通有无，即强大的一方愿意和另一方进行双向交流，开放的和有诚意的会谈是双方关系良好的一个标志；二是不偏不倚，强大的一方要公平地对待各方面的合作者，尽管要做到同等地对待是不可能的，但给予他们公平的机会是很重要的；三是驳回，较小的合作者可以对强大的一方的渠道政策和决策提出上诉；四是解释，尽管强大的公司常常觉得有权做出决定而不必向合作者解释，但这种态度会对信任造成损害；五是熟悉，即了解各渠道的合作者的经营条件；六是礼貌，尊重合伙者对建立人与人之间的和谐具有决定性作用，这种和谐是成功的制造商和零售商关系的基础。

　　信任使宝洁公司和沃尔玛公司两强共舞。在较长一段时间内，宝洁公司和沃尔玛公司都以强硬闻名于业界。宝洁公司利用其强大的影响力支配着该领域的商业活动。宝洁公司对消费者进行广泛的调查，然后带着调查结果到零售商那里，要求增加该公司品牌商品的货架。零售商一方面被迫接受宝洁公司的市场分析，另一方面却对宝洁公司控制零售贸易的行为心怀不满。宝洁公司因而有"自我扩张、欺凌弱小"的坏名声。沃尔玛公司则以要求供应商以最低价购货、提供额外服务和有利的信用条款而著称。1992 年，沃尔玛公司制定了一条直接和制造商交易的政策，只和那些在为顾客制定的电子数据交换技术上投资的卖主进行交易，并在它们的产品上贴上条形码，由于沃尔玛公司规模巨大且增长迅速，制造商几乎没有选择余地，只好接受其条件。但近十几年来，这两个巨人发展出了一种伙伴关系，这种关系已经成为制造商-零售商关系的基准。这种伙伴关系建立在相互依赖的基础上，沃尔玛公司需要宝洁公司的产品，而宝洁公司则需要沃尔玛公司帮助它销售产品。这种关系费时颇长，且经历了成长中的阵痛。但是共同信任对于两个公司长期有效的关系的发展起了很大作用。

　　过去，宝洁公司会向沃尔玛公司指定公司的销售量、销售价格及销售条件。

而沃尔玛公司则常威胁要减少宝洁公司的产品货架或将其产品放到较差的货架上。双方没有信息共享，没有联合计划，也没有系统协调。在 1987 年以前，两个公司的主管从来没有接触过。直到 20 世纪 80 年代后期，这种互为对手的关系才有所改变，沃尔玛公司的创始人沃尔顿（Walton）和宝洁公司的销售总裁普里切特（Pritchett）在一位共同的朋友的牵线下，安排了一次划独木舟活动。在这次活动中，他们决定重新考虑两个公司的关系，并共同成立一个小组负责实施。共同小组开发出了一种复杂的电子数据交换连接系统，这使宝洁公司能够对其在沃尔玛公司中的产品的存货负责。宝洁公司通过卫星不断地吸收沃尔玛公司各个商店中的产品数量，从而能够参与沃尔玛公司对其产品的销售，决定所需的货架数量和产品数量并按时上货。完成交易循环只需使用电子发票和电子转账，沃尔玛公司在将货物卖给消费者后很快就可以向宝洁公司付款。这种合作关系使宝洁公司深受顾客喜爱的产品价格下降并且使这些产品比过去更容易买到，给消费者带来了好处。通过合作，原来与订购过程、宣传单、付款有关的一些不必要的活动都削减了。通过相互合作，过去这两个公司不顾及对方的成本，而尽力减少自己的成本的非输即赢的局面，已经变成了双方成本下降、收益增加的双赢情况。为获得合作带来的好处，沃尔玛公司必须对宝洁公司足够信任，以便共享销售额和价格方面的数据，并把订货的控制权和存货的管理权交给宝洁公司；而宝洁公司也必须对沃尔玛公司足够信任，它向沃尔玛公司派驻了一个多功能小组，实施每日降价策略，并投资于定制的信息连接系统。现在，宝洁公司的营销中心不是向沃尔玛公司多出售商品，而是寻找各种方式，增加通过沃尔玛公司出售给顾客的商品数量并使两个公司的利润最大化。

"莫里实验"是美国社会学家莫里·施瓦茨（Morrie Schwartz）所做的关于人们之间相互信任的实验。实验表明，人们内心深处的恐惧心理和不信任感造成彼此之间难以合作，而一旦消除了这种戒备心理和不信任感，就会产生和谐的互动，也就会有互利式合作。企业网络组织是由信任关系所支撑的自组织结构，成员之间的信任是维系网络关系的基础和产生互动的条件，缺乏信任将导致合作关系的失败。布拉达克（Bradach）和埃克尔斯（Eccles）曾提出协调经济活动的三种方式，即价格、威胁和信任。企业网络的"黏合剂"既不是价格信号，也不是行政命令，而是信任。信任使人们可以不依赖权利和市场而从事合作，因而信任是维系网络成员间效能与存活的主要因素。

企业间的信任可以达到以下效果。

1）减少交易费用。信任主要通过三种方式减少交易成本。一是在高度信任的前提下，交易人在订立合同上将花费较少的时间，信任使交易人获得了"连续公平"而不是"一次性公平"，交易人之间无需讨价还价。也就是说，合作者之间的充分信任"润滑"了交易关系，免去了许多监督成本、重复签约成本、讨价还价成本等。二是交易人无需花费时间和资源去监督另一交易人是否会逃避责任。三是交易人也不会面临事后的机会主义和再判断问题，每个人都确信他人会严格履约。

2）实现信息分享。如果供应商相信制造商不会采取机会主义行为，那么他将有意愿在产品生产设计和过程创新上进行投资，也就有意愿与制造商分享技术信息而不用担心技术成果会外泄给其竞争对手。如果没有相互信任，即使来自制造商的建议十分有利，供应商也会从自身利益出发采取自我保护措施，对有利于解决产品缺陷的技术信息进行封锁，更不会主动暴露产品缺陷。

3）加大专用投资。专用投资可能会引发机会主义行为，在缺乏信任的情况下，供应商缺乏进行专用投资的积极性。

Doney 等（1998）归纳了建立信任的五个途径，如下所述。

1）计算途径（calculative process）。一方通过计算对方欺骗或诚信的成本和收益（包括财务上的和名誉上的）来确定是否信任对方，即计算途径。如果欺骗的好处不超过被抓住的成本，那么即使出于自身利益也不会欺骗对方，对方就会认为自己是可以信任的。企业间关系开始时，双方都要考虑它们相互信任的性质、相互信任中的得失、风险因素和不利影响，所以企业间信任一般认为是通过这种途径建立的。通过这种途径建立起来的信任，守信和失信的成本都必须明确，信任方必须考虑并确定对方机会主义的成本大于其收益，也就是说，交易方一旦有机会都会由于自利而出现机会主义行为。信任方一般假定被信任方是不断追求自利的个体，总是寻求净现值的最大化，所以不能自发地值得信任。

2）预测途径（prediction process）。计算途径并不完全确定对方是否一定守信，这还要根据对方过去的行为进行预测。对方过去行为的一致性和言行差异的程度能极大地影响对其行为的预测和判断，从而影响对对方是否信任的决策。这个途径与前面的了解型信任是一致的。通过这个途径建立信任要求对对方过去行为信息的了解和掌握，只要对方行为是可预测的，那么就有可能建立信任关系。因此，Zucker（1986）认为了解型信任来自于重复交易。当一方有信心根据自己能力对对方将来行为进行精确预测时，就可以信任对方。这其中的假设是人的行为总是一致性的和可以预测的。当社会规范增强时（如限制和谴责不当行为时），这种预测性会极大地增加。

3）动机途径（intentionality process）。动机途径中对另一方意图的理解将影响自己的动机。通过动机途径建立起来的信任就是理解对方言行并努力按对方的意图行事。一般而言，自私动机不会导致信任，利他动机才可能形成信任。同时，善心也有利于此类信任的建立。通过动机途径建立信任关系时要确定交易中对方的意图是善良的。当双方存在共同的价值观和规范时，善意的意图就能较好地理解与估计，例如，对方的责任感和合作精神、公平意识、互惠意识等都能说明对方是值得依赖的。这类信任的核心双方存在共同的观念，愿意以对方而不是自己的利益为重。

4）能力途径（capability process）。信任方之所以信任他人是因为他认为他人具有履行义务的能力，即能力途径。这里的能力指"在某些特定领域能使一方产生影响的技术、能力、品质等的集合"（Mayer et al.，1995）。Barber（1983）指出，技术上的能力可以认为是信任产生的先兆。信任方相信被信任方能做出合意行为。此类信任的关键在于决定被信任方是否具有合意行为的能力。当人们知识悬殊太大时，就更容易尊重别人的资历、专业知识和成就，信任也就更容易产生。

5）转移途径（transference process）。信任也可以通过转移途径来建立，即信任者可以把对被信任者的信任转移给第三方。换个角度，也就是第三方（即先前的信任者）对对方的描述可以作为自己和对方建立信任关系的基础，这又称为信任的扩展。信任可以通过转移途径从一个可靠的第三方转移到以前很少或从没有接触的两个新交易对手。通过转移途径建立信任，要求信任者有能力识别转移渠道的可靠性并与熟知的和不熟知的对手建立联系。

根据上述分析，本书认为信任建立的途径与信任的分类紧密相关，对不同主体、不同类型的信任，其建立的途径存在差异。情感型信任主要来自于预测途径与动机途径，通过对被信任主体的历史行为与结果的观察，形成对其未来行为的预期，可以有助于判断对方是否可信。而与被信任主体的长期互动会形成对其动机的一致性判断，也有助于信任的增加或减少；计算型信任主要来自于计算途径与能力途径，通过对被信任主体的信任行为的成本与收益的权衡，形成计算信任的主要根据，同时能力途径也与计算型信任有正向关系，对被信任主体信任的增加可以提高其收益、降低其成本，有助于其能力的发挥，而能力的提高又会增加与其他竞争对手竞争的砝码，从而提高计算型信任；关系型信任主要来自于预测途径与转移途径，关系型信任的建立主要基于双方长期的竞争或合作，从而加深双方行为的了解，提高对双方将来行为的判断的准确度，毫无疑问，关系的拓展（即转移途径）会降低信任的风险。

二、企业间信任的消解

信任是个多层面的复杂构念。当前行为科学领域普遍接受的观点认为，信任是基于对对方将表现出对自己重要的行为的预期，而愿意处于受对方行动影响的脆弱状态。在实证研究中，研究者讨论了"信任意向"（即面对风险时愿意使自己处于受对方影响的脆弱状态）和"信任信念"（即对被信任方与信任相关特质，如能力、正直和善心等的判断），并认为信任信念是信任意向形成的重要途径。

信任是由多阶段组成的动态过程。以往研究表明信任至少包括三个阶段：产生（generation）、消解（dissolution）和修复（repair）。信任产生阶段是指个体选择信任他人并随时间提高对他人信任水平的发展过程；信任消解发生在信任违背后，个体决定降低对他人的信任；信任修复是指违背发生后，信任停止降低并开始提升、最后达到相对稳定。

研究者通常认为，对他人的信任随时间逐渐发展。但最近研究发现，个体在对对方并不了解、甚至没有接触过的情况下，也会表现出较高的信任水平。研究者认为很多因素会影响这种"快速信任"（swift trust），如个体的信任倾向，依赖感，规范和法律的约束，来自群体成员身份、声誉和刻板印象的快速认知线索等。由于上述影响因素多基于假设，具有试探性，所以这种信任很脆弱。

除了特定类型信任本身的脆弱性，当被信任方利用与信任方之间的依赖关系不能证实信任方对自己的积极期望时，也会产生信任违背。由于人们偏好相信有关违背行为的指控（即使这种指控的标准性很难得到证实），所以即使被信任方并没有做出过失行为，也可能降低信任方的信任水平。另外，过失行为也可能降低第三方（即过失行为的非直接伤害者）的信任水平。

可见，很多因素都可能导致信任违背，破坏信任比建立信任容易得多，而修复信任要比建立初始信任困难。原因如下：违背行为将信任水平降低到低于建立初始信任之前的水平；信任修复不仅要建立对违背方的积极预期，还要克服由违背带来的消极预期；尽管违背方努力展示自身可信度，但关于违背的信息仍然很显著，并强化低信任水平。因此，有关信任建立的研究成果不能直接应用到信任修复研究中；深入理解信任修复的机制和策略，对于运用恰当策略修复信任、解决关系冲突有重要意义。

1. 信任的衰退

信任的衰退是信任发展过程中的一个通常反应。有时候衰退的产生仅来源于一次剔除所有信任基础的孤立事件。而在其他多数情况下，信任衰退是一个逐步被侵蚀的过程。为了了解这一过程，需要用一个模型来说明当信任被侵害时究竟发生了什么。图 3.3 即为这一模型，它是从那些遭遇过信任侵害的人的角度设计的。它的起始状态是相互信任关系建立且当事人之间的关系达到平衡状态。这时其中一个当事人被他人认为有破坏信任的行为，这种行为导致被侵害人感到不安和心烦意乱，于是他开始在认知和情感层面上评估这一情势。在认知层面上，个体考虑的是这一情势有多严重、责任在谁；在情感层面上，个体经常会经受愤怒、心痛、恐惧及沮丧的感情撞击，这些反应使他们重新评估对他人的感觉。

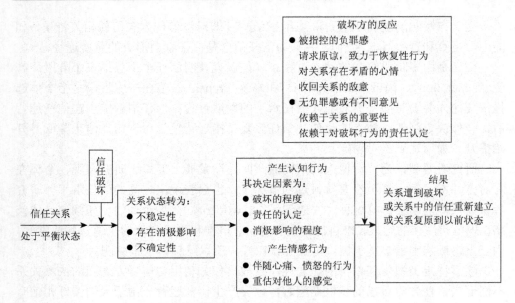

图 3.3　信任衰退的流程（以被侵害方的视角）

　　虽然被侵害方的上述感觉和认识已经发生了，但是他仍然可能和破坏信任的一方发生联系，并且做出一系列的反应。另外，破坏方接受或者否定对方的反应，并且表示出他对继续维持关系的态度。这种行为成为导致对方（即受害者）下一步反应的一个因素，促使他对以下三种结果做出选择：结束关系，重新商定原有的关系并激励另一个基础上的关系的发展，把目前的关系恢复到信任建立的状态上。

　　虽然有人也许会用"我的信任已被破坏"来描绘许多不同类型的情况，但仍然应该研究在每一种状态下破坏因素的性质，以此来帮助弄清楚到底是什么导致了信任的衰退或瓦解。

2. 信任的破坏

（1）计算型信任的破坏

Hirschman（1984）曾经指出信任是一种特殊的资源，在使用过程中它的增长要比消耗多。在关系的初级阶段，信任是脆弱的，因为没有可以依靠的历史记录。在这个阶段中，当事人小心翼翼，对危险的程度很敏感，并且构建安全措施来保卫自己，因而计算型关系是处理缺少信任因素的新关系的一种方式。如果一方破坏了信任，那么另一方或者重新商定这种联系，或者更好地把握所要的结果，或者寻求另外的关系。计算型信任的破裂也许会使他们感到失望，但不会感到特别地痛心，他们的论调是"有得必有失"。

（2）关系型信任的破坏

对他人的了解往往是在低风险的情势中发展起来的，只有当一些在合约层次上的可预测性建立以后（关系型信任形成），这种情况才会有所改变。在这一点上，对他人的了解和对他人行为的可预测性代替了契约、惩罚，而且合法的商定往往比计算型信任更为常用。任何期待的不确定性都是令人不安的，这不仅是因为他们可能不按所预期的去做，而且会使一个人对自己的认知能力产生怀疑。只有当事人一方的行为被认为是可以随意选择的，信任才被认为是破坏了。当人们认为是外界因素控制了行为（并且他人能够清楚得出这种结论），或者认为导致关系终结的是偶然的机会主义行为时（Bies，1987），人们也许不会觉察到信任破坏的迹象，信任将不太可能被破坏。关于偶然归因合理性的论述（Rose，1977），将会帮助个人去预测什么时候该去观察行为是由外界因素决定的，还是由主体因素决定的。

如果破坏是自由先报的，行为者在面对这种情况时，就必须重新组织对他人的认识基础和理解基础。他也许会很迷惑，认为"我一点都不了解你"，并且将在主观愿望上减少对他人的信任。行为者可以期待经过一番努力后，积极的认知和感情的重新评估将会出现，这样既能把这种信任吸收进行为者对他们的理解当中，又能在出现信任危机苗头的时候重新定义既定关系。如果不和谐因素能被当作一种简单的持续性的插曲或者这种危机是由外界因素造成的，那么不和谐因素可能被忽略。如果情况不是这样的，关系中的个体将修正他对他人的认知。新关系的特征——某种特定的暂时性，也许仅会存在片刻。如果新的认知加固了，关系会在新的基础上得以复原。另外，如果新的信息是如此不确定，以致不能克服对他人不了解的恐惧感觉，关系中的信任也许会持久地建立不起来。

（3）情感型信任的破坏

在情感型信任关系中，信任的破坏可能是关系转换的主要因素。情感型信任的破坏具有更大的不可预测性，远远超过忘记买牛奶回家、忘记收衣服、忘记付房租等。因为这种层次上的信任是建立在特征共享和认知的基础上的，信任的破坏是直接与人们的常规利益和协议相对抗的行动。信任的破坏打破了既有的关系价值体系，制造出道德败坏的感觉。信任的破坏分裂了既有关系的结构，而且这种分裂的修复就像修补破碎的衣服一样昂贵和费时（time-consuming），因而关系的结构也许再也不会看起来和原来一样。这种类型的信任可能是不对称的，对关系的基础进行挑战的感觉同对道德进行破坏的感觉是一致的。

以具有较强的情感型信任为特征的关系，比计算型信任和关系型信任关系更能承受相当强大的挑战。因此，如果在这个层次上的信任能够得以发展，那么那些将会破坏关系的因素也许不能破坏既有关系，因为情感型信任仍存在，关系中承受计算型信任和关系型信任瓦解的能力，在一定程度上是由以下因素决定的，如在这些层次上的不确定性的增长产生于不确定性事件之后的认知和感情评估的动力。人们都知道，即使存在（在他人眼里）他们最熟悉的人的很明显的不诚实行为和卑鄙行为的证据，足以使其失去信任的情况，人们仍然坚持信任他们（如配偶、孩子或英雄人物）。通常在人们的眼里，他人是不能被信任的，这种判断的基础是建立在计算型信任和了解型信任之上的。而对于那些建立了强大的情感型信任基础的人来说，事实也许并非如此。然而，人们也应该认识到，对于那些接受微弱信息的信任者来说，他们必须自愿承认自己信任他人的决定是缺乏基础的。这些不一致的认知是对自我的挑战，是被抛弃的自我保护机制。如果能够找到可替代的认知和解释，那么这种自我认知很可能被放弃。

总之，信任的破坏在不同关系姿态中有不同的表现和反应。既定关系发展的程度越高，当事一方就越有能力来掌控破坏因素，在低水平（或早期）关系状态中尤为如此。

三、企业间信任的修复

信任方对违背方的信任水平会随着信任违背行为的发生而下降，为了让信任水平从低点上升，违背方通过一定的方式让信任方重新建立对其的积极预期的过程就是信任修复。修复信任意味着什么？现有研究给出了各种答案。例如，Kim及其同事基于 Rousseau 等对信任的经典定义，认为信任包含两个要素——信任意愿（即自己愿意处于易受对方影响的风险状态）和信任信念（即对对方可信度的判断），由此将信任修复定义为在违背发生后，旨在使信任方的信任信念和信任意愿更加积极的活动；Schweitzer 等的看法与此类似，但在信任修复的内容中加入了信任行为（特别是冒险行为）这一要素；Bottom 等的观点稍有不同，他们考察违背后合作和积极情感的恢复。信任受认知和情感的共同影响，且信任行为会通过信任方的自我知觉过程影响信任。因此，本书认为，信任违背会破坏整体关系，信任修复的核心内容虽然是信任（包括信任信念和信任意愿），但关系中的消极情感（如对违背方的不喜欢以及违背导致的生气、愤怒和不公平感等）和消极行为（如不合作等）也会影响信任修复效果。即有效的信任修复应关注整个关系的修复，包括信任、消极情感和消极行为三个方面的内容。

与上述修复内容相对应，本书认为，信任修复的直接结果是建立积极的信任信念和信任意愿，除此之外，还需要塑造积极的情感和行为。对信任修复结果的界定涉及以下两个关键问题。

其一，信任能否被彻底修复？已有研究少有对信任做多时点测量，也就无法将违背前和修复后的信任水平做比较，因此并没有就该问题给出明确的答案，"修复"和"恢复"（restoration）在研究中经常混用。实际上，Slovic曾明确提出，失去的信任将花费很长时间来修复，并且在某些情况下，可能永远无法恢复。Schweitzer等通过信任游戏考察了信任随时间的变化，结果发现：由不可信行为和欺骗共同导致的信任违背，无法得到彻底恢复。Dirks等提出，与"恢复"的关系相比，"修复"的关系更脆弱，也更易被再次破坏，因为之前违背所产生的创伤依然存在，以至于关系很难与之前一样。因此，本书认为，信任作为关系的深层特点及"组织原则"，至少在某些情况下，很难被彻底修复。

其二，修复后的信任是否存在矛盾状态（ambivalence，即在某些方面信任而在其他方面不信任）？至今还没有研究直接涉及该问题，但研究者普遍认为信任和不信任是相互独立的构念。随着关系的发展，关系双方的互动和依赖会表现在多个层面或不同领域，个体能够分离不同层面或领域的关系，因此，在信任修复结果中，信任和不信任可以共存。其中，影响修复结果矛盾状态的一个可能因素是信任违背是否产生了溢出效应（spillover effect）。当某一方面的信任违背影响了信任方对违背方其他方面的信任时，即产生违背的溢出效应。对于有溢出效应的信任违背，修复的结果很难出现矛盾状态。例如，由技术等可控的能力导致的信任违背（如会计在某笔业务中退税不当），会引发信任方对违背方善心、正直等品质的质疑，进而出现溢出效应，此时信任修复结果不太可能出现矛盾状态；但对于由一般认知能力等不可控的能力导致的信任违背，矛盾状态模型可能更适用。

1. 破碎信任的修复

信任的破坏影响了人际系统，由此对当事人和他们之间的关系基础产生了影响。信任是关系的核心，它是维系合作关系的黏合剂。因而，信任破坏的主要内涵不是一个孤立的人际事件，相反，它可能是影响当事人和既有关系的重要因素。关系中的信任破坏，特别是那些较强的关系型信任和情感型信任的破坏，经常当作诊断信号来表明关系本身处于麻烦之中，修复工作已经提到议事日程上了。实际上，我们主张，由于信任如此亲密地与关系的本性联系在一起，所以不能被修复的信任分裂事件也许会与破坏关系本身的基础同时发生。即便既有关系维持下去了，也可能仅是一个空壳，里面只有最常规的情绪波动和谋算的交换在不停地发生发展。在可以自由选择开始和结束的私人友谊中，能预测到既定关系也许会瓦解。然而工作关系不能够自由地中断，在这种背景下，只好期待这种没有信任的"空壳"关系能够更加普遍。

修复破坏是一个双边过程。尽管事实上往往只有一方破坏了信任，破坏方和受害方都需要做大量的工作，单方的努力是不能代替另一方的。下面阐述每一方需要做的工作。

2. 信任修复的过程

在修复信任的过程中，当事人必须做到如下几点。

1）愿意在修复过程中投入时间和精力。

2）认识到源于既有关系中的短期和长期的利益是很有价值的，因而投入的额外精力的付出是值得的。

3）认识到在可以选择的满足需求的方式中，从关系中获得的利益相对来说有更大的自由选择空间。

人们也许会在某种特定的关系中投入很大的精力，原因在于人们的本性和从关系中听得到的好处是核心的、重要的和高价值的。例如，父母和十多岁的孩子经常产生矛盾，因为孩子不理会那些定义在他们的独立性和身份上的限制。由于双方都做了破坏对方信任的事，所以他们之间的关系经常变得相当脆弱。又如，老板刚刚许诺他和雇员之间的秘密交谈不会被泄露，可转眼就把交谈的内容告诉了其他管理者。同样地，虽然已经被告知不要进儿子的房间，妈妈仍然打扫了儿子的房间。然而，当事的每一方都认识到亲密的母子关系的重要性、根本性和关键性，因此都愿意在出现此类危机事件后努力修复彼此之间的信任。而即使是相同的危害行为，却很少有父母（或孩子）会容忍那些与他们没有长期稳定关系的人。在工作环境里，当信任破坏出现的时候，如果当事双方都期望继续共事几年，他们就会有提升关系层次的动力。而在空壳关系中，其中至少会有一方虽然心理别扭，却不得不表现出一点合作和共事的态度。这样的空壳关系要比重建一种更加真实的信任和共同的信任、态度更加耗费精力。

除此以外，当事人要评估可预测到的重建工作和源于既有关系的可期待利益（与一方能够建立的可替代关系相比较而言的）。与追求一个可替代关系相比较，当一个人在决定是否继续关系的人际互动时，关于人际互动（Thibaut and Kelley，1959）和协商（Fisher et al. 1991；Lewicki et al.，1994）的许多不同的著作都强调了考虑人的"替代关系的对比水平（comparison level for alternative，CLAT）""自由选择""既存协定的最佳替代方案（best alternative to a negotiated agreement，BATNA）"的重要性。可替代的关系越容易建立或越好被接受，或者投入精力在新关系中建构足够信任的可预期效果越大，那么当事的一方或双方将都更倾向于追求他们认为最好的可替代的关系。如果一个人的工作关系糟透了，他可能在另一个城市找到相同的工作，但他必须承担搬家的费用和生活的重新定位等代价。终日争吵的夫妻可以考虑离婚，但他们的想法常常因可能给孩子造成伤害而没有付诸行动。

（1）信任修复的过程：第一步骤

1）破坏方的行动。破坏方必须采取一系列的行为，包括对导致信任破坏的因素的认知、了解和假定某些肇事者。在一项关于道歉对受害方的影响的研究中，Ohbuchi 等（1989）发现，道歉能够有效地缓解受害方表现出来的敌对报复情绪，并且伤害越深，就越需要更深刻的道歉来缓解受害方的愤怒和敌对情绪。Ohbuchi（1994）在最近的一系列著作中指出，受害方的情绪积累有一个等级结构，这个结构的内容包括：破坏方必须承认他造成了问题的产生，承认该种行为本身是坏的和非建设性的，并且要对事件的后果负责。综合这项研究和本书的分析，建议采取以下四步行动。

行动步骤一，认识到和承认信任破坏的存在。很明显，破坏方应首先认识到存在某些瓦解和破坏信任的因素。通常情况下，破坏方会自觉地认识到破坏事件的苗头，因为破坏方直接感受到了另一方的反应或意识到了他的行为很有可能被当作对信任的破坏。然而，如果破坏方没有意识到他人对自己行为的感觉或看不到行为的结果，他们就不会认识到信任破坏的存在。本书认为，如果破坏方能先认识到已经发生的事情危及到人际间的信任并采取措施进行信任修补，这个修补的代价要比等到受害方不得不以同样的行为和后果去与破坏方对抗的代价要小一些。如果等到受害方不得不采取对抗行为，那么破坏方就要承担双重代价：信任破坏的恶果及必须与他人及他人的行为作对抗所带来的社会别扭和尴尬。而且如果受害方已走到这一步，这就表明破坏方已经不关心自己行为的后果了，变得麻木了。

行动步骤二，判定破坏因素的本性，也就是，指出是谁造成了破坏，并且承认一方的行为导致了这种局面的产生。破坏方必须能够认识到是什么造成了破坏，即什么单个行为或系列行为要对信任的减少和破坏负责。通常这并不困难，因为受害方也许早就在大声嚷嚷所发生的问题：也许是破坏方没有按所期待的那样去做，也许是破坏方做了一些被认为是严重损害关系纽带的事，也许是破坏方造成了关系的破坏或障碍。

如果破坏方不知道他们做过些什么，或没有意识到受害方已感觉到信任被破坏了，他们就会"像没事人一样"，信任修复过程也就不可能展开。另外，如果破坏方认他们确实不是肇事者，或认为他们的所谓"有问题"的行为与结果几乎没什么联系，那么危机的因果就存在争议了。例如，如果雇员认为同事偶然一次在老板面前打他的小报告已经使老板对他产生了坏印象，那么他将会感到被出卖了，会很愤怒，而他的同事却不会把这当回事。

行动步骤三，承认这些破坏行为对于信任是非建设性的。如果认为事件不是对信任或关系的拆台，那就很难解释受害方的反应了。因而，重建信任的努力也许需要事先对破坏事件本身和信任破坏的后果进行充分的讨论。除非破坏方充分了解受害方对破坏事件和破坏事件对交往方式的影响的感觉，否则，当事双方将很难判定能否修复信任和需要干哪些事情。

行动步骤四，为个人行为造成的影响承担责任。最后，修复过程的关键是愿意承担信任破坏的责任。即使真正的原因还在争论之中（例如，行为本身是一次意外、不是故意的或由不谨慎造成的），即使破坏方在受害方多次告知后才意识到破坏发生了，我们仍然主张，承担责任是信任修补的关键一步。否认已经发生的行为，认为那不会有什么后果，不愿为此承担责任，宣称破坏行为是不重要的和对信任的水平是没有影响的，这些都将使他人更加愤怒，将会造成对信任的更进一步破坏，对信任修补无益。如果等到一个旁观者都意识到信任已经瓦解了，那么它就确实瓦解了。

2）受害方的行动。可以假定信任破坏的受害方也不得不采取与上述相同的四步行为。在多数情况下，这些假定是相当直观的。如果受害方没有认识到破坏的存在，就不太可能存在任何针对当事双方信任的运作水平的威胁。同样地，依据某些特定的行为事实，受害方很可能认为责任在破坏方，并且把责任归咎于对方的动机（或倾向）。最后，如果破坏方一点都不关心对受害方造成的危害的后果或者不愿承担肇事者的责任，受害方就不可能愿意采取任何行为去修复或重建信任，使之恢复到原有的水平。

（2）信任修复的过程：第二步骤

修复信任的第二个关键步骤是破坏方以某种方式向受害方赔罪，请求受害方的原谅，采取旨在消除破坏和重建信任的行为。它是信任修复过程中最难的一步，甚至比分清哪一方责任更难。破坏方必须表明他已意识到所发生的事，道歉并请求原谅。道歉（第一步走向第四步的象征）是感情歉意的表达，能够使信任修复得以前行。解释的有效性包括：①如何解释发生了什么事和为什么发生；②道歉和懊悔表示的诚恳程度，这是促使受害方接受道歉的关键因素。

这样，信任的破坏就在关系的平衡中造成一种持续的转变。有一种交换理论把关系看作经过协商后的权利、义务、责任之间的平衡。而信任的破坏将会导致关系的失衡。对双方来说，都有非常丢脸和易受攻击的可能。通过道歉，破坏方准备开始进行恢复关系平衡的行为，而受害方则指明关系重建（使再平衡）的可能性及规定关系恢复的期限和态势。

在经历以上最初的几步之后，由于行为的后果是如此不同，所以不可能确切说明信任修复的方案。然而，一般来说，我们认为在信任重构中有以下 4 个基础的各不相同但又可相互代替的过程。

1）受害方拒绝接受任何重建关系的行为、期限和态势。这种结果有好几个原因。也许因为受害方太愤怒或受的伤害太大，他不会再相信任何人。如果近期还有其他的破坏信任行为的实例，出问题的事件就像是那根"压折了骆驼背的稻草"一样被借题发挥了。因为任何一个非常严重的破坏事件，都足够形成认为信任不可修复的判断。换句话说，受害方会认为既有关系不值得挽救，也就是说，源于既有关系的利益和报酬不值得重新获取与重建。

即使受害方发出信任是不可修补的信号，破坏方也可能并不赞同这种估计，导致有些破坏方会采取行动，以此来显示原谅是必需的。他们会先口头道歉，或通过某些实物（如信件、卡片或鲜花）和姿势来表示歉意，让他人知道他们做了些什么以及他们现在是多么后悔。他们可能单方面地主动采取行动去消除任何和全部已给受害方造成的消极影响。他们也会主动地采取利他行为，以此作为修复由信任破坏导致的关系失衡的必要前提，向受害方说明建立新关系或恢复原有关系的必要性。例如，Lindskold利用 Osgood 的 GRIT（graduate，reciprocate，initiative，tension reduction，逐步、互惠、主动、减少紧张）战略、以主动的措施建立信任的行为就能够说明这一点。在一些情况下，这些行为足够改变受害方的认识，并且使他们转向下面将要阐述的可替代行为。因此，这个过程的目的就是使受害方从一个旁观者转变成修复工作的参与者。

2）受害方表示谅解，确切指明修复工作中的不合理行为，认为信任重建必须由破坏方来承担。接下来，受害方也会确切指出修复信任必须要做的工作，但是破坏方可能认为这些要求是不合适的或不合理的，不愿意表示赞同。因为受害方通常处于指手画脚的地位，他们有报复意味的要求可能会使破坏方认为太过分。当这种情况出现的时候，破坏方就又回到上面 1）中所阐述的位置，即拒绝接受修复的期限。信任修复不可能成功，关系即将中断，除非当事双方能够协商出更多不同的可代替行为。

3）受害方表示谅解，指出进一步修复信任的行为是不必要的。在这种情况中，当事双方尽力恢复到违背信任事件发生前的状态。尽管受害方没有要求破坏方做一些特定的工作，但他们之间的关系也可能在一段时间内继续保持紧张。破坏方可能会继续对所发生的事件感到尴尬和不安，他们会期待受害方的报复行为。因此，虽然破坏方已经被"原谅"了，这种特定的破坏信任行为仍可能会使他人对破坏方今后的动机和倾向产生怀疑（Deutsch，1958）。同样地，受害方也会对破坏方的将来行为保持警惕，以便在将来行为的后果可能对信任产生更大伤害的情况下确保安全。因而修补的过程虽然被跳过，存在的一个允许每一方考验他人和恢复平衡的过程，却是信任重新构建过程中的额外负担。因此，有趣的是，仅有真诚和完全的谅解对于好的信任的修复是不够的，能够预测到以后将经常发生此类的可代替关系。

4）受害方表示谅解，并且确切指明合理的修复行为，认为信任的修复必须由破坏方承担。在这种情况中，受害方确切指出了破坏方必须要做的修复信任的工作。这也许是破坏方主动提出来的（如"为了使你信任我，告诉我该干些什么吧"），也有可能是受害方的指令（如"要我再相信你，你要做这些事情"）。这些行为或清楚或模糊，或费时长或费时短。一般来说，这些行为要具有以下作用。

①这些行为通常是来取悦受害方的，并向其证明破坏方是诚恳的，是有重新构建关系的愿望的。

②表明破坏方为修复关系，不惜蒙受一定量的个人损失和放弃个人利益。

③这些行为创造了一个让破坏方补偿过失和自责的机会，让他感知到破坏信任的后果。

④在执行这些行为中，受害方有了判断破坏方的诚恳程度和实干精神的依据。

简单来说，所有破坏方所做的事情和他在做这些事情时所持的方式、态度对于重建信任来说都是必要的。

由于修复信任的特定行为是受害方和破坏方商妥的结果，破坏方的行为必须对受害方的任何特定关注负责。受害方的要求可以和破坏方协商，直到双方达成一致的行动计划。行动计划一旦产生，双方都必须表示出对实施计划的足够信心。当事双方将会对这些行为进行时不时的监控，并且利用监控所赋予的机会来重新建立计算型信任和关系型信任。

3. 不同发展水平的关系中信任的修复

大多数的计算型信任在经过上述的过程后会得以修复。因为共同的需求，可以假定在修复信任的过程中，在与最好的可替代关系比较后，双方都倾向于修复。然而由于关系是重新协商过的，所以当事双方可以采取一些额外的安全措施，如书面的合约、协议和法律记录，它们用来规定任何可能发生的破坏行为的后果和代价。实际上，许多计算型信任关系都有类似的协商在前的协定，以此来确保信任破坏不会发生，使当事人决定不搞破坏，或者详尽地阐明控制破坏行为产生的措施。不论它们是谅解备忘、婚前协定还是更为广泛的法律合约，目的都是确定当事人的期待、义务和破坏这些约定的后果以及控制此类破坏的手段。

相比较而言，情感型信任和关系型信任的修复更困难一些。这两种形式的信任破坏是对受害方的自我认知和自尊（如对他人足够的认识能力、对他人行为的预测能力及针对他人的认知和情感行为）的伤害。当有人破坏信任的时候，就表明受害方已经看走了眼，他并不像以前所想的那样理解该人，而关于关系的可期待性和对义务的成熟理解也需重新考虑。结果是不太可能把信任恢复到以前的水平。一旦信任被破坏到这样严重的程度，受害方将总会怀疑破坏方可能再次作恶，就再也不会像以前一样把他看作关系中信赖和脆弱的一方了。

"原谅和忘记"的能力是因人而异、各不相同的，它受信任破坏的类型和程度的影响。

1)"原谅和忘记"的能力因人而异，能力越高，该个体就越能且越愿意采取行动去修复破坏了的信任。

2)信任破坏的程度越严重，即这种破坏越动摇关系的根本基础或产生越消极的后果，有效的修复和重建信任的可能性就越小。

3）信任破坏给关系整体造成的挑战越突出，也就是说动摇了个体了解和预测他人行为及理性或感性认知他人能力的根本基础，有效的修复和重建信任的可能性就越小。

第五节　企业间信任的成本

信任关系构建的最终目的是达成积极的合作共识，通过联手实现共赢，但信任关系构建过程中高额的成本消耗将导致关系构建效益降低。为了便于研究内容的深入，学者以多种标准将信任分成了不同类型。本书从心理成本、控制成本和信息成本三个方面构建信任成本评估模型。

一、心理成本评估模型

心理成本是信任成本构建过程中的一个重要部分，心理成本的高低会直接影响信任成本的高低（王敏和高建中，2014）。信任成本与交易成本理论之间最显著的差异就是信任成本考虑了情感、态度等多种非理性因素（王敏和高建中，2014）。社会认同理论认为，个体更容易与其在某方面有认同感的人结合成一个团体，也更容易相信对方能够承担责任。这种认同包括感情、价值观、共同利益等多个方面（杨柳，2014）。

信任是一种特殊的心理状态，受到感情、偏好等多种内在因素的影响，所以心理成本是隐形信任成本的一部分。本书所要讨论的心理成本借鉴了杨柳（2014）对于合作社社员心理成本支出的研究成果，从共同情感、共同价值观和共同利益三个方面分别论述，并参考 Jaccard 系数（Guha et al.，1998）构建心理成本评估模型。

1. 共同情感的评估

双方企业在信任关系发生过程中所具备的共同情感，也就是双方在投入感情过程中的相似性。由于企业间情感投入无法直接衡量具体差异值的大小，只能通过是否相同来描述，所以本书在该部分使用了 Jaccard 系数（Guha et al.，1998）。两企业间相关情感的相似性系数可以通过式（3.1）计算：

$$\text{motionSm}(M_a, M_b) = \frac{M_a \bigcap M_b}{M_a \bigcup M_b}, \quad a \neq b \tag{3.1}$$

式中，M_a 表示企业 a 所付出的情感，例如，$M_a = \{M_{a1}, M_{a2}, \cdots, M_{an}\}$，$M_{aj}$ 表示信

任关系中企业 a 所付出的第 j 种情感；M_b 表示企业 b 所付出的情感，例如，$M_b = \{M_{b1}, M_{b2}, \cdots, M_{bm}\}$，$M_{bk}$ 表示信任关系中企业 b 所付出的第 k 种情感。

2. 共同价值观的评估

两企业间的价值观相似性系数可以通过式（3.2）来表示：

$$\text{valueSm}(V_a, V_b) = \frac{V_a \bigcap V_b}{V_a \bigcup V_b}, \quad a \neq b \qquad (3.2)$$

式中，V_a 表示企业 a 所崇尚的价值观，例如，$V_a = \{V_{a1}, V_{a2}, \cdots, V_{an}\}$，$V_{aj}$ 表示信任关系中企业 a 所崇尚的第 j 种价值观；V_b 表示企业 b 所崇尚的价值观，例如，$V_b = \{V_{b1}, V_{b2}, \cdots, V_{bm}\}$，$V_{bk}$ 表示信任关系中企业 b 所崇尚的第 k 种价值观。

3. 共同利益的评估

两企业间的利益相似性系数可以通过式（3.3）来表示：

$$\text{benefitSm}(B_a, B_b) = \frac{B_a \bigcap B_b}{B_a \bigcup B_b}, \quad a \neq b \qquad (3.3)$$

式中，B_a 表示信任关系中企业 a 所能获得的收益，例如，$B_a = \{B_{a1}, B_{a2}, \cdots, B_{an}\}$，$B_{aj}$ 表示信任关系中企业 a 所能获得的第 j 种收益；B_b 表示企业 b 所能获得的收益，例如，$B_b = \{B_{b1}, B_{b2}, \cdots, B_{bm}\}$，$B_{bk}$ 表示信任关系中企业 b 所能获得的第 k 种收益。

4. 心理成本

心理成本的付出包括施信企业对于受信企业与自身情感的共性、价值观的共性以及利益的共性的评判（杨柳，2014），由于企业间信任关系的形成中具备的共性越多，需要付出的心理成本越低，所以在计算心理成本时，取所涉及的因素的非共性值。为此，可以通过式（3.4）来计算心理成本。式（3.4）中所涉及的权重因素则由企业的管理者来决定，且权重值应满足式（3.5）的要求，即

$$\text{SC}=a_1(1-\text{motionSm}(M_a, M_b))+a_2(1-\text{valueSm}(V_a, V_b))+a_3(1-\text{benefitSm}(B_a, B_b))$$

$$(3.4)$$

$$a_1 + a_2 + a_3 = 1 \qquad (3.5)$$

二、控制成本评估模型

风险是信任关系形成前需要考虑的第一要素。信任定义中施信方对于受

信方的积极预期，部分前提就是对于未来交易行为的控制力。控制的存在必然伴随着监督行为，可以预测的是，信任与监督之间是一种反向的关系，信任度高的关系中会降低监督力度，而信任度低的关系中则会提高监督力度，但无论如何，监督是信任关系存在的必需品，以预防过失并协调失误（Xavier and Luiz，2011）。

这一部分将使用模糊推理对信任过程中需要付出的控制成本加以评估。该部分内容将综合交往时间、监督方式、心理成本三种因素构建控制成本的模糊模型。

1. 确定模糊集

在确定模糊集的过程中，我们将企业间的差异性（心理成本）（SC）、交往时间（CT）、监督方式（SM）作为输入变量，将控制成本（CC）作为输出变量。对于控制成本的评估过程涉及的模糊集合从属函数如下。

1）CT：交往时间模糊集的语言变量为 $C(\text{ct}) = \{\text{short，middle，long}\}$，该从属函数被定义为三角模糊函数时表示为

$$u_{C(\text{ct})}^{\text{CT}} = \{a_{C(\text{ct})}, b_{C(\text{ct})}, c_{C(\text{ct})}\}, \quad a_{C(\text{ct})} < b_{C(\text{ct})} < c_{C(\text{ct})} \tag{3.6}$$

设定企业间交往的时间单位为年，且定义两企业间交往时间超过 10 年为长，由此可以定义 CT 的从属函数为图 3.4。

2）SM：SM 的模糊集和从属函数如下：

$$\tilde{\text{SM}} = \sum_{j=1}^{3} \frac{u_j^{\text{SM}}}{\text{sm}_j}, \quad \text{sm}_j \in U^{\text{SM}}, \quad 0 \leqslant u_j^{\text{SM}} \leqslant 1 \tag{3.7}$$

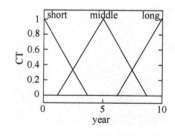

图 3.4　CT 的从属函数

式中，$\tilde{\text{SM}}$ 表示监督方式的模糊集；sm_j 表示监督类型，其中，ss 表示持续性监督，rs 表示定期监督，os 表示第三方监督；u_j^{SM} 表示个监督类型所对应的成员值。本例中，将施信企业对于受信企业的监督方式设定为三种模式，持续性监督、定期监督以及聘用第三方企业监督，所以 U^{SM} 的区间范围可以设定为 $U^{\text{SM}} = \{\text{ss，rs，os}\}$；监督方式的模糊集可以表示为

$$\tilde{\text{SM}} = \frac{0.3}{\text{ss}} + \frac{0.2}{\text{rs}} + \frac{0.5}{\text{os}} \tag{3.8}$$

本书中拟定监督关系中监督成本值最高的为第三方监督 0.5，其次为持续性监督 0.3，成本最低的为定期监督 0.2。

3）SC：企业间的心理成本的语言变量为 $U_{SC} = \{weak, middle, strong\}$。在模糊集中，根据三角模糊数可以定义其从属函数为

$$u_{C(sc)}^{SC} = \{a_{C(sc)}, b_{C(sc)}, c_{C(sc)}\}, \quad a_{C(sc)} < b_{C(sc)} < c_{C(sc)} \tag{3.9}$$

SC 的从属函数可以表示为图 3.5。

4）CC：当前企业的控制成本在模糊集下的语言变量为 $U_{C(cc)} = \{low, medium, high\}$，因此其从属函数在三角模糊数下可以被定义为

$$u_{C(cc)}^{CC} = \{a_{c(cc)}, b_{c(cc)}, c_{c(cc)}\}, \quad a_{C(cc)} < b_{C(cc)} < c_{C(cc)} \tag{3.10}$$

CC 的从属函数可以表示为图 3.6。

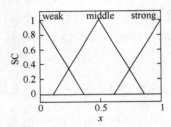 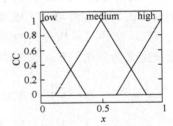

图 3.5　SC 的从属函数　　　　　　　　　图 3.6　CC 的从属函数

　　x 代表非共性程度　　　　　　　　　　　　x 代表非共性程度

2. 模糊推理

模糊推理是指在模糊集逻辑规则的基础上计算模糊关系。本书将使用比较常用的模糊推理方法——Mamdani-style 推理。Mamdani 将经典的极大-极小合成运算方法作为模糊关系与模糊集合的合成运算法则，关于控制成本的 Mamdani-style 推理步骤如下。

1）模糊性：相应语句的模糊性以及需要输入的三个变量 CT、SC、CC 的隶属度源于式（3.6）、式（3.9）和式（3.10）中列出的从属函数。

2）规则评估：每一项规则的完成包括前因和结果两个步骤，即

IF＜antecedent＞，THEN＜consequent＞

书中会以模糊化的形式输入模糊集的前因。例如，表 3.5 中列出了几项关于企业将付出控制成本的模糊规则。将这些规则逐一存储到模糊规则库中，且规则的制定全部来自专家打分以及对相关文献的提取。

表 3.5　评估控制成本的模糊规则

规则	CT	SM	SC	CC
规则 1	short	ss	weak	medium
规则 2	short	ss	middle	medium
规则 3	short	ss	strong	high
规则 4	short	rs	weak	low
规则 5	short	rs	middle	low
规则 6	short	rs	strong	medium
规则 7	short	os	weak	high
规则 8	short	os	middle	high
规则 9	short	os	strong	high
规则 10	middle	ss	weak	medium
规则 11	middle	ss	middle	medium
规则 12	middle	ss	strong	medium
规则 13	middle	rs	weak	low
规则 14	middle	rs	middle	low
规则 15	middle	rs	strong	low
规则 16	middle	os	weak	high
规则 17	middle	os	middle	high
规则 18	middle	os	strong	high
规则 19	long	ss	weak	medium
规则 20	long	ss	middle	medium
规则 21	long	ss	strong	medium
规则 22	long	rs	weak	low
规则 23	long	rs	middle	low
规则 24	long	rs	strong	low
规则 25	long	os	weak	high
规则 26	long	os	middle	high
规则 27	long	os	strong	high

3）聚合规则的输出：以上规则的适应值都应当来自于前面所列出的从属函数以及一些相关的实用性文献。下面列出的两个公式，第一步的最小合成旨在求得每一个设定规则的逻辑积，并由此计算前面所提及的前因或者从属度 M_i 以及结果或者从属度 N_i：

$$M_i = u_{C(\text{sm})}^{\text{SM}} \bigcap u_{C(\text{ct})}^{\text{CT}} \bigcap u_{C(\text{sc})}^{\text{SC}} = \min\{u_{C(\text{sm})}^{\text{SM}}, u_{C(\text{ct})}^{\text{CT}}, u_{C(\text{sc})}^{\text{SC}}\} \qquad (3.11)$$

$$N_i = \min\{M_i, u_C^{\text{CC}}\} \qquad (3.12)$$

第二步,计算从属度 U_i 的结果,通过下面的最大合成公式即逻辑和公式完成:

$$U_i = \max\{N_i\}, \quad i = 1, 2, \cdots, n \qquad (3.13)$$

4) 去模糊化:聚合规律的最终输出是一个去模糊化的过程,去模糊化最常见的方法为重心(center of gravity,COG)法。COG 法所得到的是模糊集的中心值,且结果为一个特定的输出值,本书中为控制成本值(control cost value,CCV)。

$$\text{COG} = \text{CCV} = \frac{\sum_{j=1}^{n} x_i [u_C^{\text{CC}}(x_j)]}{\sum_{j=1}^{n} u_C^{\text{CC}}(x_j)} \qquad (3.14)$$

三、信息成本评估模型

信任客体的信誉或者正式控制的外在保证是信任形成的基础,这一切都离不开信息(陈昆,2007)。组织或者个人过往的声誉、信用都是信任建立的重要信息依据,信息获取难度增加会对信任成本的消耗产生直接影响。

该部分旨在评估施信方在获取准受信方的可信度信息时所要付出的代价。朱少林(2007)将企业获取信息的模式分为三类:企业直接获取、通过信赖的合作伙伴获取以及网络搜索获取。Chen 等(2010)在评估可信度时,从自身经验和第三方观点两个角度对受信方可信度进行评估。信息的获取往往来自两个方面:从其他相关方获取关于准合作方的可信任度信息,以及从自身与准合作方的交往经验来获得信任度信息。本书将信息获取成本分为外购信息成本和经验信息成本两部分。比较与距离较近的交往经验而言,从距离当前时刻较远的交往经验中获取对方可信度信息时,通常需要付出更多的信息成本,因为此时对方可信度的评判需要付出更多的人力和物力去对比分析过去的合作信息,由此本书将以企业间上次交易距离现在的时间间隔作为经验信息成本的代表值。同控制成本一样,依旧使用模糊理论对企业信息获取成本进行评估。

1. 确定模糊集

该过程将企业间上一次交易行为距离现在的时间(PC)、外购信息成本率(OC)作为输入变量,将信息获取成本(IRC)作为输出变量。对于信息成本的评估过程涉及的模糊集合从属函数如下。

1）PC：交易活动时间间隔模糊集的语言变量为 $C(\text{pc}) = \{\text{short}, \text{middle}, \text{long}\}$，该从属函数被定义为三角模糊函数时表示为

$$u^{\text{PC}}_{C(\text{pc})} = \{a_{C(\text{pc})}, b_{C(\text{pc})}, c_{C(\text{pc})}\}, \quad a_{C(\text{pc})} < b_{C(\text{pc})} < c_{C(\text{pc})} \quad (3.15)$$

设定企业间交往的时间间隔单位为年，且定义两企业间交往时间间隔超过 5 年为长，由此可以定义 PC 的从属函数为图 3.7。

2）OC：外购信息成本率的语言变量为 $C(\text{oc}) = \{\text{low}, \text{middle}, \text{high}\}$，该从属函数被定义为三角模糊函数时表示为

$$u^{\text{OC}}_{C(\text{oc})} = \{a_{C(\text{oc})}, b_{C(\text{oc})}, c_{C(\text{oc})}\}, \quad a_{C(\text{oc})} < b_{C(\text{oc})} < c_{C(\text{oc})} \quad (3.16)$$

定义 OC 的从属函数为图 3.8。

3）IRC：当前企业的控制成本在模糊集下的语言变量为 $U_{C(\text{irc})} = \{\text{low}, \text{middle}, \text{high}\}$，因此其从属函数在三角模糊数下可以被定义为

$$u^{\text{IRC}}_{C(\text{irc})} = \{a_{C(\text{irc})}, b_{C(\text{irc})}, c_{C(\text{irc})}\}, \quad a_{C(\text{irc})} < b_{C(\text{irc})} < c_{C(\text{irc})} \quad (3.17)$$

由此，IRC 的从属函数可以表示为图 3.9。

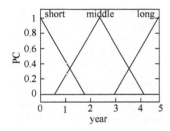
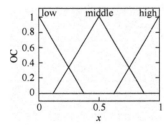
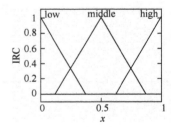

图 3.7　PC 的从属函数　　　　图 3.8　OC 的从属函数　　　　图 3.9　IRC 的从属函数

2. 模糊推理

将 PC 和 OC 作为评估信息成本的输入变量，根据 Mamdani-style 推理方法，在 MATLAB 中聚合、去模糊化，得到输出结果 IRC。

四、集成信任成本

最终的信任成本评估模型主要涵盖控制成本、信息获取成本两项内容，并分别涵盖了前面几个部分中所列出的公式。以式（3.18）表示最终获得的集成信任成本隶属度，且公式中所涉及的两个权重因子必须符合式（3.19）的限制，这些

权重的选取则来自于企业管理层，针对控制成本、信息成本值的重要性程度予以确定。

$$TCV = w_1 CC + w_2 IRC \qquad (3.18)$$

$$w_1 + w_2 = 1 \qquad (3.19)$$

式中，w_1、wp_2 分别代表了控制成本、信息获取成本所占的权重。

此外，表 3.6 中列出了相关的信任成本等级，帮助企业决策者在施信过程中权衡本企业的信任成本支出水平是否满足企业的利益需求。

表 3.6　TCV 的范围以及对应成本水平

TCV	0＜TCV＜0.25	0.25＜TCV＜0.5	0.5＜TCV＜0.75	0.75＜TCV＜1
成本水平	very low	low	medium	high

五、模型的模拟与验证

1. 心理成本的计算

两企业在情感、价值观和利益方面的差异性如表 3.7 所示，对两企业间的心理成本的计算使用式（3.1）～式（3.5）。

表 3.7　企业间的差异性

motion	A	independent, freedom, flexible, finance, rational, helpful, steady
	B	active, flexible, dependent, personality, diversity, helpful
value	A	profit, ethical, responsible, cultural, long-term development, legal
	B	profit, legal, ethical, long-term development, public welfare, responsible
benefit	A	low-cost, experience, resource, contacts, high quantity, partner
	B	low-cost, reputation, experience, resource, ability, partner

（1）共同情感

$$M_A \cup M_B = \left\{ \begin{array}{l} \text{independent,freedom,flexible,finance,rational,helpful,steady,active,} \\ \text{dependent,personality,diversity} \end{array} \right\}$$

$M_A \cap M_B = \{\text{flexible,helpful}\}$

根据式（3.1）motionSm（I_A，I_B）= 2/11 = 0.1818。

因此，两企业间感性的相似性为 0.1818。

（2）共同价值观

$$V_A \cup V_B = \left\{\begin{array}{l}\text{profit,ethical,responsible,cultural,long-term development,legal,}\\ \text{public walfare,responsible}\end{array}\right\}$$

$$V_A \cap V_B = \{\text{profit,ethical,responsible,long-term development,legal}\}$$

根据式（3.2）valueSm（I_A，I_B）= 5/7 = 0.7143。

（3）共同利益

$$B_A \cup B_B = \left\{\begin{array}{l}\text{low-cost,experience,resource,contacts,high quality,}\\ \text{partner,ability,reputation}\end{array}\right\}$$

$$B_A \cap B_B = \{\text{low-cost,experience,resource,partner}\}$$

根据式（3.3）benefitSm（I_A，I_B）= 4/8 = 0.5000。

（4）心理成本

根据式（3.4）和式（3.5）可知心理成本的计算为 SC = α_1（1−0.1818）+ α_2（1−0.7143）+ α_3（1−0.5000），假设 α_1、α_2、α_3 分别为 0.3、0.2、0.5，则此时的心理成本 SC 为 0.5526。

2. 控制成本的计算

输入交往时间（CT）为 10 年，心理成本（SC）为 0.5526，监督方法为第三方监督（os），运行 MATLAB 得到输出控制成本值 CC = 0.8567。

3. 信息获取成本的计算

输入两个企业间距上次交易活动的时间间隔 2 年，施信方外购对方信息时支付的成本比率 0.5，利用 MATLAB 软件构建模糊推理模型，评估施信方预计将要支出的信息获取成本，输出模糊推理结果企业信息获取成本 IRC = 0.5。

4. 信任成本的计算

假设两种信任成本因素的权重分别为 0.8 和 0.2，根据式（3.18）和式（3.19）中的信任成本度公式，TCV = w_1CC + w_2IRC，将 CC = 0.8567，IRC = 0.5 代入，计算结果为

$$TCV = 0.8 \times 0.8567 + 0.2 \times 0.5 = 0.7854$$

最后，通过与表 3.6 中列出的信任成本水平进行对比，结果显示该企业 A 对

企业 B 的信任成本评估结果为 high，也就是说要达成信任关系，A 企业需要支付较高的信任成本。图 3.10 为 MATLAB 模拟视图。

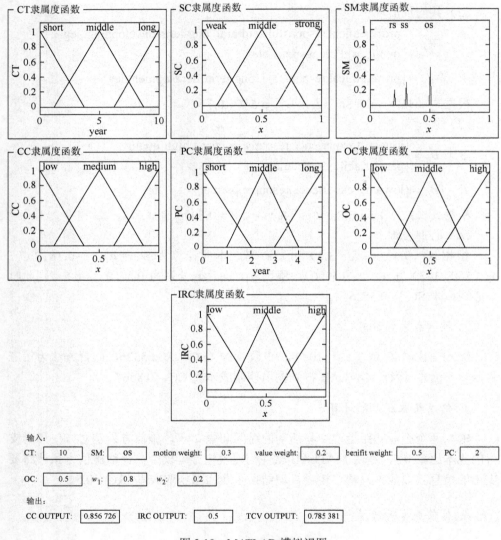

图 3.10　MATLAB 模拟视图

　　研究表明，对于企业而言，影响信任关系发生的因素有很多，包括企业自身的偏好、对方企业的能力、外部环境的制约等。信任成本作为信任关系建立过程中的一项隐形的资本流出项，应当受到企业决策层的高度重视。合理评估关系达成过程中需要支付的信任成本，它是降低信任风险、确保企业利润率所不容忽视的环节。

本 章 小 结

　　本章通过对信任的一系列分析，认为信任是 A（施信方）在依靠 B（受信方）实现其目标的过程中，认为 B 会尽其所能履行承诺，并且不会利用 A 的弱点谋取不当利益的一种信念或者心理状态。而企业间的信任是指，在有风险的前提下，一方企业认为另一方企业在合作过程中会竭尽全力，面对困难、危机时仍能一如既往地完成潜在交易的主观信念。通过企业间信任维度划分的研究，本书把企业间信任维度划分为情感型、计算型和关系型。基于此，构建了信任的三层次模型。企业间的信任是个动态的发展过程，有着产生、发展、违背、修复的线性规律。

　　信任的研究方法主要有交易费用法、博弈研究法、解释和嵌入法等，信任研究的本质内容在于研究如何建立信任、影响企业间信任的因素以及信任对于企业经营绩效的影响。因此，从实践导向出发，构建企业间的信任模型并理清信任前置要素的作用模式是本书的主要研究思路。

　　信任的研究是一个动态的过程，包括信任的产生（建立）、衰退、破坏以及修复。合作和信任关系扮演了重要角色。虽然发展和维持这些关系的呼声很高，却很少有关于发展和保持这些关系的过程的研究。如果致力于使人们保持强有效的合作关系，就需要对此类关系是如何产生的和怎么维持的有进一步的了解。

　　本章提到了在企业关系中有多种不同类型的信任，也阐述了关系中信任可能被破坏的方式和这些危机因素对保持信任的后果，同时描述了信任破坏的修补过程和当事人在有效地掌控修补过程中的责任，当然，信任也具有成本，本章第五节对信任成本进行了建模，得出对于企业而言，影响信任关系发生的因素有很多，包括企业自身的偏好、对方企业的能力、外部环境的制约等。信任成本作为信任关系建立过程中的一项隐形的资本流出项，应当受到企业决策层的高度重视。合理评估关系达成过程中需要支付的信任成本，它是降低信任风险、确保企业利润率所不容忽视的环节。本书基于模糊理论设计的企业间信任成本评估模型，从信任成本的显隐性角度，综合心理、监督和信息三个方面因素，既为企业选择准合作方时的预期成本支出的评估提供了模型依据，也为企业决策层选择最优合作方提供了崭新的评判视角。

第四章 企业间合作

> 就企业和市场是相互独立的形式还是存在着中间形式——企业或市场渐变为另一种形式——就争论而言，大部分作者对后一种研究方法持开放态度……把企业看作"市场关系海洋中有计划协调的岛屿"无论在概念上还是在经验上都是不正确的……企业并不是岛屿，而是以合作和隶属形式联系在一起的……企业和市场、指导性协调和自发协调间的区分……忽视了企业间合作的制度事实，舍弃了这可以提供的独特的合作方式。
>
> ——理查森·威兰斯

经济学研究中，行为主体被假定为自利主义者，各经济主体之间的关系建立在各自的利益驱动基础之上，并由此拓展形成错综复杂的社会关系。"囚徒困境""公地悲剧"等经典理论都对不合作行为进行了详细解释。1968 年，英国学者哈丁（Hardin）在《科学》杂志上发表了一篇题为"公地的悲剧"的文章，他在文章中设置了这样一个场景：一群牧民一同在一块公共草场上放牧。一个牧民想多养一只羊增加个人收益，虽然他明知草场上羊的数量已经太多了，再增加羊的数目，将使草场的质量下降。牧民将如何取舍？如果每人都从自己的私利出发，肯定会选择多养羊获取收益，因为草场退化的代价由大家负担。当每一位牧民都如此思考时，"公地悲剧"就上演了——草场持续退化，直至无法养羊，最终导致所有牧民破产。企业间的经济行为同样会面临相似的问题。

近年来，随着经济的全球化、需求的个性化、竞争的白热化趋势日益明显，越来越多的企业通过企业间合作，借助于企业外部的力量来实现企业的战略目标，降低自身的风险。合作的群体认识到个体无法单独完成任务，于是生产团队一同工作来组装汽车，相邻的店主共同出资做街头广告，公司合作开发产业标准（Biele et al., 2008）。于是，企业越来越倾向于通过联盟来创造竞争优势（Bell et al., 2006）。

合作是产业组织的一个基本行为特征。马歇尔（Marshall）曾经说过，"现代产业经济的基本特性是：选择自身行为方式的独立性，研究、改进、判断、选择的独立性，对未来的预测性和依据长远目标选择行为方式的性质等。这些特性可能且经常使人们相互竞争，但这些特性另一方面又倾向于把各种好的、坏的竞争者都联合起来，共同合作"。但是，他在后来的理论研究中，仅分析了企业的竞争关系和价格机制的作用，忽视了企业间合作的研究。

20 世纪 80 年代以后，市场环境的巨大变化和网络技术的迅猛发展，使得企业间关系管理的研究逐渐受到学者的重视，一些著名国际期刊，如 SMJ（*Strategic Management Journal*）、OS（*Organization Science*）、AMJ（*Academy of Management Journal*）均推出专刊集中探讨企业合作的问题，充分说明它的重要性。随着合作竞争、战略联盟、网络组织、企业集群等概念的出现，一些学者和厂商认识到企业隐含的、不可模仿的社会关系网络与成功的合作伙伴——供应商、顾客、互补者和联盟伙伴，是"创新关键来源""组织学习的关键来源""学习和能力的关键来源"。

据调查，日本企业的生产物资供应 55%来自公司外围合作网络，40%来自公司内部网络，只有 5%来自非合作性贸易。世界航空业的两大巨头波音公司和空中客车公司分别是由几百家合作伙伴组织的网络所构成的，微软、英特尔、思科等公司组成了一个庞大的产业共生系统。1992 年，美国公司首席执行官（chief executive officer，CEO）中只有 20%对战略联盟持肯定态度，到 1997 年已经有 60%的 CEO 表示赞成并首先考虑采用这种战略。埃森哲对全球 110 家跨国公司的调查表明，全球 500 强企业平均每家有 60 个主要的战略联盟伙伴。1997~2000 年，战略联盟的产出占这些公司市值的 6%~15%，而 2004 年为 40%以上（张平，2006）。

对合作的参与者而言，当企业间的生产和交易成本函数存在着较大的差异时，为了降低资源差异和投资不确定性所带来的高昂协调成本，并获得专业化效益和规模经济，不同企业之间的联盟合作既优于一体化也优于市场契约。研究表明，这种合作在互补性资源和共同性、专业性资源的共享以及诱发成功创新方面具有优势。企业合作网络所拥有的增强经济系统学习能力、降低适应市场变化成本和减少组织变革的困难方面的动态效率性质也得到了系统的阐释。

企业间合作思想认为企业战略的根本目标是取得长久的商业成功，通过与其他企业合作，产生协同效应，创造更新的或者更大的价值，实现共同进化。企业是商业生态系统成员之一，虽然它不能摆脱环境的约束，但是可以通过提高合作效率和对商业生态系统中企业网络关系的管理能力来改善商业生态系统的功能。企业绩效的高低，不在于能否击败竞争对手，而在于能否高效而充分地取长补短，创造 1＋1＞2 的协同效应。

本章主要分六节，分别阐述企业间合作的概念、模型及合作决策的过程等。

第一节　企业间合作的界定

研究企业间合作的首要问题，就是对企业间合作进行界定。这涉及两个主要方面：一方面是合作的主体；另一方面是合作的行为。从字面理解，企业间合作当然是以两个以上的企业为主体，但是，要注意到，有时两个企业可能存在密切的产权关系，这两个企业更多地在同一个决策体系内行事，这更接近同一个企业的关系行为，而不是企业之间的竞争或合作。

Williams 认为参与者合作是在他们对共同参与的行动带来的后果共担风险的时候，并且其中至少一方的一个行动发生在不受对方直接控制之下。桂萍等（2002）认为企业合作是两个或两个以上的企业分析市场外部环境和企业生产经营状况，从自身利益出发，同时兼顾双方的利益，通过各种协议建立起来的在生产、销售、管理和技术开发等方面的相互协作关系。贾若祥和刘毅（2004）认为企业合作是指在某种经济体制下，两个或两个以上的具有独立法人资格且不具有隶属关系的企业为了实现资源共享、优势互补、风险共担等特定目标而建立的超越正常市场交易而又没有达到一体化程度的以经济交往为主，同时包括技术、资金、信息、人才交流等在内的密切关系往来的一种经济组织方式。

鉴于企业合作定义的多样性，限于本书的研究目的，本书认为企业间合作，是指两家或两家以上的独立的、治理结构上互不控制的企业，为了实现自身经营目标，超越单纯以价格为衡量标准的市场交易，互相利用彼此的资源或能力，共同完成某一任务或达成长期的业务关系的经营行为。

该定义包含如下几个要素。

1）合作的主体是独立的、治理结构上互不控制的企业。如果两个企业的关系中，一家企业能够控制另一家企业，如股权控制，那么企业间的经营行为更像一家企业，控制企业能够使被控制企业为了自身的利益做出牺牲，因为它们有共同的最大受益者，这种形式不是本书研究的对象。本书研究的企业合作的主体应有不同的决策主体，不同企业的经营目标可能一致也可能不一致。企业间合作的决策应该能满足不同主体的目标诉求。

2）超越以价格为标准的单纯市场交易行为。价格是市场交易的重要尺度，也是经济学中协调需求关系的主要变量，但在实际的企业经营中，需要考虑的经营变量要复杂得多。一手交钱一手交货的简单市场交易行为，可以用单纯的以质论价来作为标准，例如，企业管理人员出差乘坐飞机、火车、出租车等交通工具，这类企业间的交易行为，有标准的价格体系与计价标准，不应视为企业间合作，更接近单纯的价格交易。研究企业合作往往是很难有标准的价格与质量体系来衡量双方的贡献与收益的，例如，一家手机设计企业为一家通信设备制造商提供服务，需要两家企业的相关人员频繁沟通，从产品创意、目标市场到制造成本等方面进行协调，最终产品的市场成功很难衡量究竟谁的贡献比较大，这时候需要的是企业间的精诚合作。

3）互相利用彼此的资源或能力。通过专业分工与市场竞争，不同企业形成自己的产品或专业优势，企业间合作的主要目的是通过相互利用彼此的优势资源或能力来提高经营效益，同时有利于企业集中精力专注于提高自身的核心能力。

4）任务特点。企业合作的形式可以多种多样，可以是共同合作完成一个任务，如企业之间通过联合采购降低成本；不同企业通过联合投标共同完成某一建筑项目。企业合作也可以以长期关系的形式存在，通过这种合作，可以降低频繁寻找合作伙伴、签订合同与谈判、监督与控制的成本，也有利于保持产品质量的稳定。对于竞争对手之间的合作，有可能是为了共同推进一项产业标准的确立或者共同投入一项未来的新技术。

第二节　企业间合作的相关研究

一、合作的理论基础

近年来，合作越来越成为跨学科的课题，社会学、政治学、经济学、管理学各个领域的学者都对组织间的合作问题进行了探讨。Turner（1995）等把研究合作的理论归为如下五类。

1）交换理论。这种理论出现在心理学、社会学、政治学与经济学等领域，而且这些不同的学科在交换过程与合作的相关问题上有相似的观点。如果合作的收益超过成本，各方就会乐于合作。具体的交换理论包括交易费用经济学理论、交换的社会心理学理论、交换的微观与宏观社会理论、强化理论、象征作用理论、理性或者规范决策理论。

2）吸引理论。这种理论侧重于个人与群体之间如何互相吸引，什么会产生天然的亲和力或者相反情况。人际吸引理论基于一些变量，如价值或地位的相似与差异、互补需求、人格因素、目标一致性、信息需求等。虽然与交换理论有重叠，但是通过吸引理论可以构建非经济的、非计算成本与收益的合作关系模型，如个人吸引与人际匹配，这种理论强调关系形成的非经济方面。

3）权力与冲突理论。这种理论侧重于冲突与合作的倾向。在这个分析框架中，个人与群体目标、价值观与资源的多样性，会产生不公平或不平等的感觉，这可以用于解释冲突，其反面可以用来解释合作。这种理论在预测合作关系随时间的动态变化方面会特别有用。例如，随着合作双方力量的差别逐渐增加，越来越需要正式的而不是非正式的合作。

4）典范理论。这种理论侧重于在个人与组织的合作出现的过程中，社会学习过程与社会学习、模仿与典范的重要性。合作行为与安排的出现是因为一些代表性的人或群体、组织在利用它。

5）社会结构理论。这种理论强调结构因素在催生合作过程中的作用，结构由相互区别又相互关联的个人、群体、组织或网络中的社会位置构成。结构变量包括参与者的数量、异质性与同质性、距离、历史与力量。像典范理论一样，社会结构理论在关系之外去寻找预测合作与协调的方法。网络理论作为一种特别普遍的社会结构理论的例子，根据网络关系中合作方的位置来解释合作。

从经济学角度来说，企业间合作是与交易费用、不对称信息、委托代理等概念连接在一起的。

在主流产业组织理论的分析框架下，合作行为则被视为竞争的对立面，而简单地归并于垄断范畴，并同经济的低效率相提并论。其实，现代企业是由若干个单体企业构成的，现代企业的形成过程实际上就是企业组织的合作过程，原有的单体企业是通过市场进行合作的，变为现代企业后单体企业在一个组织内合作。纵观商品经济发展历史，无论是从商品社会早期所形成的社会分工与协作，还是从 19 世纪末 20 世纪初开始一直延续至今的以美国为代表的西方发达国家所掀起的五次大规模企业并购浪潮，都可以看出，实际上伴随着商品经济的发展，企业间的合作一刻没有停止过，只是合作的内容、方式、空间等方面发生了变化。

在传统经济理论分析框架中，市场和企业被看作组织经济活动的两种主要制度形式。市场由价格机制协调资源配置，而企业则利用行政强制的配置手段。企业和市场的两分法提高了人们对这两种制度安排特性的认识，却忽视了经济活动的复杂性和多样性，最突出的是忽视了企业间资源配置的多样性制度安排。Larsson（1993）在调查了组织间关系理论之后，建议用市场、组织间协调和科层的三极制度框架替代传统的市场与科层两极制度框架，遵循亚当·斯密和钱德勒把市场和企业科层分别称为看不见的手与看得见的手的隐喻，他形象地把组织间合作与协调称为"握手"。

早期学者只分析了企业与市场之间的替代关系，忽视了互补关系，在这些理论中隐含地假设了企业间的交易是直接的、无摩擦的，交易成本和技术不可分性的分析未能扩展到企业间复杂多样的制度安排。例如，科斯认为市场和企业存在的原则是把它们看作由交易成本所决定的相互竞争和相互替代的两种制度安排。张五常认为企业是用交易费用较低的要素市场替代了交易费用较高的中间产品市场，因而是市场形态高级化的表现。

威廉姆森较早提出了基于企业间合作的中间组织概念。他用不确定性、交易频率和资产专用性解释经济活动的规制结构。一般来说，当这些变量处于较低水平时，市场是有效的协调手段，企业的出现则是不确定性大、交易频率和资产专用程度高的结果，处于这两者之间的则是双边、多边和杂交的中间组织形态。他认为中间组织是比市场更有效、比企业更灵活的协调方式。然而，在威廉姆森的分析框架中，中间组织并未取得与市场和企业相并列的概念化地位，他更多地把它看作不稳定的组织形态。

而里查德森首先从互补性活动的角度为企业合作提供了一种正式的理论基础。在他看来，企业只是从生产和服务过程中截取某些阶段从事分工活动，这些活动包括研究与开发、制造过程的各个阶段、营销活动等。企业从事分工活动的范围取决于它的能力，企业组织通过对各种活动的协调把它的能力体现在生产和服务过程之中。由于企业所从事的只是分工活动的某个阶段，所以它的活动从来不是孤立的，而是与其他企业相互依赖的。企业不可能拥有所必要的全部能力，其结果需要企业间各种各样的组织安排，如许可证、共同投资或证券投资等。这些中间形态允许某种程度的协调，而没有导致垂直一体化的高昂成本和企业僵化不灵的弊端。

Pfeffer 和 Salancik 基于资源依赖的观点，把企业间的市场关系看作一种网络结构。由于企业从事生产和服务过程中某种阶段的工作，企业间分工创造了企业相互依赖的网络，所以企业间活动需要协调，这既不是通过政府计划或企业科层来协调，也不是通过传统市场模型中的价格机制来协调。相反，时间和努力放在能建立交换关系的网络结构上，以便获取所需的外部资源，并有效地培育和扩大其产品的市场。企业间相互依赖的网络导致了对企业间作用的约束，需要对企业间的活动进行明确的协调，或者是通过共同计划，或者是通过一方对另一方行使权利而完成，从而产生了企业间互相依赖和长期关系的多样性契约安排，这些契约可以有效地降低交易和生产成本，推动技术的联合开发，提供对相关企业的控制，或者是成为进入其他领域的桥梁，这种协调方式比内在化的企业科层协调更具独特的优势。

Larsson（1993）把威廉姆森影响规制结构的三要素（不确定性、交易频率和资产专用性）与资源依赖的观点结合起来，并用特定资源依赖替代资产专用性，提出了如下命题：第一，在较低的内在化成本和行为者之间的信任程度低的情况下，不确定性、交易频率和特定资源依赖程度越高，这些资源依赖越可能由企业看得见的手所协调；第二，在较低的外在化成本情况下，不确定性、交易频率和特定资源依赖程度越低，这些资源依赖越可能由市场看不见的手所协调；第三，在较低的召集成本和较高的内在化成本或行为者之间信任程度高的情况下，不确定性、交易频率和特定资源依赖程度越高，资源依赖越可能由作为企业间契约的网络（握手）来协调。

二、合作的形式

Ring 和 van de Ven（1994）认为基于合约的跨组织的合作关系包括战略联盟、

伙伴关系、联合、合资企业、特许、研究团体和各种各样的网络组织。

Smith 等（1995）指出至少有两种类型的合作关系：正式的与非正式的。非正式的合作涉及适应性的安排，在其中是行为规范而不是合同义务决定了合作方的贡献。在这种非正式的合作中，非正式的文化与系统影响成员的行为。Ring 和van de Ven（1994）认为正式的合作通过长时间的演化会变为非正式的合作，这时规则与制度就不再需要了。

Dyer（1996）等学者实证调查和分析了美国、日本、韩国汽车制造商同其供应商之间的相互关系。认为美国企业与供应商之间更偏向于正常交易关系；韩国企业与供应商之间是合作相当紧密的合作伙伴关系；而日本企业的合作伙伴关系相比韩国，合作的紧密程度要低一些。

Bensaou（1999）根据供应方、买方对合作伙伴关系的特定投资（包括专用设备、人员、无形资产等）的多少将合作伙伴关系按表现形式分为四种：市场交换型、买方积极型、供应方积极型和战略型。Cox（2001）考虑了整条供应链内上下游多个企业之间的合作伙伴关系，也得出类似的关系形式。

三、合作的动机

从合作的动机来看，Williamson（1993）及 Hennart（1988）等学者从交易成本的观点出发，指出通过伙伴关系可以降低市场带来的不确定性，并减少组织层级制带来的相关成本，从而最小化生产和交易成本。因此，组织应当致力于整合与其存在关系的企业的活动，以降低生产和交易成本。

Doz（1996）及 Hamel（1991）等学者注意到影响组织学习的一个关键的因素是吸收能力，即组织能够认识到新知识的价值、传播它并且将其应用到业务中的能力。因此，从合作伙伴那里尽可能地吸取知识从而提高组织的竞争能力是组织进行合作的一个重要原因。

Baum（1991）及 Meyer（1977）等学者提出组织所处的环境会向组织施加压力，使组织倾向于采用与行业中其他组织类似的形态，因此许多公司建立企业合作关系只是为了跟上形势，因为行业中的其他组织也建立了这样的合作伙伴关系。

Dyer 和 Chu（2003）等学者批判性地解释了分析合作动因的两个主要理论：产业结构理论和资源依赖理论。他们指出，这两种理论都忽略了在现代企业网络中，"关系"对企业的优（劣）势的增强作用。关系理论指出，组织的关键资源可能会在组织的边界之外。因此，企业可以通过在其内部资源和外部资源之间构建关系来形成新的竞争优势。他们的研究还表明，通过关系而形成的竞争优势主要来源于四个方面：特定的关系资产、共同拥有的知识、互补的资源和能力、有效的关系管理机制。

Buzzell、Gales 等学者从协同理论中得到启发，指出企业战略管理的一个重要目标就是通过精心组建相互关联、相互促进的企业群来创造可持续的竞争优势。他们对通用电气、通用汽车和飞利浦等公司的研究表明，企业之间可以通过对资源或业务的共享、研发的扩散效益来获得协同效应，从而使公司获得巨大利益。

四、合作的条件

对于什么是建立成功的合作伙伴关系的必要条件这一问题，Rackham 等通过对 10 多家在构建和运用合作伙伴关系方面表现优异的公司进行访谈，得出的结论是：每一个合作伙伴关系都有其独特的成功要素，这与公司独特的环境有关。但是即便在不同的产业、不同的国家和市场中，成功的合作伙伴关系中都有三个共同的要素：①贡献，即合作伙伴关系要能创造新的价值；②亲密，即合作伙伴关系超越了交易关系而达到了紧密合作的程度；③共同的远景，即合作伙伴关系的双方要有共同的价值观念，对未来有相近的蓝图。

关于合作伙伴的选择，Geringer（1998）提出了合作能力标准和伙伴匹配性标准。关于合作能力的选择评价主要包括核心能力优势、资金准入优势、人力资源优势、市场和分销网络优势、伙伴接受合作规则及谈判能力等。伙伴匹配性标准则包括伙伴的企业文化、规模、机构、双方高层的相互信任程度等。

Axelrod 在《合作的进化》一书中，对合作产生的条件与过程进行了深入研究。Axelrod 在这本书中提出的合作理论是基于对追求自身利益的个体的研究，而且这些个体中并没有中心权威强迫他们相互合作。通过计算机竞赛的方法，策论专家被邀请提交他们喜爱的策略，每个策略与其他所有策略逐个对局，看哪个策略的表现是最好的，最后的结果是"一报还一报"策略赢得胜利。对竞赛数据的分析得出了一个成功的决策所具有的特征：只要对方合作你就合作，以避免不必要的冲突；面对他人的无理背叛，你是可激怒的；在给背叛以惩罚之后，你是宽容的；行为要简单清晰，使对方能适应你的行为模式。竞赛的结果表明，在适当的条件下，合作确实能够在没有集权的自私自利的世界中产生。合作的进化要求个体有足够大的机会再次相遇，使得他们能形成在未来打交道的利害关系，在这种情况下，合作的进化可以分为以下三个阶段。

1）起始阶段：合作可以在一个无条件背叛的世界里产生。零散个体之间几乎没有机会交往，合作也就不会产生。然而，以相互回报合作为宗旨的小群体之间，一旦有交往的可能，合作便会出现。

2）中间阶段：基于回报的策略能够从由许多不同类型的策略组成的环境里成长起来。

3）最后阶段：基于回报的合作一旦建立起来，就能防止其他不太合作的策略的侵入。因此，社会进化的齿轮是不可逆转的。

Axelrod 讨论了这种合作产生的条件，包括：合作者认为他们之间会保持长时间的联系，他们认为合作会产生优势，他们认为必须为获得的利益付出回报，采用以牙还牙的策略。Axelrod 认为合作因"未来的昭示"而得以维系，正是对持续关系的期待，维系着个人对他人的信任。从理性的角度来看，信任是对未来合作可能性的预测。当信任下降时，人们将越来越不愿意承担风险，实施越来越多的保护行为以应付可能遭到的背叛，而且更趋于坚持用高成本的制裁机制来保护自己的利益。

虽然研究发现了很多影响合作的因素，但是实际上所有的学者都同意合作与信任是紧密相关的。Adler（2001）指出，在经济行为中，有三大机制可以促成合作，它们是权力、市场和信任。Bradach 和 Eccles（1989）认为信任是合作控制机制的三个层次（价格、权威和信任）中最具普遍性的一个层次。随着经济的发展、技术的进步，企业面对的经营环境越来越变幻莫测，不确定性越来越强。独自一个组织面对这种不确定状况的风险越来越大。现在越来越多的公司的商业活动，通过各种各样的跨组织间的关系进行。以前，这些活动通常通过分散的市场交易或者内部的科层安排来完成（Friar and Horwitch，1985；Teece，1986）。这些跨组织的关系包括战略联盟、伙伴关系、联合、合资企业、特许、研究团体和各种各样的网络组织（Ring and van de Ven，1994）。如何维持这些组织的有效运转，信任是其中的关键因素之一。另外，企业要寻求新的发展机会、削减经营成本，也需要通过信任更好地建立新的伙伴关系、整合价值链来实现。

从以上学者的研究可以看出，对于合作的研究还处于理论探讨层面，对于在实践中如何实现合作以及如何维持良好的企业间合作关系依然缺乏有针对性的指导。在促成合作的三大因素——权力、市场和信任中，权力是依靠强制的手段达到的，这种强制手段可以在一段时间内达到预期效果，但是从长远来看，如果双方的目标不一致，这种强制手段可能会带来激烈的冲突；而市场促成的合作是依靠价格与市场地位，以价格作为唯一工具达到合作的目的，这本身就造成了合作的脆弱性，随着客户需求的变化、竞争的加剧与技术的升级，这种合作也会土崩瓦解，从 2008 年初开始的国际经济环境的恶化，导致很多的国际企业把外包订单从中国转移到其他国家，就充分说明了这一点。而依靠市场地位达成的所谓合作，与用强制手段相似，一旦弱小的企业有了其他选择，便会毫不犹豫地退出合作，另谋高就。而真正能够达到稳定、长期的合作，则只有合作双方之间充分地信任。信任与合作具有正反馈关系，也就是双方的信任会促成合作，而良好的合作会巩固双方的信任，形成良性循环，达到互利双赢的效果。

第三节　企业间合作二维模型

企业间合作是两个企业完全独立与融为一体的中间连续状态（Trapido，2007）。从经济学维度来看，两个完全独立企业通过市场完成交易，融为一体后通过企业科层的命令方式取代了市场价格的调节方式，而企业间合作通过获得第三方的资源，分享成本与利益的优势，但同时保持独立实体与法律地位（Trapido，2007）；从企业公司层战略的维度来看，企业实现战略扩张，专业化与多元化是两条通常采用的道路，专业化能实现规模经济，多元化能实现范围经济，但也各有缺点，而企业间合作能够使企业在保持其核心竞争力的同时，分享其他产业合作伙伴的成果，实现双赢。因此，企业间合作从经济学维度把市场交易与企业科层的两分法变为了三分法；从企业战略维度把专业化与多元化的战略扩张路径的两分法变为三分法（图4.1）。

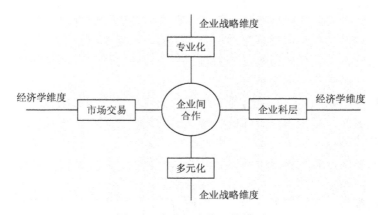

图4.1　企业间合作二维模型

一、经济学维度——企业边界两分法

在企业理论中，产品的生产与交换都是围绕两种基本形式的经济组织展开的——市场组织和层阶组织。市场组织中，利用价格机制来协调商品和服务在不同的法律实体之间的流动；层阶组织中，商品和服务是在公司界线之内进行生产和交换的。制度经济学主张，当在公司层阶组织内管理某些活动的效率高于通过市场交换管理这些活动的效率时，这些活动就应该在公司内完成，而不再靠市场组织。

在历史上，人们相信生产成本是公司界限的主要驱动因素。钢铁产业就是常常印证的一个例子。在该产业中，热金属在鼓风熔炉中生产出来，接着以熔融的液态形式运送到邻近的地方，并在那里锻造成各种形状。有人认为，如果由一家公司负责生产金属，并在金属冷却之后将之出售给另外一家公司，那么这家公司在开始铸造之前还必须重新给金属加热，结果导致整个生产过程都缺乏效率。因此，这两个过程几乎总是同时被囊括在同一家公司的生产活动之中。

当然如果分别由独立的公司负责不同的过程，维持熔融金属的物理流动性也是可能的。但是，在不同公司的界线之间转移产品所产生的契约问题是更难解决的问题。如果最终产品的质量低劣，应该由谁对此承担责任呢？为了改善质量，谁拥有下达改造鼓风熔炉这一命令的权利呢？如果一家公司想要扩大规模，而另一家公司却不想扩大规模，那么又应该怎么办呢？当两个生产过程紧紧地联系在一起的时候，会引发大量诸如此类的问题，而签订一项能够涵盖未来所有偶然事件的契约几乎是不可能的。因此，由一家公司拥有这两个过程，就可以节约由市场来管理这种生产过程所引起的持续的争执成本。

1. 市场组织

关于市场是生产组织最理想的机制的主张可以追溯到亚当·斯密。他提出了能够使国家财富最大化的市场支配力量——"看不见的手"的概念，这一概念一直为资本主义经济哲学奉为神圣。

市场生产组织的第一项优势是：市场在信息处理方面要比管理层阶组织更有效率。实践表明，尽管市场有可能导致次优的结果，但与中央计划相比，它却是生产决策所需信息的更有效率的"处理器"。市场不需要昂贵的基础设施来进行管理，因为所有的信息都被组合在一起，并以一套市场价格的形式表现出来。

市场生产组织的第二项优势是：在独立的所有者从事生产活动的情况下，每个人或公司都能够从自己的努力中获取所有的利润，因而每个人或公司都在这种诱因的激励下尽量努力并高效工作。因此，这种自我本位的行为能够保证市场生产组织从具有高度激励效果的诱因中获得好处。

但是，当下列情况出现时，市场会失灵：资产专用性、交易不确定性、很高的交易频率、资源的不可分割性、隐性知识。

第一，资产专用性的存在。资产专用性的类型包括地点专用性、物质资产专用性和人力资本专用性三种。当买方和卖方为了使运输和库存成本最小化而将各自的固定资产安置于附近地带时，就会出现地点专用性；当交易的一方或双方当事人投资于专门具有特别的、有限用途的资产时，就会出现物质资产专用性；当公司员工形成了专门适用于特定关系或特定组织的技能时，就会出现人力资本专用性。

第二，交易不确定性的存在。在不能够把某项交易的所有可能的未来不可测事件全部写出来的情况下，人们不可能制订出一项综合的长期合同。事实上，存在的不确定性越大，列出一项长期合同包括的可能发生的所有事件的困难也越大，相应地，市场失灵的可能性也越大。

第三，很高的交易频率的存在。频繁的交易活动使公司处于不断的谈判与讨价还价之中，为了削减这些成本常常进行垂直整合，以层阶组织取代市场。

第四，资源的不可分割性的存在。资源的不可分割性即在一家公司中不能把一种资源与其他资源分离出来。例如，如果一名度假者把住宿也视为其在迪士尼世界的整体经历中的一个组成部分，那么他就不可能把自己在旅馆中的感受与对迪士尼品牌的整体感受分离出来。因此，为了保证迪士尼品牌完整无损，迪士尼公司深信，它必须经营旅馆业务，并且决不能把迪士尼世界旅馆的管理业务通过合同的形式转包出去。

第五，隐性知识的存在。隐性知识的存在与信息市场有关。如果不能够把信息很容易地传递给其他人，在信息的销售方面仍然有可能存在典型的两难困境。在获悉信息的内容之前，买方不愿意支付信息费用，而在得到偿付之前卖方则不愿意透露信息的内容。同时，如果不能够简单地转移信息，市场也有可能失灵，这就是我们所说的隐形知识的情况。所谓隐形知识就是不能以一套公式或完整的计划的形式予以表达的知识。

2. 层阶组织

科斯（Coase）认为市场会使组织交易活动的成本升高，甚至由于交易成本太高而致使市场失灵这一极端情况发生，这时公司层阶组织就成为替代的组织模式。

层阶组织的好处在于层阶组织关系的本质和统一的公司所有权结构，它们使得层阶组织在市场失灵的时候能够有效地组织交易活动。上级都被授予某种权力，使得他们有权告诉员工在雇佣合同和社会规范设定的广泛约束之内应该如何行事。

统一所有权也能够限制人们对区域目标的追求，明白地确定一个清晰的统一目标，并使人们能够便利地获得解决争端所需要的相关信息。

当交易的各方当事人之间存在持续的高度协调需求的时候，层阶组织特别有效，阿尔钦（Alchian）和德姆赛茨（Demsetz）主张，当协调中包括个体努力不可衡量的团队生产活动时，公司必须存在。并且无论什么时候，只要任务具有相互依赖性，这种情况就会发生。结果表明，当事人任何一方采取的合理行动都依赖于其他当事人的行动。同时，层阶组织能够把每个业务单位的利润进行的讨价还价活动降至最低限度，因为这些活动阻碍了总体目标的实现。虽然诸如此类的协调问题仍不可能完全消失，但在某种程度上可以得到有效控制。

代理成本是企业层阶组织中最主要的成本，它是指个体按照自我利益行事而不是采取有利于使公司绩效最大化的行动所引发的成本。无论什么时候，只要在股东和经理人员之间，上级和下级之间或者公司总部与部门经理人员之间存在着不一致的利益，代理成本就会在整个组织内普遍存在。之所以在委托人与其代理人之间存在利益不一致的现象，一个主要原因就是他们各自的风险观念不同。代理成本主要包括道德风险与逆向选择。

道德风险是指由于公司经理人员不能够准确地获得与部分管理人员完全相同的所有信息，也不能够对他们的每一项行动进行监控，所以部门管理人员就有可能追求自己的利益。这些行为可能包括工作中的偷懒行为，部门管理人员单纯地为了实现那些能够使他们的奖金增加的目标而采取行动：加增加职务消费等。这些行动既能够产生生产成本，也能够产生控制成本。为了把直接监控不能防止的自我本位行为减少到最低限度，委托人常常设计和实施一套激励计划，并努力通过该项激励计划使部门管理人员的利益与公司总部的利益尽可能紧密地联系在一起。但在设计、实施和维持任何激励计划的过程中也总是要发生一定的费用的。

逆向选择也是一种主要的代理成本。任何公司都想雇佣能够创造出更多价值的员工，但公司在雇佣前不能准确鉴别出这类员工，因此，公司从成本与风险的角度考虑，就不会向这些人员提供最优秀人员应得的报酬，而那些优秀人员也就不会来应聘。这种现象就是逆向选择，也称为"柠檬"市场。

因此，尽管层阶组织具有权力和统一所有权的优势，但它们也不可避免地会引发代理成本。代理成本理论表明，当员工的技能与努力程度非常重要，却很难准确衡量时，这些代理成本最高。也正是在这种情况下，层阶组织的费用才限制了公司的范围。

二、企业战略维度——公司层战略两分法

企业战略是决定企业经营成败与绩效的重要因素。企业战略可以分为公司层战略与业务层战略。公司层战略主要是企业应该经营哪些业务、在哪些产业中竞争的问题，也就是专业化与多元化的问题。

对于公司应该多元化还是专业化进行讨论的文献可谓汗牛充栋，学者从不同的方面对此问题进行了解读，试图找到一个确定的答案或标准，最后的结果还是莫衷一是。大部分的学者对于企业的过度多元化是持保留态度的，而企业的实践却是另外一种景象，发展到一定阶段后，多元扩张是大多数企业选择的道路。

1. 专业化

专业化经营是指企业通过在单一产业中的经营实现利润增长与扩张，如麦当劳专注于快餐业务，沃尔玛专注于超市业务。企业通过集中经营一种产品，增加专业运行独立性的方式，强化其经营管理职能，最大限度地发挥资源的优势作用，实现效能、业绩的最大化。企业专业化经营战略的动因，可以归结为内部和外部两大方面。其中，外部原因主要包括市场经济环境的不断完善，市场创新的不断加快，以及信息技术和经济全球化带来的规模经济的扩展等。内部原因主要包括企业组织学习和创新引起的企业能力变化，以及企业成长目标的转变，这些都对企业专业化经营产生重大影响。

在单一产业中，经营可以使企业将全部的管理、财务、技术等专注于同一产业，有利于集中优势资源在一个产业中建立稳固的市场地位。同时，专业化经营使企业专注于最擅长、最了解的业务，避免进入新产业带来的新的竞争对手与经营风险。国内外众多的案例表明，在没有做好充分准备之前，贸然进入一个新的行业，是企业经营的最大风险之一，国外如通用电气公司、可口可乐公司，国内如早年的巨人集团、四通集团，如今的春兰集团，都经历过多元化带来的痛苦甚至企业终止的命运。

对于专业化经营的公司，管理者必须避免过分沉浸于现有产品线的竞争地位而忽视新的机会与威胁的风险，要分析新的技术如何影响其商业模式，顾客需求与群体正在发生哪些变化，以及为了回应这些变化，企业需要具备或增强哪方面的能力。企业管理者必须关注顾客本质的需求在哪里。例如，顾客写信、打电话需要的不是邮政、电话本身，而是沟通，认识到这一点才能随着技术的变化不断提高满足客户需求的能力。如果只是关注于产品本身，而没有注意到技术的变化对顾客需求的影响，就会错失产业升级的时机，这也是几年之间，无数的寻呼机企业倒闭，只有少数几家进入移动电话产业的原因。

（1）专业化经营的优势

1）有助于实现规模经济。企业的资源优势集中投放到某一产业或产品领域，有助于提高企业的讨价还价能力，降低采购成本；有助于提高企业人员的专业技能与企业资产的专业化水平，实现规模经济，满足顾客需求。

2）有助于培养与发挥核心竞争力。核心竞争力是企业的生存之本，有价值的、不可复制的、稀缺的资源与能力是企业获取长期市场地位的关键因素。专业化经营的企业集中有限的资源，专攻一点，可以通过持续的资源投入获得对产业的深刻理解，获得超越竞争对手的核心能力，通过不断创新，提高该领域的进入门槛，可以有效阻挡竞争对手的进入。

3）有助于发挥目标市场优势。专业化经营的企业在一个产业市场中经营，可以长时间跟踪、研究这一市场中的顾客需求。虽然单一市场上既定产品的需求数量有限，但由于企业对该行业熟悉，又拥有较成熟的资源且已经形成核心竞争力，企业完全可以通过对本行业产品的技术创新，扩大企业的生存发展空间。

4）有助于降低企业内部经营风险。专业化经营可以促使企业加强职能创新活动，有效解决企业管理中的协调与激励等核心问题。因为专业经营，企业更容易培育出与产业特点更加匹配的管理模式与文化，有利于推动企业管理水平和企业绩效的不断提高。

（2）专业化经营的弊端

1）抵抗外部风险的能力较弱。专业化企业生产产品的类型单一，资源过于集中在某一产业，因此，容易形成对某一产业市场的高度依赖，一旦该行业出现动荡或企业自身产品的竞争力减弱，企业将会面临巨大的经营风险。

2）市场容量及技术的"瓶颈"问题。企业如果只发展单一产业难免会使其发展空间受到限制，也会造成企业的富余资源闲置。另外，由于企业只针对特定产品进行研发，而技术创新又是高投入、高风险的项目，所以企业很容易因为某个开发项目的失败而陷入资金和经营的双重困境中。

2. 多元化

多元化经营，又称多样化经营或多角化经营，是指企业同时在多个行业或市场里经营。一般认为多元化与专业化是相对而言的，专业化是市场经济社会化大生产的客观要求，是企业成长的必然选择，高度的专业化可以带来单位产品成本的下降而获得规模经济；而多元化是多数企业发展到一定阶段继续成长所必然面临的现实选择。

多元化是企业增加区别于核心产业的新业务的过程。多元业务模式专注于利用企业独特竞争力在新进入的产业中增加产品的价值。企业开展多元化经营的动机不外乎分散经营风险、寻求新的利润增长点、降低交易成本、谋求规模效益与协同效应、建立内部市场减少市场不确定性等。从企业成长的角度看，多元化经营的目的是寻求企业新的增长点，在不确定的市场环境下分散风险，保障企业健康成长。企业经营者出于自身利益的考虑，更愿意看到公司规模的扩大和资产的扩张，他们可能利用对资产的控制权将资金投到一些效益不高的项目上，而多元化经营企业比专业化经营企业更容易产生上述问题。

（1）多元化经营的优势

1）有利于分散市场风险。随着时代的变迁和科技的进步，产业升级和产品的新老更替越来越快，任何一个行业和一种产品都会从繁荣走向衰退。实现多元化经营，可以丰富企业的产品线，将不同生命周期的产品组合在一起销售，避免由于单一产品过时或替代品的出现而引起经营风险。

2）有利于发挥协同效应优势。所谓协同效应是指经营过程的不同环节、不同阶段、不同方面共同利用同一资源（原材料、设备、技术、管理、市场、信息、人才）产生整体效应。包括如下三项。第一，生产技术方面的共同效应，即在原材料、零部件、设计与开发、机器与设备、工艺、工程技术人员的利用上具有整体性，从而能减少投资，节约开发和生产成本，提高技术、生产水平。第二，市场方面的共同效应，即在销售渠道、顾客、促销、产品销售方面的相互促进作用，老产品能为新产品引路走进市场，新产品又能为老产品开拓市场；老市场能为新市场提供示范，新产品又能为老产品扩大范围，从而能减少营销费用，增加销售额和市场占有率，有利于市场的开拓。第三，管理方面的共同效应，即在管理的内涵、风格、标准、方法、手段等方面比较一致，从而节约管理人员熟悉新产品、新业务、新市场、新技术、新信息的时间和精力，提高管理效率。

3）有利于发展范围经济。在企业发展过程中，从追求规模经济转向追求范围经济，将导致企业由专业化经营向多元化经营转变，企业的成长也将在规模经济与范围经济的转换中得以实现。如果说规模经济是量的规模，那么范围经济是指质的规模，是核心能力、核心技术、战略性资产的规模，是对现有核心能力的规模利用，是对抽象的能力利用的规模，多元化则是对核心能力的多方面扩张和利用。有些专业化经营的企业，在企业经营的过程中积累了丰富的对某一类产品或管理过程的专业技能，那么通过合理的多元化扩张，可以充分发挥其技能。例如，3M 公司积累了很强的产品研发管理、新产品推广等技能，不断鼓励创新行为，持续创新，其发展道路是多元化扩展的经典之作。

4）有利于把握市场机会。利润是企业永恒的动力，企业对利润的追求永无止境。如果企业的经营范围只局限于某个行业，那么它的利润自然也就局限于该行业；与之相对应，如果企业能够进入多个行业，自然所取得的利润就来自多个行业，且不说新进入的行业一般都是利润较为丰厚的行业，就算某个行业出现了不景气的情况，企业仍然可以从其他行业中取得利润。

（2）多元化经营的弊端

1）规模经济的丧失。多元化经营在某种程度上是以规模经济的代价换取企业经营风险的减小。显而易见，多元化的分散投资必然导致单一产业的规模扩张受限，对一些行业规模经济效果明显的行业，如果风险减小获得的收益不足以弥补规模经济丧失的损失，多元化经营的企业就会面临专业化经营企业的严峻挑战。

2）经营管理费用的增加。多元化经营要求企业管理者选择良好的多元化经营策略，以确保资源的最优配置和各项产业的协调发展。但实际上，企业越是多元化，其机构设置就会越庞大，业务部门同决策部门以及业务部门之间，信息不对称和不完全的问题就会越突出。

3）资金问题。随着产业的发展，竞争也越来越集中到技术和资金上，多元化经营四面出击的特点，使得企业在技术和资金的竞争中处于劣势。任何企业要进入具有吸引力的行业，无不面临着"进入障碍"，多元化经营使企业进入新的业务领域，大量的资金是克服这些障碍的必要条件，这一点是多元化经营的最大弊端。而无论企业通过向银行借贷或利用发行股票等方式筹集都会面临极大的压力。另外，随着多元化的进行，相对来讲，企业的固定资产的比重会上升，企业所持有的流动资金会减少。一旦遇到突发事件，企业的资金风险会增加。深陷多元化的泥潭而导致资金链紧张甚至断裂的案例屡见不鲜，早年的巨人集团、如今的春兰集团都是鲜活的证明。

4) 内部管理风险增加。企业进行多元化经营时，不可避免地要面对多种多样的产品和各种各样的市场，这些产品在生产工艺、技术开发、营销手段上不尽相同，这些市场在开发、开拓、渗透、进入等方面也都可能有明显的区别。企业的管理、技术、营销、生产人员必须重新熟悉新的工作领域和熟悉新的业务知识。另外，由于企业采用多元化经营，规模逐渐扩大，机构逐渐增多，企业内部原有的分工、协作、职责、利益平衡机制可能会被打破，管理、协调的难度明显增加，在资源重新配置和保证企业竞争优势方面会遇到较大的挑战。企业若向新领域进军，有可能决策失误，并且遭到失败的风险，造成新的经营项目的失败。

三、中间组织形式——企业间合作

在企业管理实践中，可供选择的组织形式就像一条长长的色彩斑斓的光谱（图 4.2），其中的一个极端是市场，是可以正常地进行货物和服务买卖的组织完善的现货市场；另一个极端是公司层阶组织，是使所有的活动都在公司的法律界限内得以完成的层阶组织；在它们之间是组织一项特定交易的可供选择的不同方式。其中，有些方式，如合资企业等，与层阶组织十分相似；而另一些方式，如长期市场契约等，虽然与现货市场交易存在显著差别，但仍是基于市场的备选方式。实际上，Hennart（1993）在这方面已经进行了大量而深入的研究工作，他曾把这些中间的管理形式称为"隆起的中部"（the swollen middle），这表明这些中间形式在实践中相当普遍。

图 4.2　控制结构中的光谱图

　　一般而言，这些中间形式都或多或少地把市场和层阶组织这两种原型的优势与不足结合在一起。因此，上面概括的决定市场和层阶组织的成本与收益的原理对于这些中间形式的分析仍然适用。同时，这也说明，事实上根本不存在所有方面都理想的组织形式。

　　例如，为了预言哪一种类型的交易活动可以有效地运用所谓的混合控制模式，威廉姆森把各种控制结构与交易的性质匹配起来。根据他的预言，从本质上讲，标准化的交易都将通过市场完成；比较而言，专用资产投资则将在公司层阶组织内完成；在两者之间，还存在许多解决方法，它们都基于具有如下特征的结构，即继续保持交易双方的自治权，或者存在特定的第三方机构来解决争端。

　　如今，越来越多的公司开始使用市场契约来协调生产活动，而不再利用垂直整合。贝纳通（Benetton）公司就是这样的一家公司，它是意大利的一家服装制造企业。该公司99%的编织品、所有的装配活动和多数维修工作都是由几百家独立的小型承包商完成的；同时，该公司的所有产品也都是通过独立的店铺出售的；只有大量的染色工艺才真正在该公司内部完成。这样的整个系统都是通过一套连接于店铺、生产计划和承包商之间的复杂的管理信息系统来协调的。结果，在不承担任何与制造相关的固定成本的情况下，贝纳通公司能够灵活地适应不确定的流行需求。

　　倘若这种独立的市场契约模式具有生存能力，那么历史上人们在公司内部从事某一活动的偏好就会受到质疑。为了适应这一新的原理，人们必须从根本上改变自己对许多公司的合理范围的看法，并在他们所从事的活动的各个阶段对这两种组织模式的生产成本和控制成本进行认真的评价。

　　较高的交易成本导致市场失灵的一个最有说服力的例证是，通用汽车公司在20世纪20年代因汽车车身的供应问题与费雪车身公司的关系。当时，通用汽车公司想让费雪车身公司在自己的小汽车组装工厂附近组建一座新的工厂，而费雪车身公司却拒绝这样做。因为费雪车身公司担心，一旦工厂建成之后，通用汽车公司可能会以此为威胁，仅支付不超过冲压小汽车车身的变动成本的费用。如果那样，考虑到因寻找并转向新顾客所发生的成本（拆除通用汽车公司的小汽车车身铸模、安装新的铸模、承担到达新顾客的工厂所花费的运输成本等），费雪车身公司将别无选择，从而不得不把产品廉价地供应给通用汽车公司。结果，通用汽车公司在费雪车身公司进行这笔投资之后有可能对其进行盘剥而导致了市场失灵。最后，为了避免这种情况发生，同时为了把冲压工厂建造在组装厂附近以降低生产成本，通用汽车公司购买了费雪车身公司，从而把这种交易活动内化在公司内部。

　　值得指出的是，对于这一问题，还有其他的解决方法。一种解决方法是信任，由于相信通用汽车公司不会从事机会主义的活动，所以费雪车身公司仍保持独立；

另一种解决方法是声誉，即通用汽车公司不会盘剥费雪车身公司。因为如果通用汽车公司这么做，那么该公司其他元器件的供应商未来可能会拒绝与其做生意。

从战略层面，有没有可能做到专业化与多元化的优势互补的道路呢？也许企业间合作是一条现实的道路。虽然，这条道路走起来并不通畅。

采用两分法的思维，企业可以通过短期合约来购买他们的投入品或者销售产品。例如，通用汽车公司常常从许多生产某种零部件的供应商中进行招标，给予提交最低报价的供应商为期一年的合约作为奖励。在该年终了的时候，合约将再一次提交竞标。赢得一年合约的企业并不能保证第二年仍能拿到合约。这样可以使通用汽车公司压低供应商的价格，但是没有长期合约的承诺，可能会使供应商不能在专用资产方面进行专用资产的投资，于是通用汽车公司可能不得不向后垂直整合，这又会给通用汽车公司带来多元化的弊端。

与短期合约相反，两家或更多企业间可以建立长期的合作关系，如战略联盟、外包等。一家企业承诺向另一家企业长期供货，而另一家企业承诺持续采购，两家承诺一起来寻求降低成本、提高品质的途径。通过稳定的合作，企业合作成为垂直整合的替代品，所有的参与企业都得以享受垂直整合的好处而又不必承担管理相邻产业企业带来的问题。日本汽车制造企业与其零部件厂商之间的关系就是企业间长期合作的典范。它们与供应商一起合作制定出增加附加价值的途径，如实施准时制生产或者合作进行零部件设计来提高质量、降低组装成本等，供应商对专用资产进行重大的投资，制造商能够获得垂直整合的许多效益而不必进入新的产业并持有企业，零部件供应商也可与制造商一起成长，共享成功。

根据几项研究，管理广泛的垂直整合所增加的成本使通用汽车公司和福特汽车公司相对于日本竞争对手处于劣势。

一家企业为了与另一家企业进行交易，不得不投入专用资产，可是在缺乏信任与担心受到挟持的情况下，这两家企业怎么建立起长期稳定的关系呢？相互抵押是首先想到的方法，每家公司都拥有另一家公司的抵押品，可以用来作为制约另一家企业违背原有协议的保障。但是，大部分情况下因为技术的、地域的、产业的等因素，不能实现相互抵押。这时候信任就成为了至关重要的因素，也就是说，企业间通过建立相互信任的关系，构建相互信任的机制来实现合作共赢（见案例1）。通用电气公司是 IBM 公司半导体芯片的主要供应商，许多芯片都是应 IBM 公司要求定制的。为了满足 IBM 公司的需要，通用电气公司必须在别无他用的专用资产方面进行重大投资。结果，通用电气公司依赖 IBM 公司，面临着 IBM 公司会利用这种依赖性来要求降低价格的风险，IBM 公司可能用威胁向别家供应商订货的方法来实施压价。然而，通用电气公司通过让 IBM 公司签订承诺为期10 年的从通用电气公司购买芯片的合同来降低这种风险。而 IBM 公司同意共同分摊研发定制芯片的成本，从而减少了通用电气公司对专用资产的投资。因此，通过公开承诺长期合约和投入一些经费来研发定制芯片，IBM 公司在本质上做出了继续向通用电气公司购买芯片的信任承诺。公开的承诺会增加公司以后违约的压力，促使企业严肃、慎重地对待与伙伴的长期合作关系。

案例1　美国公司间商业网络：纽约的女装行业

建立在社会关系基础上的、通过信任与互惠准则来管理的商业网络在日本以外也存在。正如 Uzzi 所表明的，这种网络甚至存在于美国纽约。

Uzzi 最近对纽约女式服装行业的高低服装公司间的业务网络关系进行了研究。服装业是个高度分散化的行业，市场准入门槛低，国内和国际的竞争都比较激烈。有人可能会想，在这样一个行业背景下，公平契约将是准则，社会关系并不太重要。Uzzi 的研究显示，情况并非如此。他表示，这个行业中的许多商业关系可归结为他所称的"嵌入式关系"（embedded ties）：其特征是信任，并有频繁交换自由信息及协力解决问题的意愿。

女式服装的设计和销售是由称为中间商（jobber）的企业来进行的。这些企业同内部的自由设计人员一道设计出服装式样，并将这些式样卖给零售商，然后零售商接受订单。多数中间商自己不生产服装。相反，它们管理着一个分包商网络，其中包括定级分包商，它们对服装样式进行分类；裁剪分包商，它们负责裁剪衣料；缝制分包商，负责缝制服装。中间商还管理着生产过程中的原材料流通。例如，它们从二手商人那里购买纺织品，然后交到裁剪商那里，由裁剪商进行裁剪，并制作服装的各个部分。

Uzzi 考察了这个行业进行交换的两种主要方式：公平市场关系，即交易参与者所谓的"市场关系"；嵌入式关系，即交易参与者所称的"紧密或特殊关系"。市场关系的特征是交换各方缺乏互惠精神。"它正是紧密关系的反面"，一名交易参与者告诉 Uzzi，"一只手洗不了另一只"。市场关系中还缺乏社会内涵。"这种关系感觉上似乎很遥远"，一位经理说，"它们很少考虑人类的情感"。这个行业的许多交换由公平关系主导。但是，那些业内人士认为，对公司整体成功有利的重要交易通常是由嵌入式关系主导的。

Uzzi 所考察的"紧密"或"特殊"关系是以高度的信任为特征的。通常，当某一方自愿帮助另一方，后来并因此得到回报时，就产生了这种信任。例如，一家分包商会为了让中间商能够发出一批急需的订货而加班加点。然后，中间商也会为了让分包商在需求不旺的时期维持工厂的运转而向它发订单。按照 Uzzi 的说法，信任使交易各方能够获取资源和信息以提高效率，但通过公平契约却很难做到这一点。另外，信任还有助于解决合作问题。一位制造商告诉 Uzzi："当你同一个与你关系不密切的家伙打交道时，这可能会是个大问题。一旦出了问题，没人能判断将会发生什么。如果换成是我的老伙计（他的主要承包商），即使出现了问题，我也知道我们能解决。我了解它的业务，它也一样了解我的业务。"

在这个行业里，以信任为基础的关系可能会非常强大有力。Uzzi 的研究中有这样一个例子：一家中间商将生产转至亚洲，这样它也将结束同纽约分包商的关系。这个中间商非常不愿意告诉它的分包商，它要离开了。如果它这样做，可能就会面临这样的风险：它的分包商会将它们的关系视为暂时关系，因而采取机会主义做法（如在质量上偷工减料）。但是，这家企业的 CEO 以个人名义通知了分包商，他与它们有着特殊关系。并且，他许诺会帮助它们适应他的企业离去后的变化。作为回报，那些分包商继续为他的企业提供高质量的服务。尽管，这家企业的确没有通知那些与之有市场关系的分包商，它正准备结束在纽约的经营。

第四节　企业间合作的决策过程

在大多数行业中，很少有一家组织单独承担从产品设计到将最终产品或服务交付给最终用户的全部价值活动，通常都要进行专业分工，任何一家组织都是范围更广的价值体系的一部分。价值体系内对一系列相互关联的活动进行专业分工的过程创造了最有价值的产品。管理者需要了解如何来管理这些相互关联的活动之间的连接，以增加客户价值。例如，当一种耐用消费品到达最终消费者时，它的质量不仅受到生产厂家各方面业务活动的影响，也取决于零配件质量和分销商的服务质量；在这个过程中，企业需要借助广告商传达企业与产品信息，需要金融结构提供融资、转账等服务；用户对产品的价值评价还受到替代品和互补品的质量、价格等因素的影响与制约。所以可以说，客户给客户传达价值的过程是由各个相关企业的合作来实现的。一家企业影响价值链中其他企业业绩表现的能力也是非常重要的，同样会带来竞争优势。为了发挥与提升整个价值链条的效率，企业需要对以下问题做出更好的选择。

1）对某项业务活动，组织是自己完成还是外包？

2）在价值链的各个环节上，谁可能是最好的合作伙伴？

3）与每个合作伙伴发展什么样的关系以及怎样发展？

基于企业间合作理论，企业合作的决策应遵循如下几个步骤。

1. 分解产业价值链

把产业价值链分解成生产步骤以后，人们才可能进行分析。对活动的定义过于宽泛，有可能导致公司在与其最擅长的活动相似的另一个活动上展开竞争。例如，公司为生产过程开发自己的计算机程序，理由是这些活动也是其生产过程的一个组成部分。但实际上，由外部公司编制的程序，质量一般都高于企业自己开发的软件。这样，决定活动分解的合理水平就成为企业间合作的一个重要的前提条件。

2. 竞争优势分析

当从事这项活动时，公司本身是否具有某种竞争优势？

在有效市场存在的情况下，参与产业的特定阶段的决策仅仅取决于"公司这样做是否有利可图"。这是由该项业务的基本吸引力和公司是否拥有某种竞争优势决定的，并且这种竞争优势必须能够促使公司以比外部供应商更有效率的方式生产产品或提供服务。

由于企业在特定的价值链环节拥有非常有价值的专长，所以它能够获得产业中的大部分利润，而产业价值链上的其他参与者只能获得平均水平的回报。

3. 市场失灵分析

是否存在明显的市场失灵？市场的控制成本是不是极高？处于主导地位的公司是否能够行使市场排斥力量？为了判定何时有必要进行这种整合，公司必须仔细检查一些协调活动，检查那些交易成本理论认为"能够导致较高的控制成本和市场失灵"的协调活动。

当存在联合专用资产时，市场支配力量很可能引发更加尖锐的问题。所谓联合专用资产，就是一组彼此之间也具有专用性的资产。不过，由于它们的稀缺性，这种资产中的每一个构成要素都具有市场支配力量。先看看这样三家公司：第一家公司拥有一种治疗关节炎的新型专利，第二家公司则拥有可以用来生产这种药品的专用生物工艺制造设施，第三家公司则控制了风湿病专家的分销渠道。上述三种专用资产都是非常有价值的资源，并且一旦结合起来使用，它们就可以创造比分开使用时要多得多的价值。由这种结合所产生的强大争价实力就可能造成市场失灵。结果，经常出现的一种情况是，这种联合专用资产最后或者由几家公司共同占有，或者达成一种合资企业安排。

事实上，由较高的交易成本或市场支配力量而导致市场失灵的情况非常普遍。所以，它们是选择公司范围的主要影响因素（见案例2）。

案例2　美国汽车产业的根本性转变

现实生产中一个根本性转变的例子就发生在美国汽车装配厂及其零件供应商之间。装配厂通常通过竞价寻求外部供应商。装配厂就短期的供货契约进行招标。

契约中要明确价格、质量以及一份交货时间表。在缔约之前，有许多潜在的竞标者。不过，一旦签订了契约，双方的专用性投资就会将装配厂和零件供应商捆绑在一起，形成相互依赖的关系。为了生产某些零件，装配厂必须投资购买特殊的生产工具。供应商还必须投资于能满足装配厂零件具体要求的设备。因为资产专用性的存在，供应商和装配厂都明白，供应商的投标不仅仅是为了一年的契约，更是为了一个长期的业务关系。

在这种情况下，根本性转变就会使装配厂和供应商的关系变得紧张。因为供应商通常希望与装配厂保持长期关系，所以有时它们会以低于成本的报价来赢得契约，这个战略就称为"买进"。供应商根据以往的经验知道，它可以与装配厂重新谈判，宣称不可预测的事件（如主要原材料的质量比预期的差）提高了成本。因为在这个阶段，装配厂更换供应商的成本巨大，所以它可能会勉强同意供应商提出的要求。另外，装配厂的采购经理则要承受保持低成本的巨大压力。在竞争性报价阶段，装配厂通常会同好几家潜在的供应商讨论生产图纸。所以，虽然零件投产后，装配厂更换供应商的成本巨大，但它还是可能这么做。装配厂会通过威胁要更换供应商来保持零件的低价格。因为供应商的投资专用于它与装配厂的关系，所以供货契约的终止会给它造成严重损失。这样供应商就不能小视这些威胁。结果是，一旦出现根本性转变，装配厂和供应商的关系通常会变得彼此不信任或不合作。供应商不愿同装配厂共享有关它们生产操作或生产成本的信息，因为它们担心装配厂会利用这些信息在以后的谈判中压低合同价格。这极大地阻碍了装配厂和供应商一起努力，提高生产效率和开发新生产技术的能力。

4. 需求协调

是否存在持续地进行深入协调的需求？是否需要做出频繁的、综合的改变？在各项活动之间是否存在清晰的界面？无论什么时候，即使有独立高效的供应商存在，只要某项交易活动要求当事人双方不断地相互适应，源于权力和统一所有权的利益就有可能促使一家公司单独来从事这些活动。

如果双方能够建立起一种长期的契约关系，使得双方都拿自己的声誉作为赌注，并下注于从自我本位行为中所获得的利益，那么这种契约关系也是一种可行的解决方法。由于日本的关联（Keiretsu）供应商关系等关系形式把长期关系看得高于短期利益，所以人们也可以把这类关系视为虚拟垂直整合（pseudo-vertical integration）。

5. 激励的重要性

层阶组织内部的代理成本有多大？员工的技能与努力程度对结果有多大影

响？组织能否设计出一套有效的计划激励员工？协调与动力强大的激励哪一个更重要？

公司范围的组织限制最终常常是由"协调与激励之间的权衡"决定的。在个人的贡献不太重要且容易监控的情况下，激励的重要程度一般不大，但协调却很重要，因此，公司此时应该进行垂直整合。比较而言，如果个人的努力对行为绩效特别重要而且难于监控，那么市场可能就是首选的组织模式。随着时间的推移以及竞争环境和技术条件的变化，虽然这种权衡的结果也可能发生变化，但只有前几步的分析尚不能提出一个恰当的解决方案，对协调与激励进行权衡仍然是垂直整合决策的中心问题。

特许经营作为一种成长最快的公司组织形式，就是这种权衡活动的产物。由于这种形式能够为个体单位所有者（被特许人或有代销权的人或团体）提供动力强大的激励，所以它常常被典型地应用于地理上分散的服务或零售业务。在零售业中，由于店铺经理人员的技能与努力程度是该店铺经营业绩的主要决定因素，所以零售业务常常很需要这种组织形式。同时，对全国上百个店铺的经营活动进行 12 小时的监控也是一件成本高昂的活动。相比之下，由于提供的产品的标准化为店铺与特许权人之间提供了清晰的界面，所以只存在有效的协调需要。

此外，由于特许经营中也包含专用资产投资（例如，如果要把麦当劳的餐厅建筑装修成另一家连锁店的形式，往往需要进行大量的投资），所以纯粹的市场交换可能并不适合。正是由于这些原因，特许经营常常是管理单个店铺与连锁店之间关系的首选安排。应该指出的是，从本质上讲，特许经营也是一种长期的市场契约。

第五节　企业间合作优势——五力合作模型

合作的问题不能只从决策理论、社会心理或是社会制度的一般理论去解开。现实中，没有单一的合作问题：问题总是针对某一既定人群怎样去合作。

　　　　　　　　　　　　　　　　　　——伯纳德·威廉姆斯

战略制定者面临的环境越来越多变、不确定，竞争日益激烈。在一个缓慢发展的环境中，竞争主要集中在建立和维持难以模仿的竞争优势上，而新的竞争环境越来越明确地提醒人们：优势可能只是暂时的。公司可能开发一种产品或服务，但是这会被很快模仿；公司又会试图设置壁垒，但在技术进步迅速的情况下，这也很难维持；公司可能会延伸其资源和能力，进入一个新的市场，但是如果这样成功了，竞争对手会紧随其后；公司可能尝试降低成本，以获得低价和差异化竞争的基础，或者集中在某一特定领域建立竞争壁垒，但是，竞争对手也会降低它们的成本，而在一个快速变化的市场环境中，特定领域的竞争壁垒也很难保护。因此，竞争是必要的，但它却让赢得竞争变得困难。在残酷的市场竞争中，除了继续陷入不能自拔的竞争泥潭，企业间合作同样可以带来经营优势。合作是为了利用目前的资源和能力，或是为了探索新的机会。合作可以达到关键批量的需求，通过与竞争对手或互补性产品的供应商合作可以获得关键批量，这有助于降低成本及向客户提供更丰富的产品或服务；合作可以使企业共同专业化；共同专业化让合作伙伴都集中精力发展最适宜于其资源和能力的活动。例如，在进入一个新的地理市场时，可以通过合作获得分销、营销和客户支持等方面的当地经验和战场；合作可以使企业向合作伙伴学习，培养可用于更广泛领域的组织能力。例如，若想进入电子商务领域，第一步可以选择与一个伙伴合作，利用它在网站制作等方面的专长和相关能力来实现。经营优势并不总是通过单一的竞争手段而获得的。组织间的合作可能是获得优势或避免竞争的一个重要组成部分；组织会在某些市场上竞争，而在其他市场上与人合作，甚至是边竞争边合作。

如果潜在的竞争对手之间或者买方和卖方之间的合作可以带来比一方独立运作更低的采购成本与交易成本（如谈判或合同），那么合作就有优势；这种合作还有助于提高转换成本。

肖渡和沈群红（2000）认为，在构成企业竞争优势的企业能力组合中，企业借助外部资源发展而建立起来的“合作能力”（或称为合作优势、联盟能力）是不可忽视的，这是企业对外进行合作经营所必须具备的素质和潜力。企业的合作能力是识别、把握合作机会从而壮大自身的一种技能，企业的合作能力和核心竞争力成正比，应该说合作能力是核心竞争力的重要组成部分。

史占中（2001）认为，合作是企业参与竞争的一种战略选择，是竞争方式和竞争手段的深化与发展。最初，企业大多以分散的方式参与市场竞争，竞争的对抗性和利益冲突十分突出。企业间虽然存在着利益的分歧和对立，但也存在着共同利益和在相互作用中形成的依赖关系，在有限的市场进行此消彼长的竞争将会把企业引向对立，如果双方都能着眼长远、携手合作，从而把蛋糕做大，就会创造更大的市场空间，实现从零和博弈（你赢或我赢）到正和博弈（双赢）的跳跃，这实际上是竞争本质的回归。

一、合作优势产生的途径分析

1. 资源互补

合作常常发生在这样的情况下：一家公司拥有某一新业务中有价值的一部分

资源，但为了有效地贯彻公司计划，它还需要获得另一家公司拥有的资产。20 世纪 70 年代和 80 年代，许多能够生产高质产品的日本公司都缺乏进入美国市场所必需的分销与服务网络。为此，其中的多数公司既没有收购一家美国公司，也没有建立自己的网络，而是设法建立联盟，使自己的产品与美国本地公司的分销和服务网络匹配起来。

获取资源的需要就导致了企业与其外部各种组织（实体）之间的相互依赖性，这种外部组织可以是供应商、竞争者、客户和政府部门，或者任何与一个企业相关的外部实体。为了有效地获取企业所需要的外部关键资源，企业必须增强控制关键资源的能力，以减少对其他组织的依赖，增强控制关键资源的能力，以提高其他组织对自己的依赖。

企业合作是增强两个方面能力的一条有效途径。例如，企业既可以通过合作伙伴关系获取一些关键的资源；也可以通过合作伙伴关系增强自己的市场营销能力，抵消竞争者的竞争；还可以通过合作伙伴关系获取先进技术或稀缺资源。例如，在医药行业，小的科技型开发公司与大的制药公司形成合作伙伴关系。大公司可以获得小公司开发的最新医药产品，从而不断推出新产品；而小公司可以从大公司获取资金，并利用大公司的分销渠道。两方相互需要，而且优势互补。

随着时间的推移，企业会扩大它所需特定资源的种类和范围。由于企业经历了不同的发展道路，企业拥有不同的资源。在各种资源中，那些稀缺的、有价值的、难以模仿的和难以替代的资源可以使企业保持持久的竞争优势。合作伙伴关系可以通过整合参与合作企业所拥有的独特能力或者特权来创造出新的、稀缺的和不可模仿的能力。例如，美国的沃玛特公司在刚开始进入墨西哥市场时就与当地的 CIFRA 公司合作。既利用了沃玛特公司在全球销售的经验以及进价折扣，又利用了 CIFRA 公司在墨西哥的品牌认知度和对当地市场的了解。通过合作伙伴关系可以在市场上形成更好的信誉，这种信誉往往是单个公司难以形成的。

2. 协同效应

协同理论表达了这样一种理念，整体价值大于各独立组成部分价值的简单组合。企业之间各类不同形式的相互联系都可能使公司取得协同效益。企业可能在资源与能力的任一方面都不具有优势，但结合在一起就产生了优势。

通过建立企业之间的合作伙伴关系可以产生协同效应，从而能为企业带来单个企业运作所无法获得的效益。协同可划分为如下几种类型。

1）销售协同。当使用相同的销售渠道、营销队伍或者仓储方式时，就有可能发生销售协同。例如，对彼此相关的产品进行联合销售，销售队伍的生产效率就可以得到提高；共同的广告宣传和产品促销活动形成良好的声誉与品牌都可以使每一个单位的投入产生更多的回报。例如，麦当劳的快餐店内长期销售可口可乐，就达到了销售协同的效果。

2）运营协同。效益来源于对人员和设备更充分的使用，对日常管理费用的分摊，学习发展周期的同步性，以及大批量采购等方面。

3）投资协同。效益来源于对厂房、机器设备、安装维修、原材料以及研究开发成果等资源进行共享的机会。

4）管理协同。行业不同，企业管理以及运营等方面所要面对的问题也不同。在进入一个新的行业之后，如果管理者发现新领域的重大问题与自己过去曾经遇到的问题相似，就有了对新收购的企业进行有效管理的主动权。

3. 降低交易成本

交易成本包括企业计划、管理和监控企业间的交易而带来的成本。交易伙伴会出现的机会主义行为被定义为利己的或者是投机的成本增加，这种行为会导致交易成本提高。

企业间的合作是对市场与层级结构的一种补充方案。一方面，由于合作伙伴之间为了共同的利益会自觉地避免机会主义行为以维持这种合作伙伴关系，从而避免由机会主义带来的交易成本的增高以及监控成本；另一方面，对于那些不是这个公司的核心能力，或者说对于公司而言太困难、成本太高的产品，企业间合作会帮助企业避免内部化生产其产品的需要。

在自由市场中，对一个公司而言，从专业生产某种产品的厂家购买标准化的产品明显要比自己生产便宜得多。但是在市场无效即下列情况发生时，交易成本经济学解释了即使它的成本会比那些专业厂家提供的产品高也可能会寻求自己生产的原因。

1）只有少数的买主和卖主。

2）产品或者服务的供给要求有专用设备、装置和技术的投入。

3）参与者之间存在经常性的交易。这些条件会限制参与者双方的选择自由，使它们之间的关系由于机会主义而变得脆弱。

Jarillo 在他的关于战略网络结构的文章中指出，当一个网络结构的安排对于加入的公司可以最小化其交易成本时，网络化的结构要比市场或者层级制度更有效。特别是居于中心节点的公司，可以通过致力于那些对其竞争优势起关键作用的活动而受益，同时那些其他的活动可以由别的公司来做，而这些公司也分别专注于它们擅长的活动领域。因此，整个网络通过专业化分工而获益，降低了整体的成本。另外，机会主义在这样一个网络中也被降到最低的程度，因为彼此之间相互信任并且将在这个网络中继续生存下去作为长远目标。

4. 培育核心能力

所谓核心能力是指这样一种能力,它从战略上将本企业与别的企业区别开来,它能给企业带来竞争对手还没有形成的、显著的竞争优势。核心能力应具备如下特征。

1) 核心能力是有价值的。即它能给企业提供机会或削弱来自企业外部的威胁。

2) 核心能力是稀缺的。即拥有这种能力的企业数少于企业所在行业内产生完全竞争所需要的企业数。

3) 核心能力是不完全可模仿的。之所以不完全可模仿,或者由于其开发过程必须有独特的条件,或者由于其能力和持续优势之间有模糊的联系,或者由于其自身的复杂性。

4) 核心能力很难有等价的可替代品。即很难找到一种方法,由它去获得同样的结果。

核心能力有各种不同的形态。它们可能是物质形态的,如某种设备。它们也可能是无形的,如商标、技术等。例如,迪士尼公司所拥有的商标使用权使它在玩具、主题公园、影视等多个领域获得了巨大的成功。类似地,夏普(Sharp)公司拥有的大屏幕显示技术使其控制着世界范围内 70 亿美元的液晶显示业务。核心能力还可能是隐含在企业中的业务、过程和文化中的组织能力。

核心能力理论认为,一个企业可以获得超过市场平均水平的利润,原因在于它能够比竞争对手更好地利用其核心能力,在于它能够比竞争对手更好地将这些能力与在行业中取胜所需要的能力密切结合起来。因此,为使企业具有可持续的竞争优势,其拥有的核心能力还必须具有难以被转移、难以被竞争者仿效的特性。

核心能力理论认为,企业既不可能也不需要在每个方面都做到最好,相反,企业需要集中资源发展那些有利于提高其核心竞争力的活动。因此,企业应该将那些本企业不擅长的、外部的、不重要的活动交给其他企业完成。这就产生了相互合作的需求。而由于生产的连续性、产品质量稳定的要求、及时满足顾客需求等外部要求的拉动以及企业自身降低成本、提高效率等内部要求的推动,这种合作必须是长久的、相互信任的、有利可图的。这种关系是持久的,不会因技术的变化、客户需求的转移或固定财产的耗尽而过时或贬值。持久成功的伙伴关系的取得依赖于相互承诺、相互信任和了解。双方共享信息,发展组织内不同层次职员的联系,期待的共同利益。

良好的企业间关系本身也可以成为一种难以模仿的能力。因为这一关系的有效运作需要大量的策略知识和复杂的协调,都深深地藏在看不见的人群、文化和链接过程中。对手只能看到成果但无法克服"随意模糊"的障碍去了解成果是如何取得的。

5. 提高市场反应速度

企业通过建立合作伙伴关系可以提高市场响应速度、市场营销能力、与竞争对手竞争的能力。例如，苹果公司、IBM 公司和摩托罗拉公司联合制造开发高性能的计算机芯片就是为了抵消英特尔公司在整个市场上的垄断地位，快速响应市场需求。

企业可以通过建立合作伙伴关系提高其产品或服务的吸引力，提高企业的效率，降低成本。在国际化背景下，跨国企业还可以选择当地的企业作为合作伙伴，从而追求在国外市场上的长久竞争力。大体上可以将各种战略原因分为以下四类。

1）利用合作伙伴关系提升进入障碍，或者形成垄断，提高企业的市场能力。

2）利用合作伙伴关系提高企业的政治影响力，或者影响当地政府和国际政府机构的能力。

3）利用合作伙伴关系提高企业在研究、生产、市场或者其他方面的效率。

4）利用合作伙伴关系提高产品或服务的差别化程度。

6. 提高学习机会与效率

从合作伙伴处获得新的技术和技能被普遍认为是建立合作伙伴关系的重要原因之一。因为特定的技术、技能和知识是难以定价及通过市场交易获得的，而合作伙伴关系可以成为一种重要的获取技术、技能和知识的有效途径。

有些学者分析了通过企业间合作伙伴关系进行学习的效果。研究表明，在复杂的、具有扩展性的、将经验作为一种资源广为传播的行业中，创新和新产品开发将更容易在一个群体学习网络中产生，而不是在单个的公司中产生。同样，一个公司开发新产品的速度与其参与合作伙伴关系的数量是正相关的，尽管这种相关关系可能是非线性的。

总而言之，这些研究表明，一个公司参加合作伙伴关系的数量及其参与的程度与它学习到的知识和技能呈紧密的正相关关系。

通过建立合作伙伴关系进行的学习，可以分为两种类型：一种是探索型的；另一种是开发利用型的。探索型的学习是开展有价值的创新性的活动，这涉及创新、发明以及基础研究。通过探索型学习，企业可以进入新的业务领域，或者提高企业的吸收和利用能力。例如，生物科技公司和制药公司通常都是合作伙伴关系，它们会联合开发一些新的药物或者生物技术。开发利用型学习是提高企业资金利用率和公司的资产利用能力。通常是通过提高现有的能力以及降低成本来达到这样的目标。在这样的背景下，公司通常与那些能够提高经济规模以降低成本或者提高分销渠道的效率的公司达成伙伴关系。

以上两种类型的学习都是有成本的，而且要与公司有限的资源相竞争。因此，公司通常把建立合作伙伴关系作为分摊学习成本的有效途径。

7. 提升企业信誉

制度环境和社会规范的压力毫无疑问将促使企业有动机按照那些社会规范去行动，以提高企业适应规范的能力，并且使它们早日被环境所接受。要做到这一点，可以通过企业合作来实现。

例如，一个小公司会因为与大型的、声誉良好的公司建立合作伙伴关系而提升知名度和声誉，或获得某些特权。在实践中，这种合作伙伴关系是非常有意义的。例如，一个小公司可以宣称它是英特尔、惠普或者摩托罗拉这类公司的供应商和伙伴而获得别人对它的信任及行业中的一些资源，企业也可以通过与类似的公司建立合作伙伴关系而提高它们的规范化、制度化能力。这种规范化、制度化的能力又可能成为它们进入其他合作伙伴关系的基础，并且能够帮助它们得到关键的资源和经验。

为了提升一个公司的声誉或者表明它的社会价值，该公司会努力形成一些制度化的东西，使自己公司的声誉和社会价值与环境相吻合。这样，公司可能会采用模仿或者追随行业内领先者的战略。公司的管理层不管是有意识或者无意识都在模仿那些成功的公司采用的战略。很多企业之所以考虑要建立合作伙伴关系，有时是因为在行业内那些成功的公司也这么做。如果建立合作伙伴关系成为一种流行的、被大家所认可的模式，那么公司就会把建立合作伙伴关系作为生存和发展的一种策略。

8. 建立关系资产

组织的关键资源可能会在组织的边界之外。因此，企业可以通过在其内部资源和外部资源之间构建关系来形成新的经营优势。通过关系形成的竞争优势主要来源于四个方面：特定关系资产、共同拥有的知识、互补的资源或能力、有效的管理机制。

要从合作伙伴关系中获得竞争优势，可以从以下四个方面着手。

1）对特定的关系资产进行投资。

2）必要的知识交换，包括交换那些将导致共同学习的知识。

3）互相补充资源或能力，产生独特的新的产品、服务或技术。

4）通过有效的管理机制来降低交易成本。

应该说，公司拥有的对协同效应较敏感的资源的比例提高，则公司相互结合之后资源的价值、难以模仿的程度都会得以提高，公司产生关系收益的能力也增强。公司通过互补新的资源来产生关系收益的能力主要取决于：公司以往联合的经验，公司对寻找和评价合作伙伴的投资，公司占有丰富的信息资源的能力。公司通过互补新的资源来产生关系收益的能力和组织之间系统、过程以及文化的匹配程度正相关（见案例3）。

公司拥有的降低交易成本、提高价值的管理控制能力越强，获取关系收益的潜力就越大。伙伴双方如果能够采用自我管理防范的措施（如信任、忠诚，而不是靠第三方的监督如法律的条约）的能力越强，获得关系收益的潜力就越大。因为双方可以有更低的契约成本、监督成本、适应成本和重新签约成本，有更强的创造价值的动力。若伙伴双方能够用更多的非正式的自我约束的方法（如信任）而不是正式的自我约束的方法（如经济上的奖励和惩罚），则关系收益的能力更大，这是因为他们有更低的边际成本，而且这种能力是难以模仿的。

案例3　合作关系——日本的分包商网络和企业集团

与美国和欧洲的工业企业相比，日本工业企业的纵向一体化程度比较低。它们的规模通常较小，在纵向产业链的某一特定领域更专业化。例如，日本10家最大的汽车企业将75%的零部件生产外包；而在美国，只有克莱斯勒一家汽车公司的外包比例接近这个水平。但日本企业不是通过公平契约来组织纵向产业链的，而是依赖于产业链上下游企业间的迷宫般的、半正式的长期关系。在此来考查两种密切相关的关系类型：分包商网络和企业集团。

分包商网络

许多日本制造商广泛运用独立分包商网络，并同它们保持着长期密切的关系。与美国和欧洲企业与它们的分包商之间的关系不同，在日本，这些关系一般涉及较高水平的制造商和分包商之间的合作，并且赋予分包商一系列更复杂的责任。西口年宏研究了日本和英国的电子产业分包，并指出了它们中的一些差异。在英国，电子制造商一般依赖分包商来开展专业的、范围很小的特定工作。它们之间的关系是通过对价格和履行予以约定的契约进行调节的，持续期通常很难超过少数几个明确界定的交易。分包商很少致力于为特定买者的需求服务，某个特定分包商的客户群通常大于同等规模的日本分包商的客户群。相比而言，日本电子制造商和供应商之间的关系可以持续几十年。通常，日本分销商一般比英国的同行承担更复杂、更广泛的任务。例如，就一种零件来说，分包商可能不仅参与生产，还参与设计和样品检验。此外，分包商一般认为自己的作用不仅是完成买家的订单，还是将它们的经营和买家的运作紧密相连，例如，使装配线与买家产品相匹配，开发有特殊用途的、能更有效地按照买家的详细要求进行生产的机器，或者同客户紧密合作以提高生产效率。西口年宏的结论是，日本的电子制造商和分包商的关系比英国的相应关系涉及更多的资产专用性。

企业集团

企业集团是与分包商网络紧密联系的，但是它们在一定程度上涉及一系列更正式的机构联系。日本六家最大的企业集团——三菱、住友、第一劝业银行、三井、扶桑汽车及三和银行各自拥有的成员超过 80 名，并由一家核心银行协调成员之间的关系。纵向产业链的大多数主要因素（从银行到生产设施一直到分销渠道）都体现在企业集团中。企业集团内部的企业互相交换股权，并且互相安插自己人进入各自的董事会。例如，三菱和三井企业集团的核心银行在其他企业集团成员的董事会安排了近 200 名银行代表，成功地选出了大约 20% 的成员企业的 CEO。

企业集团内的企业也是由非正规的私人关系联系在一起的。高层的执行官员属于同一家俱乐部，经常一起参加社会活动。例如，一位从丰田企业集团退休的执行官也许会到丰田企业集团的一家零部件供应商那里工作。企业集团的每个成员都认为，未来商业贸易伙伴的首选是企业集团中的另一家企业。所以，每一个成员都投资于学习其他成员的所有业务、存货需求和市场操作等。如果某个企业集团成员在生产中遇到需求突然增长的情况，可以相信的是，企业集团内的供应商可以在不提高供应价格的情况下增加生产。如果一家企业集团成员要求产品转型，可以相信的是，的供应商会参与到设计讨论中。这些活动消除了许多协调问题；也减少了要挟的机会，包括一家企业利用另外一家企业获得短期收益的可能性。

二、五力合作模型

波特的五力分析方法作为经典的行业分析框架，至今仍然得到广泛应用。亚当·M·布兰登勃格和拜瑞·J·内勒巴夫在其合著的《合作竞争》一书中指出了该框架的一个重要缺陷。从任何一个企业的观点出发，波特趋于把其他的企业，不论它们是竞争者、供应商还是购买者，都看成是对其利润的一种威胁。布兰登勃格和内勒巴夫指出，企业间的相互作用可能具有消极作用，也可能具有积极作用。波特忽略了这些积极作用，而这正是他们所强调的。

本书借鉴波特的行业分析框架与价值网概念，利用五力合作模型（图 4.3）来分析企业间合作的模式。

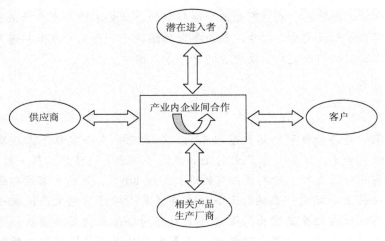

图 4.3　五力合作模型

1. 与本产业企业合作

1) 合作研发：竞争对手之间通过合作共同投资研发未来的产品或技术。例如，美国汽车业三大巨头联合在一起，一直致力于开发电动汽车技术。它们让200 多名来自国内 12 个尖端研究实验室的联邦科学家和通用汽车公司的工程师、科学家集聚在一起，共同研发未来的产业技术，它们希望能阻止外国汽车制造商取得它们的联合研究成果。微软公司和爱立信公司近来宣称结成战略联盟，目的是开发和销售无线上网终端设备，让人们能随时随地，从任何设备上方便快捷地得到信息。

2) 增加规模：弱小的竞争者之间可以通过合作提高还价的能力，获得相对低的进货成本。例如，中国的钢铁企业联合起来与铁矿石的供应商谈判，以此来提高谈判力量；竞争者之间也可以通过合作来充分利用生产设施或分销渠道，这对于中小企业尤其重要。一个企业拿到一个大的订单，可以由几家企业共同生产，以提高效率。几个企业共同利用物流系统，也可以有效降低运营费用。

3) 共同制定标准：竞争者为制定便于行业发展的技术标准而付出努力。例如，电子消费品制造企业合作建立高清晰电视的单一制式；索尼和东芝集团形成联盟以建立数字视频磁盘的兼容标准。竞争者也可以为鼓励制定优惠规定和立法共同努力，例如，美国国内的企业制造商联合起来促使美国能源部签署了一项法案，开发燃料电池，而不是提高汽油燃料经济性标准。

4) 克服进入壁垒：试图超越传统边界进一步发展的组织，通常需要与其他组织合作才能进入新的领域。了解当地市场信息的唯一途径，就是与当地的运营商合作（实际上，有些国家明确要求进入者必须采用这种合作方式）。合作还有利于建设所需的基础设施，如分销渠道、信息系统或研发活动；另外，出于文化的考虑，购买方可能会更愿意与本地经理而不是外籍经理做生意。

5）产业合作：几个竞争对手之间通过合作可以增强市场力量，与强大的竞争对手展开更公平的竞争。这一点，从中国彩电厂商联合起来共建专利池可见一斑（见案例 4）。竞争对手之间也可以通过联合共同塑造产业环境，例如，IBM、苹果、英特尔、微软等公司联合起来组成商业软件联盟（business software alliance，BSA），共同打击盗版行为，维护共同利益。

案例 4 中国彩电厂商携手打造专利池

面对国外彩电高新技术知识产权的瓶颈，中国 TCL、长虹等 13 家彩电厂商从竞争走向竞合，一致承诺将共同出资组建第三方公司，加强国内彩电核心技术的研发，落实知识产权研究，共同打造专利池。

在由中国电子视像行业协会牵头组织的第四次彩电企业高层峰会上，TCL、康佳、创维、长虹、海信、海尔、厦华、上广电、熊猫、西湖、夏新、新科、万利达等 13 家彩电厂商的领军人物联合签署书面协议，公开承诺将加强行业自律，共建国内市场和谐环境，同时将在技术标准、知识产权、阴极射线管（crystal ray tube，CRT）彩电发展趋势等领域谋求共同发展。中国电子视像行业协会会长、TCL 集团董事长兼总裁李东生在媒体见面会上代表 13 家厂商称，彩电骨干企业联盟加强彼此在技术、知识产权、行业标准和市场等方面的合作，有助于提升行业的整体竞争力。

资料显示，中国目前已经成为全球的彩电加工制造基地。然而中国彩电制造业"有规模，没效益"，而且内部竞争过度，内耗严重。2005 年，我国家电制造业平均利润为 0.61%，而厦华、海信、康佳等彩电巨头的企业净利润率已不足 0.5%。曾经凭借完整的产业布局在传统彩电时代席卷世界市场的中国彩电厂商认为，面对未来，知识产权问题正在削弱中国彩电的优势。核心技术的缺失，使整个彩电行业的绝大部分利润流向国外品牌。

"在这次会议上，中国 13 家彩电巨头承诺共同出资组建第三方公司，旨在针对国外彩电技术的知识产权瓶颈，联合各彩电厂商，研发彩电行业核心技术"。在接受中国知识产权报记者采访时，中国电子视像行业协会副秘书长郝亚斌表示，目前知识产权是中国彩电业发展的一个重要瓶颈，中国 13 家彩电巨头出于共同的利益，从竞争走向竞合，这其中虽然还有市场的竞争，但更多的是合作，大家联合力量组建专利池，进行相关技术的研究开发，打破国外知识产权瓶颈，为中国彩电业的发展铺平道路。

据了解，此次会议上 13 家彩电巨头达成了 4 项共识。他们在会上表示，将积极参与并推动国内外重大技术标准的制定，促进新技术的标准化和产业化。在继续落实液晶电视主流尺寸规范、数字接口规范等相关规范的基础上，重点推进地面数字电视终端相关配套标准及互联网电视标准。为加强在数字电视领域中的竞争力，在核心技术和研发方面加大联合力度，主要彩电企业决定迅速组建封闭式工作小组，并共同出资成立第三方的专业公司，落实知识产权研究、专利建设、集体谈判等工作。在国际市场拓展中，13 家彩电企业将加强海外合作，共享海外市场信息，在物流、售后服务、联合采购等方面展开合作，提升中国企业在国际市场中的整体实力，并制定行业自律协议。据 TCL 集团副总裁史万文介绍，美国 ATSC 数字电视标准专利费用达到 21 美元，欧洲则在 15 美元以上。近年来，国内彩电企业产品出口由于专利纠纷承受着前所未有的压力。相关人士认为，建立中国彩电行业的专利池可促进行业的核心竞争力，也可增加谈判的砝码。郝亚斌表示，中国 13 家彩电厂商通过合作，一方面，能加强彩电行业核心技术的开发，另一方面，通过众厂商联合建立第三方公司，能够增强本土企业的竞争力，有利于打破国外的知识产权瓶颈。TCL 集团的负责人则称，企业希望通过这个实体，建立自己的专利池，以捍卫国内彩电企业在数字电视时代的生存空间。

2. 与供应商合作

制造商一直在积极寻找能够进行合作的供应商，在许多情况下，这也是成为合格供应商的一项基本要求，现在，IT（information technology，信息技术）系统进一步促进了这种联系的建立，一些供应商已经能够与制造商的企业资源计划（enterprise resource planning，ERP）系统相连，比较经典的例子是宝洁与沃尔玛的合作，宝洁的信息系统与沃尔玛的信息系统实现了联网，能够及时获知产品的销售状况与市场反应，并据此做出供货安排或调整计划。

企业和其供应商可以为提高产品质量、刺激需求进行合作。例如，任天堂公司对任天堂娱乐系统视频游戏的定价使软件开发商的获利高于任天堂公司自己的获利。这种做法鼓励了开发商投资开发质量更好的游戏产品，由此也促进了对任天堂娱乐系统的总体需求。

企业与供应商为提高生产效率进行合作。例如，美国伊利诺伊州内珀维尔市的爱德华医院与心血管外科医生紧密合作，开发了可以使两者迅速交换临床信息的手持计算机系统。

与广告商长期合作，可以使产品诉求、营销创意、广告风格得到最大限度的协调。这也是一些国际大公司的惯常做法，例如，丰田汽车公司与盛世长城国际广告公司的长期合作，使丰田汽车公司的广告风格给消费者传达了一致的产品信息，甚至每个电视广告的语音、语调都是一样的。

戴尔公司在 IT 制造业的成功，很大程度上是缘于其定制化的商业模式。而对于定制化的商业模式，其最根本的技术与管理支撑是高超的供应链管理与良好的供应商合作机制（见案例5）。

案例5　戴尔公司的供应商伙伴关系

1984 年，Michael Dell 在他 19 岁的时候创办了自己的公司，公司的成立基于一个简单的商业理念，个人计算机将会按订单生产并直接销售给顾客。他相信自己的经营模式有两大优势：绕开了经销商和零售商，避免了多次转售产生的溢价；按订单生产将极大地降低大规模生产中零件及成品库存所带来的成本与风险。

Michael Dell 相信与著名的计算机零部件厂商结成上下游的伙伴关系比自己进行后向一体化更有利，他解释说："如果世界上已经有 20 个公司在制造最快的图像处理芯片进行竞争，那么在需要这种芯片的时候，你愿意自己成为第 21 个公司，还是愿意对这 20 个公司进行评估后选择最佳的厂商为你服务？"

戴尔公司评估过每一个零部件的不同厂商，从中选择最佳的一两个厂商作为供应商。只要他们能够保持在行业中技术、绩效、质量和成本的领导者地位，戴尔公司将会一直与他们合作。戴尔公司管理层相信建立与优秀供应商的长期合作伙伴关系起码有五个优势：第一，采用著名品牌的中央处理器、硬盘、调制解调器、扬声器以及多媒体配件，将提高戴尔产品的性能和质量，由于不同品牌的零部件的性能相差较大，对于看重产品性能和可靠性的消费者而言，零部件的品牌相当重要；第二，由于戴尔公司与各供应商建立了长期的合作关系，并许诺从每个供应商中采购一定需求比例的零部件，所以能够确保即使当特定的零部件在市场上供不应求时，戴尔公司也能及时采购到自己所需的足够产品；第三，由于戴尔公司对其供应商具有长期的承诺，供应商更愿意将自己的工厂或物流中心建在戴尔公司组装厂附近几公里之内，这使得在有需要时供应商每天甚至每几个小时进行送货都没有问题，一般戴尔公司最少每天都向供应商提供存货以及补货的需求数字，而如果是附近每天送几次货的供应商，戴尔公司每个小时都会向他们提供这组数字；第四，长期的供应伙伴关系促使供应商委派其工程师加入戴尔公司的产品设计队伍中，并被视为戴尔公司设计队伍的成员，新产品投放市场后，供应商的工程师将会驻留在戴尔公司工厂，如果早期的购买者反映出产品有设计方面的问题，那么产品组装和发货都将会暂停，直至供应商的工程师和戴尔公司的人员把问题解决；第五，长期的供应伙伴关系促使双方在寻找新方法压缩供应链成本方面能实现更大程度的合作，戴尔公司向供应商公开自己每天的生产计划、销售预测以及新机型引进计划，与关键的供应商一起制定三年计划，与供应商一起合作减少零部件库存以及寻找降低成本的新方法。

最近，国内山寨机现象的出现，也可称为是企业间合作的良好实践。台湾联发科技股份有限公司通过自己在产业链某一个环节的优势，触发了整个产业的革命。产业链企业之间精细的分工，使不同的企业能够专注于自身的核心能力，通过企业间密切的合作，能够精确捕捉用户需求、密切追踪行业与产品趋势、做出迅速的市场反应，这些是山寨机得以成功的秘诀。市场的天平从产业链整合型的公司向各管一段的企业间合作模式转移。2006 年、2007 年，天语由于其直供模式，没有自己的工厂，全部采用代工的模式而获得国产品牌第一的位置。到了 2008年，天语开始向品牌手机进军，广告投入上亿元，得到的是品牌溢价，而付出的代价是成本的提升，2008 年天语的增速明显低于 2007 年。毋庸置疑，山寨机出身的天语等品牌如果想重新建立国产手机的市场地位，唯有把山寨精神的优秀基因与品牌建设进行融合从而发挥协同的作用。

3. 与客户合作

健康的合作中，供应商与客户的传统区分变得模糊了。双方都致力于密切合作以达到各自的目标，为共同遇到的问题找到最好的解决方案。双方的承诺会加强彼此的责任感。任何一方也不想因损失共同利益而受责备。久而久之，双方密切地结合在一起。因此，当出现不可避免的冲突或意见不一致时，他们不会责备对方，而是本能地寻求解决方案。

买卖双方合作。零部件制造商可能会与客户建立密切的关系，以便缩短交货时间，促进研发活动，建立联合的信息系统，降低库存，甚至作为成员参加新产品的设计等。通过合作与客户分享工作。这样做可以提高效率、提升质量及可靠性并增加客户的信任。电子商务使更多的组织可以采用这种方法（见案例 6）。例如，网站可以围绕帮助客户进行自我服务设计，或者让客户按照自己的要求设计和定制一种产品及服务（如订购计算机、衣服等）。

近来，生产商和零售商之间关系的变化已把超市零售从市场营销雷区变成了一种合作模式。由于认识到了合作中的互利互惠，许多生产商已转向拉动营销。他们从零售商的销售点系统直接获取信息，利用真实的产品流动信息计划生产和货运。一种产品下架一定有另一种产品上架。这种方式理顺了生产，减少了缺货，双方都节约了成本。当然，这还需要和谐的系统、共享后勤、产品流动信息及产品变动和促销合作计划的密切配合。

案例 6　富士康的客户快速响应战略

台湾鸿海集团（简称鸿海）旗下的富士康的规模相当于三个联想，但是它甘于做品牌背后的企业。EMS（electronic manufacturing service，电子制造服务）是利润微薄的产业，平均毛利率从 2006 年的 6.2%进一步下降到 2007 年的不足 3%。

生存压力迫使所有 EMS 厂商不断采取措施提高竞争力，如扩大产能、提供专业化生产服务以及对供应链整合，以带来更大的规模经济与成本优化。

消费电子产品的特点是产品生命周期短，必须尽快占据市场，满足消费者需要，否则就要面临被市场淘汰的危险。

目前，富士康代工的客户包括众多国际著名电子品牌，如戴尔、惠普、联想、索尼、苹果、微软等，都是它的客户。由于富士康承诺不发展自身品牌，所以不会与客户发生竞争关系，许多客户纷纷把自己的产品转移给富士康代工。这样，富士康的客户可以专注于"产品设计"与"市场推广"两个具有优势的过程，鸿海则占据了支撑其批量生产能力的市场。在制造之后，鸿海还为客户提供物流与协助分销等服务，进一步加强了与客户商业流程的融合。

而为了快速响应客户需求，富士康建立了自己卓有成效的"快速响应链"。在该体系下，富士康主要遵循三个原则。

一地设计：在战略客户生产中心附近建立"研发设计、工程测试、快速模具/样品制作"机制，与客户同步开发新产品，缩短量产上市时间。

三区制造：迅速开发出模具，在最短时间内，在遍布亚洲、北美洲、欧洲三个主要市场的制造基地布置生产，统合采购、制造、品管等各流程，迅速扩充产能。

全球交货：投资 3000 万美元开发 ERP 系统，保质、保时、保量地把货物交到客户指定地点，实现零库存。

富士康的定位是 JDM（joint design manufacture 或者 joint development manufacture），指与客户共同研发新产品，深入介入客户的商务流程，与客户共同提升、发展。

围绕客户的产品开发与生产使得鸿海代工的产品能够迅速地上市，为客户赢得时间。首先，鸿海的研发优势集中于客户所不熟悉的模具等制造领域，与客户创建合作基础，实现优势互补。2002 年，富士康与索尼共同成立 PlayStation3 研发小组，联合进行下一代游戏主机的研发。苹果公司的研发人员经常与鸿海的设计部门交流，对产品的外观、材质等方面进行共同的研发合作。

鸿海的研发机构多设置在客户周围，因此，在研发过程中能够快速地与客户展开互动，与有潜力的客户共同成长。在 IT 领域，快速响应是鸿海的客户最紧迫的需求，在客户周边设厂使得鸿海能够与客户同时展开研发工作。1996 年，鸿海开始承接康柏公司的巨额订单，迅即在康柏公司周围建立成型机厂；当康柏公司有新的产品设计出现时，鸿海在 24 小时之内就可以提供产品的原型。1995~1999年，鸿海的计算机机壳业务以每年 15%的速度增长。

在客户周围设立应变能力高的小规模工厂，使得鸿海能够协助客户将产品迅速地推向市场。由于客户大多集中于欧美等国家，鸿海除了在发达国家设厂，还在周围国家有选择性地设厂，如墨西哥（北美洲）、捷克（欧洲）等。鸿海帮助客户实现快速的物流与产品配送，通过准时生产（just intime，JIT）和供应链优化的做法，进一步提高了自身的快速响应。在国外设厂以及快速制造和分销，还可以帮助客户应对需求的短期波动。

为了延伸鸿海的物流管理能力，整合产业价值连，增加与客户的议价筹码，鸿海还建立了赛博、红利多电子终端产品卖场。1999 年底，第一家赛博数码产品卖场在上海开张，截至 2006 年，已发展到 40 家，遍布全国 32 个主要城市，全年营业收入超过 900 亿元。

4. 与潜在进入者合作

潜在进入者是当前不在行业中，但是有能力并且有意愿进入本行业的公司。对于在产业中居于相对弱小地位的企业来说，通过与潜在进入者合作，改善自身地位；对于潜在进入者来说，通过与产业外的企业合作，实现业务扩张或延伸，完全有机会实现双赢。

苹果公司欲借助其在年轻人中的强大品牌号召力，继 iMac、iBook、iPod、iPhone 之后，推出 iCar，其采用的进入模式为与现有的汽车制造商合作，如大众汽车公司。对于汽车产业来说，苹果公司就成为了潜在进入者。可以想象，苹果公司凭借现有的核心技术，很难直接进入汽车行业，其技术壁垒、生产经验、资金需求都不能支持其这样做，它唯一拥有的就是独特的品牌价值；而大众汽车公司作为国际汽车巨头，拥有丰富的汽车生产、营销经验，掌握了汽车行业最前沿的技术，而其挑战是如何拓展其品牌在年轻人群体的影响力。两者合作，苹果公司可以达到品牌延伸的目的，而大众汽车公司可以找到新的利润增长点，另辟蹊径来缓解丰田汽车公司咄咄逼人的竞争压力。

这方面的例子还有很多，生产外包、战略联盟、特许经营等都可以作为产业内企业与潜在进入者进行合作的制度安排，达到互利双赢的效果。

5. 与相关产品生产厂商合作

（1）与替代品厂商合作

替代品的威胁是很多产业面临的现实问题，从长远看，随着技术的发展，不同产业之间的技术有相互融合的趋势。采用不同技术路线的产品，可能会对本产业的发展带来致命的危机。例如，随着高油价时代的到来，人们会对汽车油耗越来越关注，汽车的使用成本会越来越显著地影响消费者的购买决策。电动汽车的研发进展越来越吸引消费者的目光，可以预见在不久的将来，人们会看到纯电动汽车的上市销售。从技术的角度来说，电动汽车（应该命一个更贴切地名字，这种汽车不烧汽油，当然不能称为汽车）是传统汽车的替代品。传统汽车主要由发动机、底盘、行走系统、车身等组成。汽车发动机是汽车的心脏，而电动汽车不使用发动机、不使用离合器与变速器、不使用传统的制动系统，与传统汽车相同的只有车身外壳与轮胎了。这给一些拥有电池技术的厂商带来了巨大的商业机会，他们可以绕开在传统汽车产业中的劣势，重建产业规则。

这种形势使传统汽车厂商面临两难抉择，如果置之不理，就有可能坐视本产业的萎缩，如果投入大量资源转型，就会丧失在原有产业长期积累的经验与优势。一个比较好的选择就是与拥有替代品生产技术的厂商合作，把自身在汽车外形、底盘设计上的优势和汽车生产管理、营销的经验与电池技术企业的电源技术优势相结合，采用共同研发、成果共享等方式，在未来的产业变迁中占据有利地位。

可以说，现在很多产业都面临这样的局面，如广播电视产业面临互联网的替代，传统媒体面临新媒体的替代。通过传统产业与替代产业的合作，可以加速技术普及、缩短用户接受时间，实现互利共赢、和谐共生的局面。

（2）与互补品厂商合作

互补品是指一种产品发挥作用要与之配合使用的产品。如汽车与汽油、汽车与道路、相机与胶卷、电话与电信网络，在生活中比比皆是。互补品之间的密切关联决定了产品生产厂商之间合作的重要性。

计算机硬件与软件是互补的关系，但因为对这种关系的认识不同会导致不同的命运，微软公司与英特尔公司开放体系标准，培育了大量的兼容机生产商与兼容软件制作企业，造就了今天的市场霸主的地位。再对比苹果公司，至今其硬件与软件体系标准处于封闭状态，造成了其市场萎缩的现状，已经不能与 Wintel 体系相抗衡。在家用磁带录像机市场上，索尼首先向市场推出 Betamax 技术，但没有授权别人使用，它希望由自己来生产所有的录像机。松下公司向市场推出家用录像系统（video home system，VHS）后，选择了授权战略，允许任何一家消费电子企业在获得授权后制造 VHS 制式的播放机。这一战略获得了很大成功，一大批企业签约生产 VHS 播放机，很快，市场上 VHS 制式的播放机极大地超过了 Betamax 播放机，电影公司制作了更多的 VHS 制式的录像带，又进一步刺激了需求。可以发现，VHS 制式的市场形成了正反馈回路，结果不言而喻，索尼的 Betamax 退出了市场。虽然，在专家眼中，索尼的 Betamax 优于松下的 VHS，但市场是无情的，松下公司通过授权，培育互补品的生产，通过合作占领了市场。

互补性产品的"网络"规模决定了该产业产品的需求，例如，对电话的需求是电话的数量与该电话能够呼叫的其他电话数量的递增函数，电话网络是电话的互补产品，随着线路和交换机数量的增加，越来越多的人拥有电话，电话联系的价值也有所上升，这导致电话线需求的增加，进一步提高了拥有一台电话的价值，形成了正反馈回路。正反馈回路的重要意义在于，一旦网络效应使某一种技术或产品为多数厂商或消费者使用，越来越多的用户不愿意承担放弃现有标准转向其他标准的转换成本，而且伴随着网络的滚雪球效应，转换成本会越来越高。这种现象会加速标准的建立，与其竞争的其他标准的企业会被迫出局。

公司在竞争产业技术标准时，如果网络效应和正反馈回路非常重要，那么胜利属于找到最合适的正反馈回路的公司，特别是在 IT 产业中。微软公司通过开放标准找到了正反馈回路（从某种意义上，盗版软件也促进了微软公司产品的正反馈回路的形成）。杜比公司也采用了互补品网络的原理来拓展其市场（见案例 7）。

案例 7　杜比是如何成为音响技术标准的

发明家杜比（Dolby）的名字已经成为卓越音响的同义词。杜比实验室提出的这项技术已经成为影音产品的组成部分。1976 年以来，市场上已经销售了将近 10 亿件采用杜比技术的音响产品，超过 29 000 家电影院使用杜比环绕数字音响设备，1999 年以来，市场上已经销售了 1000 万台杜比数字家庭影院设备。杜比技术已经成为高品质音响的标准。

1965 年，杜比在伦敦建立了杜比实验室。杜比从剑桥大学获得物理学博士学位，他发明了一种在专业录音中减少背景噪声同时又不会影响录音效果的技术。杜比制造出包含这项技术的音响系统，但一开始面向专业录音机构的销售非常缓慢。1968 年，杜比遇到了克洛斯（Kloss），克洛斯拥有一家 KLH 公司，是美国市场上知名度很高的为消费市场制造音响设备的公司，很快，其他音响设备制造商也纷纷来找杜比谈判技术许可事宜。杜比也曾经一度想要自己为消费市场制造录音机，但正如他所说："我知道一旦我们进入了这一市场，就将同所有的被许可公司进行竞争。所以，如果想继续出售授权许可，我们只能留在市场外面。"

杜比公司采用了授权使用的商业模式。公司知道自己的技术很值钱，但也清楚如果收费太高无异于鼓励制造商投资于自己的降噪技术。于是，公司决定制定比较适度的收费标准，以免这些企业投资发展自己的技术。为了使自己的名字与高品质音响联系在一起，杜比要保证被授权方符合品质标准，公司为被许可企业的产品设立了正式的品质控制程序。被许可方必须同意由杜比公司进行测试，并不得销售未经过测试的产品。杜比的品质保证战略增加了杜比品牌的力量和相对于被授权者的价值。

杜比战略的另一个关键方面是推广内含杜比降噪技术的录像制品，这些磁带在装备杜比技术的播放器上播放时噪声较低。杜比免费提供这项技术，只向出售播放机的厂家收取使用费。这一战略取得了巨大的成功，建立了正反馈回路，令杜比技术成为无所不在的技术。内含杜比技术的录像带的销售增长创造了内含杜比技术的播放机的需求，这反过来又促进了录像带的销售增长，进一步推动了播放机的销售。

通过授权和品质保证战略，杜比成为音乐界和电影界高品质音响的标准。尽管是一家小公司，但影响是巨大的，它继续推动着降噪技术的外延，增加降噪许可的数目，先是进入了电影业，接着又进入了 DVD（digital video disc，数字化视频光盘）和录像游戏技术领域，最近又进入了网络，它将自己的数字技术授权给广泛的媒体公司进行数字音乐播放和设备制造。

第六节　合　作　绩　效

一、合作绩效的定义

绩效是业绩和效率的统称，包括行为过程和行为结果两层含义（财政部统计评价司，2002）。绩效评价是对人类行为效果和效率的评价，起源于人类社会的生产、生活活动，其根本目的是通过将劳动耗费与劳动成果进行比较，最大限度地获取劳动收益。付亚和和许玉林（2003）认为绩效可以从三个角度来看：从经济学的角度看，绩效可以视为员工对组织的承诺，而组织对员工的承诺最直接的就体现在薪酬上，绩效和薪酬是员工与组织间对等的承诺关系，体现等价交换原则；从社会学的角度看，绩效意味着每一个社会成员按照社会分工所确定的角色去承担他的那一份职责，他的生存权利是由其他人的绩效保证的，而他的绩效又保障其他人的生存权利；从管理学的角度看，绩效可以定义为组织期望的结果，是组织为实现其目标而展现在不同层面上的有效输出，包括个人绩效和组织绩效两个方面。

合作绩效是两个企业之间相互合作所带来的成效。为了很好地理解这句话，可以从多个视角来看。例如，站在博弈论的角度看，企业间合作也就意味着个体理性和集体理性的统一，就是一方企业获得绩效改善的同时也就意味着另一方企业的绩效也获得了改善。例如，在因徒博弈中，如果只进行一次博弈，只会使双方都处于"困境"，也就是集体的不理性。但是如果采用了一种机制，把这种实验放在无限重复博弈的情景下，因徒就会获得合作策略均衡，这样双方都会选择合作而不是背叛（贾生华和吴波，2004），这也意味着个体理性和集体理性的统一。另外，企业之间合作意味着双方已经进入小数量条件（small number condition）（威廉姆森，2002），这样双方已不可能随便更换合作伙伴，因为这会产生很高的转换成本。所以，小数量条件会导致双方相互依存。通常情况下，合作绩效是合作双方的绩效一起提升。

关于企业间合作绩效说明了两点：第一，角度是双方的，双方的绩效都得到改善才意味着合作绩效改善了；第二，绩效是两方的——直接的和间接的，直接绩效就是双方目标实现的程度，间接绩效就是双方企业核心竞争力的提高程度。

二、合作绩效的测量

中外学者对企业间合作绩效的测量方法有多种，大多数人都以利润、利润率、物流成本、客户满足率等指标为主，当然也有的学者采用其他评价方式，如用短期绩效、长期绩效评价，有的用绝对绩效和相对绩效评价，也有以短期指标和长期指标进行评价的。

用短期绩效和长期绩效来评价的学者有 Ganesan（1994），他认为短期绩效通过提高市场效率来获取利润，而长期绩效则有赖于建立良好的伙伴关系来获得利润。用绝对绩效和相对绩效评价的有 McGee 等（1995），他们认为相对绩效以目标达成度、利润度和利润增长率来衡量，绝对绩效以客户满意度、物流成本、获利能力以及关系持续性来衡量；而 Anderson 和 Narus（1999）认为纯粹以产出的客观指标来衡量合作绩效不太妥当，原因是企业间合作目的、合作形式不尽相同，成果价值不一定可以量化、成员投入资源不一定相同等。Bucklin 和 Sengupta（1993）则认为合作利益是难以量化的，此结论来源于对合作成功的研究结果。用短期指标和长期指标进行评价的有 Ganesan（1994），他认为短期指标强调的是期间成本、收入和利润，而长期指标则强调的是相互间稳定的关系和持续性价值最大化；Anderson（1999）认为由于成员间合作目的不尽相同、成果价值难以评估以及投入资源不同等，以客观产出指标来衡量有些不妥，合作绩效无法量化，在这种情况下，加入适当的主观产出指标是必要的。

陈志祥等（2004）用合作倾向、时间与柔性、成本与质量来测量合作绩效。而武志伟等（2005）则采用合作目标的实现程度、盈利能力的提高、合作的满意度和继续合作的意愿等来评价合作绩效。其中，目标的实现程度指企业是否通过合作实现了它们当初建立关系时所设定的目标；盈利能力的提高指企业是否通过合作促进了企业总体盈利水平的提高；合作的满意度指企业对合作关系的满意程度；继续合作的意愿指企业是否愿意与合作企业继续保持原来的合作关系。潘文安和张红（2006）认为合作绩效就是伙伴之间合作结果的最终体现，衡量它的指标包括盈利能力、目标达成度、关系持续性、合作满意度等。

学者对合作绩效的测量方法研究如表 4.1 所示。

表 4.1　合作绩效的测量方法

合作绩效测量角度	合作绩效测量分类	评价指标	来源
长期和短期绩效的角度	短期绩效（短期指标）	市场效率、期间成本、收入和利润	Ganesan（1994）
	长期绩效（长期指标）	良好的关系、相互间稳定的关系、持续性价值最大化	Ganesan（1994）

续表

合作绩效测量角度	合作绩效测量分类	评价指标	来源
绝对和相对的角度	绝对绩效 （绝对指标）	客户满意度、 物流成本、 获利能力、 关系持续性	McGee 等（1995）
	相对绩效 （相对指标）	目标达成度、 利润度、 利润增长率	McGee 等（1995）
主观和客观指标 的角度	客观评价法	公司的财务报表计算其投资收益率 （rate of return on investment，ROI）和 资产收益率（return on assets，ROA） 企业合作项目的宣布所引起的双方公 司股价的变化、 企业间合作时间的长短	Simonin（1997）；Kogut （1988）；Anand 和 Khanna （2000）；Kale 等（2002）； Zollo 等（2002）； 武志伟 等（2005）
	主观评价法	在短期内对合作项目的满意、 对双方未来的长期的竞争优势的影响	Kale 等（2002）；Zollo 等 （2002）；武志伟等（2005）

三、合作绩效的影响因素

何晓晴（2006）将合作绩效的影响因素分解为 12 个指标，即许诺、协作、制造性、有效的沟通、冲突的解决、预期的感知满意度、目标、风险与公平、充足的信息、管理支持、相互信任、文化。王承哲（2006）认为影响企业间合作绩效的因素有五个，从资源观视角看有资源共享、知识共享两个影响因素；从交易成本经济学视角看有有效的治理一个影响因素；从组织学习的视角看有合作经验、合作能力两个影响因素。

20 世纪 80 年代以前合作绩效的研究处于萌芽阶段。Penrose 在 1959 年发表的企业成长论打破了企业黑箱，认为企业是由诸多具有潜在服务效用的不同性质的资源组成的集体，资源发挥效用的范围由企业现有的知识水平决定，而且资源的异质性决定了企业的性质，奠定了资源观理论的基础。在资源观视角下看企业间的合作绩效，基本假设建立在通过合作企业双方共享双方分别拥有的资源以获得竞争优势（Hennart，1988；Kogut，1988）。具体来说，国内外的学者分别从资源互补、资源依赖的角度分析了资源共享与企业间合作绩效的关系。①资源互补。合作企业之间通过相互提供各自资源并创造价值已经为广大学者所认同（Hennart，1988；Gulati，1995a）。根据 Amit 和 Schoemaker（1993）的研究，资源之间可能存在四种关系：第一，企业资源的相互替代关系（substituting relationship），如果一种资源的功能能够完全被另一种资源所替代，那么这两种资源之间就存在替代关系；第二，企业资源的互补关系（complement relationship），也就是当一种资源发生了变化时，被另一种资源的变化所补偿，这时两个企业资源就呈互补关系；第三，企业资源的增益关系（enhancing relationship），也就是当一种资源的存在会影响另一种资源时，两者就呈增益关系；第四，企业资源的压制关系（suppressing relationship），当企业中某种要素的存在会抵消另一种要素的作用时，就称为企业资源的压制关系，当一种资源的存在会彻底摧毁另一种资源时，就是一个极端压制的例子。②资源依赖。企业间合作绩效由合作企业双方的资源相互依赖关系决定，对此，很多学者都有相关的研究，例如，Lusch 和 Brown（1996）对制造商与分销商关系的研究结果表明，制造商与分销商的相互依赖关系提升了双方的合作绩效。Dyer（1997）在对美国与日本汽车产业的对比研究中发现，不断地提升相互关系的专用投资使得双方相互依赖程度加大，从而提升了合作绩效。Holm 等（1999）认为合作双方对合作关系的承诺使得双方的资源依赖关系得到了促进；而具有共同利益的生产共同体（joint productivity）正是建立在这种关系的基础上的，这样就有利于创造合作双方价值，也就是提升了合作企业的合作绩效。威廉姆森（2002）所提出的小数量条件证实了这一理论，例如，资源依赖所强调的"依赖"与关系专用性投资所强调的"关系专用性"具有类似的含义（Larson，1992）。也就是，一方面，企业相互依赖的资源自身也构成了一种承诺，这种承诺捆绑了双方的共同利益；另一方面，企业专用性的投资构成了企业核心竞争力的最根本的条件，把双方专用性的资源联合起来，必然会创造更大的价值。

企业间的合作绩效也可以从组织学习和知识共享的角度研究，大多学者认为，企业的本质是企业所拥有的知识，而且企业的知识创造了企业的竞争优势和核心的竞争能力。而其中更为重要的是企业员工所拥有的隐性知识和集体知识，这有助于塑造企业的竞争优势。这时，就必须找到一个渠道来获得和共享企业所拥有的知识，这个渠道就是企业间合作。不同的学者提出了不同的观点，例如，Kogut（1988）提出，企业间合作的目的是把双方所拥有的知识，特别是那些编码化很困难的隐性知识拿出来共享，通过共享这些知识来获得竞争力。Dyer 和 Singh（1998）认为，如果把知识共享形成惯例，将会使知识转移加快，同时更可能使合作冲突减少，同时使互动效率和合作绩效得到提高。另外一些学者用社会网络原理分析，结果表明企业间合作的知识转移与共享取决于合作的网络特征，Coleman（1988）认为，隐性知识的传播有赖于密集网络（合作企业除了双方所建立的直接关系，还通过第三方来建立间接关系）所形成的企业间信任与合作惯例。与之相对应的是 Burt（1992）提出的结构洞（structural hole）理论，认为新知识的获得有赖于稀疏网络（即双方仅仅通过直接关系建立联系，而不是通过依托第三方的间接关系来建立联系）。Ingram 和 Roberts（2000）分析了旅馆企业的管理者之间的密集网络与企业的经营绩效的关系，研究结果表明，知识转移与共享离不开管理者之间的密集网络，所谓知识转移与共享指的是共享客户资源和经营的最佳实践，从而发现知识的有效转移与共享提升了企业自身的盈利水平。

有效治理（effective governance）可以提升企业间的合作绩效，其原因是它不仅可以节省交易的成本，更重要的是它会创造企业间的合作价值（Dyer and Singh，1998）。有效治理可以降低交易成本，交易成本的降低正是通过选择与交易条件相匹配的治理模式来实现的，与此同时，有效治理也激励了企业间合作价值的创造。这些都超出了威廉姆森交易成本经济学中的治理效率（governance efficiency）的范畴。在治理效率范畴，企业要获得经济效率，就可以通过既定的交易条件和治理结构的匹配来实现。例如，企业为降低交易成本，在特定的关系专用性投资条件下就会建立更匹配的治理结构。同时会考虑到激励价值创造行为。有效治理对于企业进行更高程度的专用性投资具有重要的激励作用，而治理成本过高会导致其他企业无法激励企业进行关系专用性投资（Dyer，1996），同理，假设没有有效治理，企业都不想把自己所拥有的知识、信息共享给他人，其原因是担心对方会复制自己的资源，从而变成自己的对手和竞争者（Dyer and Nobeoka，2000）。所以，有效治理首先要使得交易成本降低，其次要能够激励直接创造合作价值。如何实现有效治理呢？Dyer（1996；1997）、Dyer 和 Singh（1998）、Dyer 和 Nobeoka（2000）认为自我执行机制是实现有效治理的有效机制。所谓自我执行机制，在经济学上称为秩序，在社会学上称为信任或者嵌入性，是相对于第三方治理的一种治理机制，通常会分为正式的和非正式的自我执行机制。所谓正式的自我执行机制指的是通过主动的经济质押行为，达到约束的目的，可以质押财务（合资企业），也可以进行相互关系专用性投资。而非正式的自我执行机制指的是善意性的信任、嵌入性和声誉。总体来说，自我执行机制比起第三方执行机制来说在有些方面还是具有一定的优势的，如在降低交易成本和提供价值创造激励方面。在降低交易成本方面，自我执行机制具有以下优势。第一，降低签订细致合同的成本，因为企业间相互信任使得企业可以公平分配收益。第二，降低防范成本，因为自我执行机制依赖企业的自我监管，这就节省了企业投资监管体系实现执行的成本。第三，节省协调成本。因为签订契约是需要成本的，而信任是持续性的。在提供价值创造激励方面，自我执行机制具有以下优势。第一，签约成本、有限理性以及契约的不完全性使得双方难以签订完备的契约来激励双方的价值创造行为。在自我执行机制下，由于双方都是自我激励，并相信对方行为的善意性，所以双方可以对各种价值创造行为实现有效激励。第二，利用契约进行治理难以保持竞争优势的持续性，因为竞争者也可以同样利用律师和国家来签订契约及执行契约。尽管自我执行机制具有治理上的优势，但也存在两个方面的局限性。第一，自我执行机制的建立需要一个长期互动过程和个人之间的关系。第二，信任悖论。尽管信任建立了各种规范和预期，降低了对风险的感知，但是也为机会主义提供了更大的机会（Granovetter，1985）。

Doz（1996）指出在企业的合作过程中，合作经验对合作绩效存在正向影响。而对于合作经验的研究主要集中在一般（general）合作经验和伙伴特有（partner-specific）合作经验两个方面（Simonin，1997；Hoang and Kothaermel，2005）。其中，一般合作经验是指企业与所有的企业间的合作经历；而伙伴特有合作经验是指特定的两个企业的合作经历。Anand 和 Khanna（2000）的实证研究发现，一般性的合资经验（股权式合作）带来了明显的学习效应，而一般性的授权协议经验（非股权式合作）中则没有显著的学习效应。Zollo 等（2002）利用 145 个生物科技企业间合作数据进行了实证研究，结果却发现，一般合作经验与企业间合作绩效之间不存在显著的正向关系，这显然和当初的预想不太一样，学者开始重新思考企业间一般合作经验与绩效之间的关系。Zollo 等（2002）经过进一步研究发现，一般合作经验与企业间合作绩效可能存在 U 形关系。其原因是将出现在内部生产领域的学习效应理论应用到企业间合作这一场景中，其中可能存在一些其他的因素抑制其发生作用。具体讲有三个原因：第一，相对于企业内部的生产活动，企业间合作的频率较低，并且合作的异质性较高，这就增加了学习以及应用的难度；第二，企业间合作的管理过程具有显著的模糊性和不确定性，使得企业对合作经验难以进行编码化；第三，企业间合作绩效变化的细微性，使得企业难以放心地应用所形成的惯例。

Simonin 在 1997 年的文章中已经从理论和实证方面说明了一般合作经验通过企业间合作诀窍（know-how）来影响企业间的合作绩效。其中，合作诀窍就意味着合作能力。拥有合作能力也就意味着企业不仅可以促进双方共享资源、建立知识转移与共享惯例，而且可以建立有效的治理机制来提升企业间合作绩效。Kale 等（2002）认为，成立专门的管理企业合作的职能部门的企业可以更好地从经验中积累知识，从而提升企业间合作能力。并通过实证研究发现，企业间合作经验越丰富，企业越倾向于成立专门的管理企业间合作的职能部门，企业间合作绩效随之而得以提升。Hoang 和 Kothaermel（2005）进一步总结认为，一般联盟经验与企业间合作绩效没有必然关系，而是通过企业间合作能力来影响企业间合作绩效。其中，企业间合作诀窍，即从合作经验总结出来的隐性知识，意味着企业间合作能力的形成；建立专门的管理企业间合作的职能部门的企业也意味着具有更高的企业间合作能力。伙伴特有合作经验也会通过组织学习来影响企业间合作绩效。组织学习的成果表现在双方合作惯例的形成以及企业间信任的形成。Doz（1996）认为两个企业经过多次合作，彼此都会对对方的文化、管理风格、能力、弱点等有较深入的了解。在多次的互动中，双方会形成合作惯例，双方通过不断强化和适应这种互动模式，从而提升双方的互动效率。Dyer 和 Singh（1998）将这种惯例进一步定义为伙伴特有知识转移和共享惯例。Gulati（1995b）认为，伙伴特有合作经验还会形成企业间信任，从而抑制双方的机会主义倾向，但是这种企业间信任的建立需要极为严格的条件。经过多次或者长期的合作，双方很可能形成双方合作惯例，但是双边信任却难以实现。例如，惠普公司和思科系统（Cisco Sysetms）公司有过 18 次联盟，和微软公司有过 30 次联盟。惠普公司负责与这些主要合作伙伴联系的一位经理承认，经过长期的合作，双方的互动效率有所提升，但是认为对方却从未放弃将他们套牢（hold them up）（Zollo et al.，2002）。大多数的实证研究都表明，伙伴特有合作经验与企业间合作绩效之间存在正向的影响（Zollo et al.，2002；Hoang and Kothaermel，2005）。这表明，由于降低了合作经验的异质性，伙伴特有合作经验更易于形成企业间合作惯例，并形成双方的伙伴专用性吸收能力（Dyer and Singh，1998）和合作能力，并提升双方的合作绩效。

　　资源共享、知识转移与共享提升了合作绩效，有效治理不仅降低了交易成本，而且通过影响资源的共享、知识的转移与共享而间接影响了企业间合作绩效。从组织学习的角度看，学者提出企业的合作能力来源之一就是企业合作经验的积累，而这种合作的能力又会提高企业间的合作绩效，这正是一种合作经验的学习效应（Simonin，1997；Kale et al.，2002；Zollo et al.，2002；Hoang and Kothaermel，2005）。资源共享意味着连接互补的、相互依赖的资源有助于企业间合作绩效的提升；知识转移与共享使得双方可以整合有价值的知识来提升合作绩效；有效治理不仅直接影响合作绩效，还通过影响前两个因素而间接影响企业间合作绩效；合作能力意味着企业可以通过有效管理企业间的合作关系，包括共享资源、整合知识以及有效的治理，来提升合作绩效。

本 章 小 结

　　通过以上分析，可以发现企业间合作的内容涉及很多学科的理论，由此也可以看出，要处理好企业间合作问题具有一定的复杂性。限于本书的学科背景，主要从经济学与管理学的角度来研究企业间合作的问题。

　　合作的经济理论包括企业理论、博弈论、产业组织理论、资源依赖理论等。其中，企业合作的企业理论来源，是基于经典的市场与企业的边界理论，市场由价格机制协调资源配置，而企业利用行政强制力量配置资源，这是两种较理想化的划分。实际上，企业的交易行为往往需要处理更加复杂的因素，如市场失灵、资产专用性、交易不确定性、隐性知识、委托代理等问题，当这些情况出现时，往往采用单纯的市场与企业行为都会产生问题，而企业间合作的方式，如果经过合理的制度安排与设计，如构建基于信任的长期关系，可以很好地克服单纯使用非此即彼的市场与企业理想化思维所带来的弊端（从某种意义上也可以认为这种形式就是市场与企业两种方式相妥协的结果）。

　　本章提出的企业间合作的二维模型，是从经济学与企业战略两个维度来分析企业间合作问题的。从经济学维度，企业间合作与市场、企业层阶两种方式构成了经济交易的三分法，企业间合作是市场与企业层阶的中间状态，威廉姆森用中间组织的概念来描述企业间合作的组织形式，当交易不确定程度低、交易频率低、资产专用性低时，采用市场的手段较为有效；当交易不确定程度高、交易频率高、资产专用性高时，采用企业层阶的方式较为有效；当交易不确定性、交易频率与资产专用性处于中间状态时，应采用双边、多边与杂交的中间组织形式，采用企业间合作的方式比较有效。从企业战略维度，企业间合作与多元化、专业化两种公司层战略构成了战略拓展的三分法，企业间合作是多元化与专业化的中间状态，如果企业的规模经济较强，致力于发挥核心竞争力，应采用专业化的模式；如果企业的范围经济较明显，可以较好地发挥协同优势，应采用多元化的模式；但当处于中间状态，也就是缺乏专业化与多元化的坚实基础时，企业间合作是比较现实、有效的经营模式。企业间合作是市场与企业、多元化与专业化的两极思维方式的哲学融合。在企业经营的过程中，很难在两极之间划一个清晰界限，更多的是中间过渡、颜色渐变的状态。也可以认为，两分法是理论上为了分析方便造就的理想状态，而在企业实践中，更多的是中间状态。

　　现代技术的发展使产业之间的边界有越来越模糊的趋势，例如，数码技术的发展使索尼进入照相机产业，是不是多元化呢？又如，原来的 IT 产业、传统家用电器产业、通信产业分属不同的产业，但 3C（computer，communication，consumer electronics，计算机、通信、消费类电子产品）融合的趋势使它们越来越趋向于整合。通过合理的授权，对于一个从事传统意义上多元化经营的企业，其各自产业如果能够独立运营，那么这个企业是多元化经营还是专业化经营呢？也许可以说这类企业多元化的成功来自于所从事的各产业的专业化，如果可以这样理解，多元化与专业化其实是统一的，而不是对立或矛盾的。

　　产业之间的融合、交叉、衍生越来越成为现实，外包、战略联盟等企业间合作方式的出现更加剧了这种趋势。市场交易与企业层阶、多元化与专业化的界限也越来越模糊。玛丽·帕克·芙丽特认为"融合统一需要发明创造，聪明之处正在于认识到这一点，而不要让自己的思维停留在从相互排斥对立的二者当中选择其一的限制之中"。对于市场与层阶、多元化与专业化的认识也需要人们跳出传统的思维框架，用融合统一的思维进行重新认识与思考。

　　为了更清晰地研究合作的效果，本章对合作绩效作为合作的外在表现进行了分析，揭示了影响合作绩效的因素，找出了测量合作绩效的变量，为后面的研究打下了基础。

第五章　企业间信任与合作基本分析

> 人类合作的最基本形式——避免互相伤害——毫无疑问是进行有效的良性竞争的前提……即使是竞争，如果是以一种并非相互毁灭的方式来进行，仍然需要某种程度的信任，相信竞争对手是遵循某些规则的。
>
> ——迪戈·甘贝塔

信任是合作的基础，良好的合作会进一步加强信任。企业合作绩效是合作的具体表现。企业合作绩效是指两个企业之间相互合作所带来的成效。

本章主要分为四节，分别论述企业间信任的来源与作用，信任与合作的博弈分析，以及信任与合作的稳定性保持-声誉机制。

第一节　企业间合作中信任的来源

企业的成长表现为资本的扩大、分工的深化、企业规模的扩张、营销网络的增加以及产权不断分散化的过程等多个方面，而企业社会网络关系的扩张是实现这一切的关键。那么，为什么企业的社会关系网络得以建立和发展？为什么社会网络关系可以作为企业的社会资本帮助企业获取生产要素呢？一个重要的原因就是嵌入在社会关系网络中的信任。本书把企业的社会资本定义为企业建立在信任和规范基础上的社会关系网络以及从这些关系网络中摄取资源并且由此获益的能力，这意味着，企业社会资本的获取必将建立在信任的基础上。

1. 信任的不同研究视角及其内涵的经济学界定

经济学、社会学、政治学、人类学以及心理学等多种不同类型的学科对信任的研究取向各有不同。彭泗清把西方社会科学界的信任研究归纳为以下五种取向。

第一，信任是对情境的反应，情境的刺激决定了个体的心理和行为。在社会心理学家多依奇（Duetsch，1958）的"囚徒困境"实验中，用双方是否有合作来反映是否存在人际信任。随着实验条件的改变，实验者之间的信任程度也会发生变化。此时信任被看成是外加刺激下的因变量。其代表人物有卢曼（Luhmann）、巴伯（Barber）、朱克（Zucker）、福山（Fukuyama）等。

第二，信任是个人人格特质的表现，是一种经社会学习而形成的相对稳定的人格特点。其代表人物有心理学家罗特（Rotter）、赖茨曼（Wrightsman）等。他们认为，一个人的生活经历和对人性的看法会使他形成对他人的可信赖程度的通常期望（generalized expectancy）或信念。有的人倾向于信任他人；有的人则倾向于怀疑他人。对于这种由于个体差异而导致的倾向性的研究，学者多以量表的形式展开。

第三，信任是人际关系的产物，是由人际关系中的理性算计和情感关联决定的人际态度。其代表人物有社会学家刘易斯（Lewis）和威格特（Weigert）等。他们系统地分析了信任的特点、维度和基本类型等多项内容。理性（rationality）和情感（emotionality）是人际信任研究中的两个重要维度，不同类型的信任多是由这两者的不同程度的组合而产生的。其中，认知型信任（cognitive trust，基于对他人的可信程度的理性考察而产生的信任）和情感型信任（emotional trust，基于强烈的情感联系而产生的信任）是最重要的两种，日常生活中的人际信任大多是这两者的组合。认知型信任依赖于对他人的充分了解和对可信赖的证据的掌握。充分的了解和良好的理由都表明对他人未来的行为能够加以预测，这是认知型信任的基础。能力、责任感、可靠性、值得信赖都是信任的源泉。情感型信任则来源于人与人之间的感情纽带，这种纽带表现出对对方福利的一种关心，换句话说就是充分考虑了对方的目的和企图。情感型信任往往需要人与人之间相当长时期的频繁关系来建立和深化，这依赖于良好的沟通以及误解的及时排除。学者还认为，随着社会结构的变化和社会流动性的增加，更多的社会关系将会以认知型信任和情感型信任为建立基础。

第四，信任是社会制度的产物，是建立在理性的法规制度基础上的一种社会现象。Sako（1992）把信任分为契约型信任、能力型信任和善意型信任。契约型信任依赖契约关系产生，契约内容越细致，越能促成交易当事人的信任。实际上，交易双方的信任更像是双方对契约的信任。能力型信任指一方有能力按照对方的要求和预期完成某项活动，例如，一个供货商的能力不仅指品质保证，还包括供货时间及物资的可靠性等，它是对一个企业进行评估的重要内容。善意型信任指交易一方出于善意而对他人授予信任。这里所指的善意，包括共同的信仰、友谊、同情等。

第五，信任是文化规范的产物，是建立在道德和习俗基础上的一种社会现象。

如果说第一、第二种取向是从个人的层面来看信任的，第三种取向是从人际关系的层面来看信任的，那么后两种取向就是从社会的层面来看信任的。

彭泗清的归纳更多地偏向于社会学的角度。经济学角度的分类与之有所不同，一种分类方法是把信任分成了解型信任（knowledge-based trust）与阻止型信任（block-based trust）。了解型信任指由于在过去的交易中双方对彼此都有充分的了解而产生信任。阻止型信任指由于机会主义行为会导致其成本大大高于其收益，交易一方因担心失去相同的其他交易机会或担心造成声誉上的损失而采取值得信任的行为方式。也就是说，了解型信任源于交易的一方因充分了解对方而产生的信心，阻止型信任则是因被信任的一方担心不被信任成本太大而采取负责任的方式，即被信任的方式。威廉姆森曾把信任分为三种类型：算计性的信任、个人信任和基于制度的信任。算计性的信任，是一个特定的主观概率水平，一个行为人以此概率水平来判断另一个人或行为人群体将采取某个特定行动……当我们说我们信任某个人或某个人值得信任时，我们的隐含意思是：他采取一种对我们有利或至少对我们无害的行动的概率会很高，足以使我们考虑与他进行某种形式的合作；个人信任，与算计性的信任相对应，是非算计性的，威廉姆森认为这种信任仅仅适用于那些非常特殊的个人关系；基于制度的信任，指的是将合约嵌入社会与组织环境中，制度信任从外生的角度看，表面上是非算计性的。然而实际上，交易的组织总是涉及制度环境，因此，算计会在交易过程中重复出现。

以上都是从静态角度对信任进行的分析，Lewicki 和 Bunker 从动态角度提出了一个企业双方交往的信任发展模型。他们将信任划分为三种类型，认为随着交往频度和强度的增加，人们之间的信任会逐渐地从以计算为基础的信任过渡到以认知为基础的信任，再演变到以认同为基础的信任。

1）以计算为基础的信任。这种水平的信任是个人基于经济人理性提出的，信任行为和经济行为一样，即成员企业会在衡量其机会主义行为的收益与遵守合约的未来收益之间做出权衡，然后决定要不要信任对方。波茨认为这是一种可强制推行的信任，这种互惠的预期和可强制推行的信任两者都是借助于对约束因素的惧怕。信任的维持取决于这种惩罚力量的明确性和可行性。惩罚的力量取决于交易时间的长短、相互依赖程度的高低、关系网络的大小以及对声誉重视的程度。这种信任关系通常存在于联盟企业关系确立的初期，是企业网络存在的基础，但比较容易消失。因为双方在相互猜疑，只要某一方感觉到自身的权益受到侵害，会马上退出合约关系，从而造成原来信任的消失。

2）以认知为基础的信任。这种信任的建立会以对对方行为表现的预测能力为基础。随着双方互动频率的增加，彼此之间持续性沟通有助于行为人了解对方的需求、偏好以及态度等相关信息，从而使其预测能力加强，并通过关系的持续逐渐扩大双方共同活动的范围。

3）以认同为基础的信任。这种信任建立的基础是双方之间的长期互惠合作，对长期利益的追求，而并非机会主义的短视行为。该阶段中，联盟企业已经对对方有了有效的了解，并将对方企业的需求和意图纳入自身的行为准则之中，双方能够坦诚地进行交流，并在未来的活动中充分考虑对方的利益。因而，彼此也相信对方能有良好的行为表现。这样的信任关系一旦建立，彼此间将不再需要费尽心机地保护自己的权利。随着交往的增加，联盟企业将有可能逐步从以计算信任为基础的弱连接逐渐过渡到以认同信任为基础的强连接。Luhmann（1979）提出的非人际关系信任（impersonal trust）已逐渐取代人际信任，成为当代社会最主要的信任模式，本书赞成这一观点。本书认为，从企业成长的角度来看，信任发展的基本趋势就是从以人际信任为主逐步过渡到以非人际信任为主，即以制度性信任为主。对实际网络运作来说，人际信任与制度性信任可能会同时出现并共同发生作用。但需要指出的是，有关信任的文献（Zucker，1986；Portes and Sensenbrenner，1993）证明，缺乏既有社会基础很难建立信任（通常是制度性信任）关系；在这种情况下若要建立信任关系，就必须存在一个外部监督机制，来维持行动者的信任关系。

2. 信任来源的分析框架

（1）社会学视野下的信任分析框架——源于占有资源的信任

社会学主要研究的是人际间的信任。社会学关于信任的理论有许多种，例如，以简·曼斯布里奇（Jane Mansbridge）为代表人物的利他主义信任，认为利他主义的存在与否决定了甲对乙失信可能性的判断；以阿尔蒙特（Almont）和弗巴（Verba）、英格哈特（Inglehart）、普特南（Putnam）、福山为代表人物的信任文化论，认为文化决定了对乙失信可能性的判断；以艾瑞森（Erickson）为代表人物的认识发生论，认为甲的幼年经历决定了对乙失信可能性的判断；以科尔曼（Coleman）和哈丁为代表人物的理性选择论认为，甲与乙过去交往的经验决定了对乙失信可能性的判断等。此外还有制度学派的"制度决定论"（institution matters），认为制度健全与否决定了甲对乙失信可能性的判断，某些制度环境比其他制度环境更有利于信任感的产生。道德基础论，认为甲的人生态度决定了对乙失信可能性的判断。

本书认为，信任需要担保或者"抵押品"，在物质或精神担保的支撑下，信任一方会通过判断对方不愿意由于违背信任而遭受的惩罚或者损失而被动采取可信的行为。而这里所说的抵押品或者担保主要来源于占有资源的信任嵌入在广阔的社会关系网络中。对某个人可靠与否的预测，往往涉及对他的家庭背景、年龄、社会地位、经济地位、种族等信息的判断。

为便于分析，把思考对象限于甲乙两人。甲是否信任乙取决于两个考虑：①甲对乙失信可能性的判断；②甲对于由乙的失信行为带来的损失的承受能力，即甲的相对易损性（relative vulnerability）（Sztompka，1999）。这里的乙可以是任何人，包括亲人、朋友、熟人、同事和陌生人。相对易损性取决于潜在损失的绝对值在潜在受损者所拥有的总资源中所占的比重，可以用以下公式来表示：

相对易损性＝潜在损失的绝对值/潜在受损者所拥有的总资源

Giddens（1991）最早关注了相对易损性对于信任研究的重要性，尽管当时他没有明确地提出相对易损性这个概念。他认为，比较而言占有充足资源的人会具备一种更加开放、更加乐观、更富同情心、更自在的人生态度，而这种人生态度有助于增强对他人的信任感。相反，缺乏资源可能使人对其他人充满疑心。因为对于这些资源匮乏的人群来说，别人的失信行为给他们带来的潜在损失可能是灾难性的。这里"灾难线"（disaster threshold）的高低与具体人所拥有的资源多寡有关。一般而言，一个人掌握的资源越少，其"灾难线"越低，相对易损性越高，他越不愿意冒险信任别人。反之，一个人掌握的资源越多，其"灾难线"越高，相对易损性越低，他越愿意冒险信任别人（Luhmann，1994）。

那么，具体而言这里的资源到底指的是什么呢？

第一是收入和财富。穷人信任别人的可能代价是危及自己和家人的生存；富人才有本钱去冒险相信别人。所以拥有充足收入和财富支撑的人更倾向于相信别人，或者说，富人拥有更多的资源去冒险。

第二是稳定的工作。在现代社会里，工作在人们的生活中占据着重要的位置。没有工作，或者工作性质不稳定都会使人每天生活在惶恐中。很小的波动都会导致他们对社会、对生活产生质疑和恐慌。这样的状态下，人们很难对周围世界产生信任。相反，无忧无虑的人更可能信任别人。

第三是权力。权力所有者并不需要为了生计而发愁。权力所有者一般职位稳定，收入较高，财富充沛，在这些物质资源的保障下，他们有足够的风险承担能力去支撑其相信别人。

第四是教育。教育是一种具有高度可转换性的资源。较高的教育水平可以使人找到较好的工作；受教育程度高的人即使丢了工作，也可以相对容易地再找到另一份工作。所谓"书中自有黄金屋"，较高的教育水平可能获得更高的收入。更重要的是，教育可能是通向权力之路的跳板。在现代社会里，权力精英几乎都是知识精英。由于教育与上述三种资源丝丝相扣，可以推论，教育水平高的人应该比教育水平低的人更容易产生信任感。

第五是社会网络。社会网络是一种具有可转换性的资源，因为它可以降低社会活动的信息成本。上述四种资源影响并嵌入在社会关系网络中。社会网络本身就包含着信任的因素。以相互利用关系为基础建立起来的关系网络是不可靠的。网络的功能之一就是在圈内的朋友和熟人中培植信任感，以便在需要的时候能得到朋友和熟人的帮助。当然网络内的信任只是朋友和熟人间的信任，但这种特殊的信任可能为一般的信任（社会信任）打下基础。身处较小的社会网络中的人更有可能认为大多数人是不值得信任的。而身处较大的社会网络中的人由于自身经历丰富，则会对周围的环境产生较为乐观的看法。

同时考虑影响信任的两个变量，可以得到以下模型：

甲对乙的信任程度 = 1−（乙失信的可能性×甲的相对易损性）

现在深入分析一下"乙失信的可能性"和"甲的相对易损性"这两个变量会受到什么因素的影响。甲对乙守信可能性的判断需要考虑以下几项因素。

1）甲对乙的了解程度。与对方的互动经验将是甲获取乙的信息的主要方式。互动频率越高，信任程度越高。受到互动频率的影响，人们对朋友的信任往往要高于对熟人的信任（理性选择假设）。

2）甲在本地居住的时间。甲在本地居住的时间越长，他的朋友和熟人越多，对本地情况（包括人们的守信情况）的了解也越深（理性选择的延伸假设）。

3）甲的社会网络规模。一般而言，上述因素不适用于陌生人。但甲的社会网络越广，他遇到陌生人的时候越可能发现他与陌生人同时是某个第三者的朋友。这时，那个第三者便成了信任中介：由于甲的朋友丙也是乙的朋友，所以甲会对陌生人乙产生信任。这与中国社会中关系网的运作模式基本一致。

4）甲的生活经历。这包括他早年的家庭生活经历和时代生活经历。本书已讨论过前者，后者也很重要。国外的研究发现，成长于某些年代的人比另外一些年代的人信任度更高（认识发生论假设）。

5）甲的生活态度。一个人对自己目前的生活状况越满意，对未来越乐观，越容易对他人产生信任感。不过，这可能是个中间变量，因为人们的生活态度恐怕不是随机分布的，其社会地位可能影响生活态度（道德基础论假设）。

6）甲的判断能力。教育程度可以作为衡量判断能力的指标。可以假设，一个人的教育程度越高，其判断能力越强。不过在现代社会里，人们对于事物的判断能力很大程度上会受到社会传媒的影响。因此，主要信息来源也可用来衡量一个人的判断能力。美国的研究发现，看电视多的人信任度低，而以读报为主要信息来源的人信任度较高（Patterson and Warren，1999）。

7）甲的社会地位。一个人的社会地位越高，其他人对他失信的代价越大。因此，社会地位高的人会对置信对象多一份信任。在中国，是否是党员、干部是衡量社会地位的主要标准。但本书认为，一般党员的社会地位并不比相同职务的非党员人士高。因此，是否是干部才是更好的衡量指标。

通过上述分析不难发现，上面讨论的这些资源都是对信任关系的一种担保，在有保障的情况下，人们更愿意或者更加有可能付出信任；相反，当缺乏担保时，信任意识就显得十分微弱。

（2）经济学视野下的信任分析框架——基于长期交换历史、制度以及重复博弈的信任

1）基于长期交换历史的信任。经济学研究的信任主要是企业间的信任关系。早期的商品交换还处于马克思所描述的那种简单的、偶然的物物交换形式。这意味着交换双方的交易是一次性的或偶然的，交换双方达成的契约基本上属于隐含契约（非正式的、没有强制约束力的口头契约）。对于是否存在欺骗也只有

在交换结束之后才能确认；同时，一次性交换也决定了受害的一方无法对另一方的欺骗行为进行惩罚。因此，在这种简单的交换形式下，赋予对方以信任具有极高的风险。只有当交换的双方能够对等地完全识别对方的商品特征及其行为，也就是消除了欺骗的可能时，信任才是无风险的。这种契约既没有明确和书面的形式，也没有监督契约实施的第三方权威机构（如法院）。违约的一方（欺骗）不会受到第三方所强加的惩罚约束。交易双方的关系建立在默契之上，对违约或欺骗行为的惩罚只能求助于自身，如终止交易关系。当一个人总是违约或欺骗时，其他潜在的交易者将会避而远之，这时，对违约者的惩罚就演变成了一种社会行为。反之，那些在交易中总是以诚相待的人则会赢得"值得信任"的美誉。这种赢得他人信任的能力可称为信誉。诺斯、希克斯、汤普森等在研究中发现，在市场发源时期，信誉是唯一的约束机制。自给自足时期的交易活动往往是在共同的社区内或者相邻的社区之间零散发生的，且多是以物易物的形式，在这种实物的、即时的交易过程中，交易双方对于交易品的信息掌握比较对称，欺骗并不容易。而狭小的市场范围又使个人或社区易于识别，欺骗将会使自己难以找到下一次的交易对象。因此，信誉是当事人自发的、也是有效的选择，诺斯称为"人情式交易"。一个人的信誉越高，人们对他的信任程度也就越高。没有信誉，值得信任也就无从谈起。随着社会分工的深化与交换的发展，在多次或重复交换中，对未来交易的预期促使短期契约演变成为一种长期契约（尽管此时仍然可能只是一种口头的承诺），双方实施欺骗策略的可能性和动机极大地降低。一方面，交换双方识别对方商品特征及行为的能力得到加强，信息不对称程度降低；另一方面，欺骗会招致对方的报复，如终止交易。其结果是，双方会赋予对方更多的信任。相互信任的程度越高，交易的成本越低，交易的范围也就越广。企业也是如此，在判断一个合作伙伴是否值得信任时，企业首先会回顾与其所发生的交易活动历史，从历史交易经验的数量和质量方面加以考察。历史交易长的企业会有更多的信息积累用来参考，从而能够更加准确地对其行为加以预期，减小未来的交易风险；企业从历史交易关系中获得的回报越高，对对方的满意度也就越高。在这两种因素同时起作用的情况下，更容易建立起较高程度的信任，反之，将难以建立信任或者即使建立了信任，其水平也不会太高。尤其当一个企业与另一个企业有很长时间的交易历史，且双方在长期交往过程中通过相互适应逐渐建立起了默契时，双方的信任程度将达到相当高的水平。可见，社会分工和商品交换的发展促进了信任的积淀，而不断积淀起来的信任又促进了交换的进一步发展。

需要指出的是，从人类社会商品交换发展的历史来看，信任、道德规范、习俗、意识形态等作为调节人们交易行为的非正式制度安排（可称为隐含契约）是先于作为正式制度安排的国家法律、政府法令、商业合同、公司制度等（可称为明确契约）而存在的。信任的建立并不会消除交易过程中的违约或欺骗行为。信誉对交易者行为的约束存在着固有的局限性。如上所述，一旦欺骗的收益大于成本，信誉将不再是交易的一种可靠保证。随着人类社会交易关系的复杂化，尤其是国家的出现，交易关系越来越多地依赖于明确契约。所谓明确契约，指的是明文规定（或法律认可）的交易关系。契约的实施依靠第三方（如法院或其他权威机构）施加的明确惩罚来约束。一旦交易双方发生争执，会由第三方进行仲裁。这是否意味着信任和信誉已不再是交换顺利实施的必要条件了呢？明确契约是否能够完全替代隐含契约了呢?答案是否定的。历史和现实均已证明，即使是在法制程度最高的国家，明确契约也难以界定人类所有的交易关系。因为市场交易无法克服信息的不完备和未来的不确定性，这决定了明确契约有着固有的局限性：①并非交易双方所达成的所有协议都能写入契约。例如，任何明确契约的适用期限都不会是无限长的。超越一定期限的协议就不可能写到明确契约中，且不会得到实施。②签订和实施明确契约所需的成本较高。在有许多偶然事件的不确定性中，契约双方事前需要投入大量的资源来识别可能发生的所有事件，并针对这类假想事件——制定最优反应策略。为了从契约中获益，双方都会花掉大量时间和金钱试图尽可能获得比对方更多的信息。此外，还需要通过讨价还价达成双方都接受的契约条款。这些还仅仅是契约签订所花费的成本。在契约的实施阶段，双方还需花费很高的成本（Grossman and Hart, 1986）。③在许多情况下，双方希望通过契约实现的效果，至少是部分地难以为第三方（法院）所察觉的。因此，现实世界中很难找到完备的、考虑到各种偶发事件的、能为法院所实施的明确契约。④人们无法在明确契约中准确地描述相关的自然状态（state of nature）。明确契约总是要对各种自然状态下的结果（尽管不可能是完备的）作出规定。一旦某种自然状态实现，契约各方将会分析有关这种自然状态的"证据"，识别契约中所规定的对应条款及结果。严格来说，完备契约要求状态和结果之间的映射必须具备算法（algorithmic）性质或者是一种有效可计算函数。当人们说某种函数有效并可计算时，也就是说存在一种具体的方法（或算法），利用它可以在有限的步骤内计算它的每一种值。一旦引入可计算性限制，人们便会发现某些（明确）契约是不可能签订的，因为并非所有的函数都是可计算的。这种意义上的契约不完备更具有不可克服性。它不仅在事前是不可行的，在事后也是不可行的（Anderlini and Felli, 1994）。明确契约不完备必然导致签约人把剩余的条款留给隐含契约。而隐含契约的实施主要是靠签约人的信誉来维持的。从这种意义上来讲，隐含契约是信任存在的前提条件，或者说两者的存在是互为条件的。只要明确契约无法完全替代隐含契约，信任就必然构成交易的前提条件之一。信任和信誉的作用不会随着法制社会与明确契约的发展而消失。相反，随着人类社会的进步，信任正在发挥越来越大的作用。

2）基于制度的信任。信任与制度密切相关。制度可以减少不确定性，影响人们对他人行为的预期。在企业信任形成过程中，制度的作用首先在于它是"可以相信的承诺"（credible commitments）的表现形式，如合同、抵押、信息披露规则以及特定的争端解决机制等。其次，制度影响企业的承诺范围，这些制度安排由于具有法律效力而使得合作者在一定程度上相信合作伙伴会信守承诺，因而也增加了信任程度。例如，通过法律法规确定或限制一定的行为，使企业做出符合利益相关人利益的承诺；对消费者权益的界定，使企业必须做出相应的承诺。又如，对不正当竞争行为的明确，限制了企业的相应行为等。再次，制度的作用在于影响企业承诺的意愿。一定奖励和惩罚制度的建立，可以影响企业承诺的收益和成本，进而影响企业的承诺意愿。最后，制度的作用还在于影响人们的认知，例如，通过法律监督和惩罚手段，对企业行为构成威慑力，使人们形成基于法律的信任，提高认知程度；又如，通过一定的资格认定制度，使人们获得关于企业能力或动机的认知。就目前来看，会计师的资质证明、著名评级机构的信用评价、正式的授权证明等都有助于提高信任度。Zucker（1986）分析了美国工业化的关键时期：发现1840～1920年，大量外来移民涌入、人口流动大、信任缺失最终导致企业组织的不稳定，所以当时美国社会对信任资本的需求颇为强烈。于是专业资格制度开始在美国社会得到推广，相关规章与法律得以巩固加强，理性化科层组织也获得了发展，社会信任机制得到越来越广泛的应用。对于试图从家族式向经理式转变的企业而言，这种制度的产生至关重要。Gidden（1990）进一步分析了信任关系基础的本质变化，例如，患者对医生的信任，或者乘客对驾驶员的信任，并不是因为患者与医生、乘客与驾驶员个人之间存在信任，而是因为医生得到了执业资格，驾驶员得到了驾驶证，并且都有标准的操作规范。在此类情形中，医生的执业资格、驾驶员的驾驶证以及操作规范均为有关机构所颁发或制定，所以个人之间的信任关系实际上是对有关制度的信任。面对面的模式只是制度间关系的外化。在企业间的交易关系中，交易方身份往往比表现更有利于信任的建立。

制度会影响交易者的识别成本，从而影响交易者的选择，进而影响信誉的作用和价值。一定的经济制度决定了资源配置的方式，也决定了企业的交易方式。在不同的交易方式下，企业的交易成本组成有很大的不同，企业信誉的作用大小和作用方式也有很大的不同。制度对企业信誉价值和成本的影响可以从制度类型、制度规范和完善程度来进行考察。按照资源配置的方式不同，可以把经济体制分为计划经济和市场经济两种主要类型。计划经济下的资源通过权力机制进行分配，合作企业间的交易同样通过权力机构实现。计划经济中，企业本身不是独立的经济主体，不具有交易自主性，也不承担交易成本。由于不需要为降低交易成本而努力，信誉对企业的价值很小。在市场经济中，资源是通过市场配置的，企业通过市场与外界进行自主交易。如前所述，市场本身的局限性使市场交易存在着较大的风险和较高的交易成本，需要有相应的信任机制来增进交易方之间的信任，以减少交易成本。这时，声誉机制成为企业增进与交易对象之间的信任的重要途径，信誉对企业的价值较高。以我国为例，改革开放以前的计划经济时代，国有企业占据了生产、流通等经济环节的绝大部分，资源和产品都是通过计划分配，企业不是独立的经济单位，企业信誉在交易中并不起作用；目前，我国市场经济体系已经确立，市场成了配置资源的主要渠道，市场竞争和风险规避要求企业树立信誉，以增进与交易对象间的信任。诚信和信誉已不只是社会对企业的要求，也是企业生存和发展的内在要求。

当前我国信用制度建设严重滞后于市场经济发展的需要，主要表现为整个信用体系发展程度低，失信现象严重，不但企业信贷、信用销售规模与经济发展水平很不相称，而且拖欠贷款、偷逃税款、商业欺诈等现象时有发生。

3）基于重复博弈的信任。信任的形成类似于"囚徒困境"中的合作结果。最基本形式的"囚徒困境"是由以下几项因素构成的：①对策者没有什么手段可以用来实施威胁或做出许诺。由于对策者并不能许诺他们能够采取某种特定的策略，所以每一个人都需要充分考虑对方所要采取的策略。同时，每个对策者都可以使用所有可能的策略。②无法确定对方在某个特定的对局中将如何选择，这就使得"元对策"分析无法施展拳脚（"元对策"允许如"选择与对方相同的策略"的选择）。同时排除了通过观察对方与第三方对局而形成某种信誉的可能。对策者唯一可利用的信息是他们相互作用的历史。③不能消灭对方，也不能放弃对局，所以对策者在每次对局时只能选择合作或背叛。④不能改变对方的收益值。这个收益值已经包含了每个对策者关于对方利益的考虑（艾克斯罗德，1996）。当然，"囚犯困境"只是现实世界中的一种博弈的简化形式。现实市场中，工人之间、企业之间的博弈及信任的形成过程要远比这复杂得多。但我们仍然可以从中得到很多有益的启示。其中，最重要的就是重复博弈构成了合作的前提。下面从一次性博弈环境向重复博弈环境的变化来说明信任的形成过程。

每一轮交易中，一方（可称为提供者）向另一方（可称为决策者）提供信任；每一个对策者都有两种策略。提供者可选择的策略包括提供信任或不提供信任，决策者可选择的策略是给予（认同）信任或不予（不认同）信任。表 5.1 中反映了不同策略组合的收益。其中，前一个数是提供者的收益，后一个数是决策者的收益。如果提供者没有提供信任，将不会发生交易，双方的收益为 0。如果提供了信任并予以信任，那么双方的收益都为 V。但如果决策者追求短期利益，在对方提供信任时，没有给予信任，那么结果是他获得额外的收益 G（总收益为 $G+V$），提供者因此而损失 L。相反，如果提供者没有提供信任，其收益为 0。这要比提供了信任没有被对方认可的结果（$-L$）好得多。

表 5.1　信任博弈模型

提供者	决策者	
	给予信任	不予信任
提供信任	V, V	$-L, G+V$
不提供信任	0, 0	0, 0

在这里，需要正确理解博弈例子中数字的含义。0 是博弈双方间不存在信任的情况下的一种赋值，它并不表示双方没有收获。0 只作为一种衡量价值的基础，而不包含其他特殊意义。V 是正数，表示对双方而言，被认同的信任的价值远大于干脆没有提供信任，V 值越大，双方从提供信任和给予（或认同）信任中获得的收益也就越大。G 是正数，表示决策者采取不认同信任的策略会在短期内有利可图。L 为正数表示提供信任是要冒风险的。

在一次性博弈中，正如典型"囚徒困境"所显示的，合作结果是不会出现的。每个人都是自私的，提供者不提供信任，决策者也不打算认同所提供的信任。当提供者提供信任时，自私的决策者无疑会选择不予信任策略，以获取收益 $G+V$；提供者当然也会意识到决策者的动机，所以拒绝提供信任，以避免损失 L。结果是，双方都接受 0 收益，错过了获取收益 V 的机会。

在重复博弈中，双方都希望能找到一条途径来克服一次性博弈中的信任危机，从而共享由于相互信任获取的收益。假定对决策者来说，双方在未来无数次的交易中每次获得的收益为 X，它和今天一次获得的收益 NX 等值。N 的大小取决于双方预期交易的频率和他们所面对的利率。如果博弈的次数有限，每个时期投资的利率为 r，双方交易的间隔期为 t，那么 $N = 1/[(1+r)^t-1]+1$。利率越低（r 越小），或者交易频率越高（t 越小），N 的值也就越大。在这种条件下，如果决策者不认同提供者所提供的信任，换句话说，他欺骗了提供者，当然未来也就不再会被信任，那么他将获得收益 G。如果决策者在每一时期都信守诺言，他将获得收益 NV。假如 $NV>G$，且每一方都预期对方会信守诺言，结果是任何一方都不会从违背诺言中获益。提供者无法从撤回信任中获益：他预期信任得到认同，通过每个时期提供信任而获得收益 V；相比他撤回信任的收益每个时期为 0。同样，决策者也不会从不予信任中获益：他预期给予信任时每个时期的收益为 V（进一步可折现为 NV）；不予信任时只能今日获得收益 G，$NV>G$，因为未来他将不再得到信任。用博弈论的语言来表达，这种没有任何一方通过单方面地偏离所规定的行为而获益的状态即纳什均衡。

在纳什均衡模式下，如果各方都预期会出现某种行为模式，那么共同遵守这种行为模式会使双方同时获利。然而，纳什均衡的实现需要一些条件作为支撑：

①在博弈中，对策者拥有相同的预期；②这些预期是正确的；③既定的预期下，对策者将以个人利益最大化为行事准则。但在大多数情境下，尤其当人们不太了解自己身处的环境时，假定人们对行为有相同的预期或者正确的预期都是不实际的。即使是"囚徒困境"所要求的前提条件对现实而言也显得过于苛刻。在运用博弈论分析现实问题时需要时刻牢记这一前提。

多种纳什均衡的存在是使用纳什均衡来预测社会行为时面临的最大困难。例如，上面中讨论的博弈情景，除去已提到的第一种纳什均衡，第二种纳什均衡策略组合是，提供者不提供信任，决策者不予信任。第三种可能的组合是，决策者答应只是每隔一轮（交易）欺骗一次；对提供者来说只要决策者不连续两次实施欺骗，他在每一轮的交易中都提供信任。假如 $L<V$，且交易频繁，那么双方都不能从改变策略中获益，所以这种策略组合也是一种纳什均衡。纳什均衡假设排除了某些行为模式，但无法做出唯一性的预测结果。显然，后两种策略组合尽管也是纳什均衡，但并不会带来完全的合作。只有第一种纳什均衡才会产生合作结果。

只有在第一种纳什均衡中，提供者和决策者面对重复博弈才能逐渐形成（诚实的）信任，并乐于维持这种信任。然而，从博弈角度看，对信任维持威胁最大的是博弈终结问题（game-end-problem）。也就是说，决策者预见到博弈将会结束时，他们的行为便会发生变化，原有的信任关系就可能丧失，因为此时维持信任的收益降低了，或者说丧失信任的成本下降了。

上述推理是从纯粹博弈论角度出发的，只要有决策者退出博弈，或者博弈关系不再能够继续维持下去，信任也就丧失了。而在现实中，信誉的形成与维持并不需要如此严格的条件。信任的建立既不需要也不可能要求双方保持永久的交易关系。只要一方是长期存在的，而其他人又可以观察到他的行为，就足以使信任发挥作用了。

第二节　企业间合作中信任的作用

生存环境的变迁，改变了企业的管理模式。企业合作被赋予了新的意义，企业间关系中的信任问题被推向了理论探讨和实践摸索的前沿。为顺应经济全球化、信任化带来的更为激烈的竞争，企业的组织形式、经营模式以及发展战略都发生了翻天覆地的变化，单个企业间的竞争已经转化为基于网络整体和多维的竞争，企业集团、战略联盟、供应链等多种网络组织形式的出现对建立企业间信任提出了更为迫切的要求。

与系统科层管理模式强调资源内部化不同，网络化管理强调利用企业外部资源达到快速响应消费者需求的目的，其核心是企业间合作。

国内企业间合作效果不尽如人意，主要原因在于网络内的各企业相互之间不信任，甚至出现信任危机。主要表现如下：一是相互间信任程度不高；二是双方信任程度不对称。产生信任危机的原因很多，但最重要的原因是企业的失信历史。国内学者许淑君和马士华认为，企业失信行为表现在以下几个方面：①没有与对方进行长期合作的打算；②在谈判中要挟对方；③同时保持好几个合作伙伴，迫使它们互相竞争；④泄密，谋取短期利益；⑤不实际履行合同；⑥封锁信任；⑦欺诈对方；⑧推诿责任；⑨不进行专有资产投资；⑩缺乏柔性。

合作与协调是一切组织有效动作的前提，而信任在其中发挥着重要的作用。

研究现状为研究信任与合作奠定了较坚实的基础，又为进一步研究留下了较大的空间，这激发了本书作者的研究热情。

尽管现在还没有关于信任的被广泛接受的定义，学者却发现信任在如下一些方面是起重要作用的：提高合作行为（Gambetta，1998），促进形成适应性的组织形式（如网络关系）（Miles and Snow，1992），减少有害的冲突，降低交易费用，推动特别工作组的快速形成（Meyerson et al.，1994）以及提高对危机的有效反应。

Payan（2007）等认为信任是产生合作的前提，信任预示着正面关系。Blau（1964）和 Ouchi（1980）认为，信任机制能够产生互惠和合作行为。

Powell（1990）认为让信任发挥功能就像在经济交换中使用功效卓越的润滑剂，用它来解决复杂的现实问题，比采用预测预报手段、运用权威，或者通过讨价还价，要快速、省力得多。只有通过建立彼此之间的信任，增加沟通效率与效果以化解冲突，才能促进双方的合作（Mayer et al.，1995）。信任同时也可以看作参与对方合作关系的一种承诺（Camerer and Weigelt，1988）。信任传达出一种长期意愿和相互义务。因而在相互关系的每一个短期回合，并不追求绝对的平等，而长期看，合作各方都是平等和满意的。因为双方长期目标的一致降低了各自短期利益和局部利益上的冲突，所以信任也就增加了双方关系的弹性度（Wilkins and Ouchi，1983）。

Arrow（1972）认为任何一种商业交易中都含有信任的成分，一个普遍交往的社会要比相互间缺乏信任的社会更有效率，信任是社会生活的润滑剂。大量的研究表明，关系信任度越高，人们越是愿意参与社会交换以及合作互动（Fukuyama，1995）。智力资本交换促进了个体间的信任，而且信任通过这种交换进一步增加了预期价值。Nahapiet 和 Ghoshal（1998）等研究证明在高度信任的前提下，人们更容易接受只是交换中的可能存在的风险。信任也意味着人们能够通过交换和整合获取潜在的价值创造，同时知识创造的高度不确定使得个体间信任显得尤为重要。

Lundvall（1988）指出，为了减少产品合作创新中的不确定性，相互间的信任和建立的长期的、以信任为基础的合作网络是生产商获得竞争优势的一个来源，而这种竞争优势是竞争对手无法复制的。这种网络为共同学习和技术交换提供了一个灵活性框架。信任关系是形成和保持企业竞争力的关键，因为信任关系有助于各主体间的互动学习，能最大限度地减少学习过程中的相互封闭、信息独占和扭曲，扩大对知识的共享和扩散，进而使企业从这种信任关系下的互动学习过程中获取并应用相关知识和技术。

Lewicki 等（1998）认为信任是社会秩序的根本，它与个人行为规范及社会风俗存在密切联系（Zucker，1986），因为在以信任为基础的社会秩序下，政治、经济、社会等环境才可以得到充分发展。Coleman（1998）指出，一个社会会发展出什么样的经济体系和企业形态，与社会的社会资本多寡有密切关系。Fukuyama（1995）描述社会资本最重要的内涵，即是该社会或组织成员间的互信程度。因此，信任的高低程度，是影响一个地区或国家经济乃至社会能否繁荣兴盛的关键因素。Davidow 和 Malone（1992）在 *The Virtual Corporation* 一书中指出，信任是虚拟合作的决定性因素。Tyler 和 Roderick 认为，关于社会困境的著作中有许多证据表明，社会信任机制在合作行为中扮演重要的角色。Tsai（2000）研究了跨国公司内部已有的部门和新部门之间的资源流动、知识转移所需要的条件之后，发现需要在它们之间建立强有力的关系，构成一个关系网络。该研究指出，信任不仅能限制行动者的投机行为、交流特性资源及细微信息，更能够降低寻找交流伙伴的成本，促进合作的形成。

对促成组织间关系成功的因素的研究有很多，而这些研究结果有一个惊人的共同点，就是信任（Blomqvist，2002；Sako and Helper，1998）。信任有助于企业间沟通的畅通、信息的共享以及冲突的解决（Blomqvist，2002；Creed et al.，1996）。Blomqvist（2002）和 Dobbin（2000）认为，适当程度的信任水平促使组织间的合作得以展开和发展。信任对于企业间合作关系的重要性还在于其能增强可预见性（Sako，1994）、适应性（Lorenz，1988）以及战略灵活性。另外，信任还可以节省交易成本（Bidault and Jarillo，1997；Williamson，1993），降低社会复杂性（Arrow，1974；Lehman，1979）。信任有利于非正式的网络合作（Bidault and Jarillo，1997）以及合作创新（Hart and Milstein，2003）。在信任与绩效的关系上，Barney 和 Hansen（1994）的研究表明，信任能够促进绩效提升并带来可持续竞争优势；Jones 和 George（1998）也认为信任可以增加人员合作，强化团队绩效，增强协同效应，创造竞争优势。

近年来，信任和合作问题也引起了国内学者的注意，例如，张维迎和柯荣住（2002）对信任与信誉问题进行了比较深入的经济学分析与比较研究，陈祥槐和宝贡敏（2002）等对基于信任和"关系"的企业信任机制进行了比较研究，姜广东（2004）等对信任理论进行了很全面的总结与探讨，牛飞亮（2003）等对企业战略联盟中的信任进行了分析，张喜征（2003）、晏钢（2003）等对虚拟企业中组织成员之间的信任问题进行了探讨，李宁和严进（2007）认为信任是群体合作的基础，也是社会经济得以良好运行的前提条件。市场经济是以社会分工与劳动产品的交换为基础的，双方的交换必须以信任为前提，以相互合作为导向。信任是社会活动的基本成分，只要人们发生相互关系，进行交往，就会出现信任问题。信任使得交换双方不但不需要把时间与成本花费在对交换双方的可能行为的评估和预防上，还可以使得市场运行与社会组织的效率得到极大的提高。

在肯定信任对于合作关系的建立存在积极性的同时，Gulati 和 Gargiulo（1999）指出，过度信任会造成过度依赖，从而对新的机会、新的合作伙伴的出现造成阻碍。社会结构对于经济利益的作用不单纯只是促进，有时也会造成一定的阻碍。组织间合作的风险，评价互补能力的困难，与联盟和绩效之间的模糊联系，都会促使企业进入安全的伙伴关系，从而使企业失去能够进入其应该进入的联盟的机会。Simmel（1964）指出，相对于缺乏共同情感、归属感和亲密感的人群而言，关系密切的群体成员之间发生冲突时导致的紧张程度会更高。Cook 等（2005）认为，建立在人际水平上的信任才是重要的，在现代复杂社会中，信任不仅在大多数互动过程中是不充分的，而且是不必要的。机构、组织、政府会通过一系列的机制安排代替信任来维持秩序与合作。

学者发现信任既能够应用于人与人之间，也可应用于经济实体之间，它广泛出现在社会学、社会心理学、组织行为、营销管理、战略管理和网络管理等多种领域的研究中。随着各种新型组织形式的出现，企业间的关系也越来越多样化，关于信任的研究也越来越多。

Saxenian（1996）也指出与具有创新意识的供应商建立起长期的、以信任为基础的合作网络是生产商获得竞争优势的一个来源，而这种竞争优势是竞争对手无法复制的。这种网络为共同学习和技术交换提供了一个灵活性框架。信任关系是形成和保持企业竞争力的关键，因为信任关系有助于各主体间的互动学习，能最大限度地减少学习过程中的相互封闭、信息独占和扭曲，扩大对知识的共享和扩散，使企业从这种信任关系下的互动学习过程中获取、应用相关知识和技术。

通过比较组织间信任与社会信任的研究结果，有证据表明信任是随着时间变化的，在长期关系中经历发生、构建、衰退甚至更新的过程（Miles and Creed，1995；Fukuyama，1995）。在企业合作的过程中，双方组织成员文化及价值观的差异往往会造成冲突，进而造成合作的失败（Davenport，1998；Inkpen，1998；Hastings，1999）。深层次的原因主要还是双方组织成员无法相互信任，无论是相互适应还是协商沟通都遇到困难。只有通过建立彼此之间的信任，增加沟通效率与效果以化解冲突，才能促进双方的合作（Ring and van de Ven，1992；Mayer et al.，

1995）。在新的经营模式与运营环境下，尽管企业与经济形态发生了改变，但决策者依旧是人，虽然沟通的形式和复杂程度都呈现出多样化趋势，但信任在合作关系中发挥的重要作用并没有被减弱。

Kramer 和 Tyler（1996）、Mayer 等（1995）认为，"信任"可有效降低管理成本与对未来的不确定性，它不但能影响组织绩效，同时在组织内或跨组织之间的合作、协调与控制上扮演着重要角色。因此，企业需要设法追求良好信任关系的建立与发展，从而帮助企业在利用企业间合作关系谋求经营优势的同时，突破瓶颈获取最大效益。

Coleman（1990）认为时间因素会导致构成社会行动的各种交易与理想市场上各种交易产生差别。在理想市场模式中，交易即刻完成，不存在时间因素的影响。但实际生活中的交易并非总是能够即刻完成的。在某些情况下，参与交易的一方提供劳务或交付货物以后，另一方才能作出相应的反应。有时交易双方都需要一段时间才能完成交付，还有一种可能是双方以各自的行动结果互为报酬，因此，双方首先都得将资源投入，待行动有了结果，才能使对方满足。最后一种可能是行动者把资源单方转给他人，他认为这会使自己获利；这种交易也无法即刻完成。

双方交付货物时间上的不对称，使得单方行动获取报酬之前需要承担多方面的风险。尽管法律合同能够减弱部分风险，但非经济性交易下的价值和收益是难以用准确的数字估计并得以精确计算的，也就是说，这种情况下需要谋求新的手段来代替合同。根据这类手段，在决定是否采取某种行动时，要考虑可能承担的风险。此处用"信任"一词表示作决定时必须充分考虑风险因素。包含信任的行动是各种风险行动的一种，个人在这类行动中承担的风险程度取决于其他行动者完成交易的情况。

最简单的信任关系包括两个行动者：委托人与受托人。双方行动者具有目的性，即满足个人利益。在这一关系中，不仅委托人考虑是否信任受托人，受托人也需要对守信用与否做出决策（有时情况并非如此，因为委托人是否信任受托人，常常不是根据受托人的愿望或允诺，而是根据他是否有能力恪守诺言）。在某些情况下，受托人可通过违背诺言来谋取利益，当然这是受托人的一种短期行为。从长远来看，受托人会因为丧失委托人的信任而蒙受损失。

信任的给予有四点要素。第一，信任的给予是受托人采取行动的前提；信任的给予通常意味着委托人把某些资源给予受托人，使受托人利用这些资源为自己谋取利益。第二，如果受托人值得信任，那么委托人通过给予信任所获利益大于拒绝信任受托人所获利益。但如果受托人靠不住，那么委托人只有拒绝信任他，才能获得较大利益。第三，信任的给予包括委托人在没有受托人任何承诺的情况下，自愿把某些资源给予受托人。信任的给予也可以是单方行动。受托人对委托人所做的一切毫无觉察。第四，受托人在未来某一时刻，必须采取某些行动。存在克服时间滞后的各种手段，使给予信任的必要性得到缓和。第一种手段是利用中介人，甲把货币交给中介人，在乙交出应提供的货物以后，中介人再把甲的货币转给乙；第二种手段是在商品交易中，作为买方的受托人通常向卖方提供由他人提供保证的支票（如某银行经理签字的支票），因为卖方只接受信用程度较高的证券；第三种手段是签合同，合同的种类很多，使用范围很广。合同的特点是有明确的承诺，而且受法律保护，对违约一方有所制裁。但事实上，在许多包含信任的行动中，特别是在政治与社会行动中，人们很难使用如上手段，因为委托人给予的信任难以被准确地计算。

当企业间在进行合作时，常不可避免地面临不少任务或协调上的不确定性，对未来发展的不确定性，以及对合作伙伴在未来时间处理上如何回应的不确定性。从时间角度来看，企业间的合作关系是通过长期的合作建立的，当然一些企业的合作关系比较短暂。还有一部分合作关系建立在传统的契约模式之上，包括雇佣合同、承包合同等，无论在长期还是短期的合作关系中，新人都是组织运作不可忽视的重要因素（Child，2001）。

企业之间的合作关系实际上是基于一种对未来行为的承诺，而这种承诺既可以公开规定，也可以默契达成。不管怎样，只有彼此间相互信任，各方信守诺言，才能使这种承诺成为可靠的计划并最终得以实施。合作常常会面对两种类型的不确定性：一是未来未知事件的不确定性；二是成员伙伴对这些未来事件可能作出的反应的不确定性。在这种环境下，相互信任就成为合作成功的关键。相互信任能够比事先预测、依靠权威或进行谈判等手段更快、更经济地减少联盟内部的复杂性与不确定性，并因此改善联盟的绩效。从经济学角度来看，企业间关系的规制有两种形式：一是第三方实施的协议（third part enforcement of agreement）；二是自我实施的协议（self enforcing agreement）。第三方实施的协议强调需引入第三方来解决争端，而自我实施的协议则以关系资本或信任作为治理机制，更重视自律和私下的制度安排。自我实施机制通过降低签约成本、监督成本和各种适应性成本而使合作的运作成本极大地降低，从而更有助于提高合作的绩效。尤其对于长期的合作关系而言，合作各方的相互默契、理解和期望对于合作的健康发展非常重要，因而管理者更应建立基于信任关系的关系资本。

根据国内有关学者（许淑君和马士华，2002）的归纳，目前我国供应链企业间合作过程中的失信行为十分普遍，具体体现为如下几个方面：没有与对方长期合作的打算，合作时间短；利用实力在谈判中要挟对方；同时保留几个相同产品的供应商，迫使它们相互竞争；利用供应商的信任，把一个供应商的机密信息泄露给另一个供应商，以谋取短期利益；不遵守合同，即不按时按量交货，不遵守质量标准或约定，不按时付款，或以物资冲抵货款；对对方封锁信息，以谋取短期利益；制造商利用供应商偶然的小失误欺诈对方；制造商在不可预测的偶发事件中向供应商推诿责任；供应商不愿意对生产与服务进行必要的投资；供应商不愿意满足制造商的要求，没有生产与服务的柔性等。

　　信任与合作关系中的研究难点，在于它们之间存在的既相关又分离的一些元素，这需要对信任与合作的本质进行进一步的研究。如持续性的问题，重复"囚徒困境"是研究合作问题的一个经典工具，在长期的交往过程中，参与者之间因为对未来的预期，会产生合作倾向，但他们彼此之间对于对方行为模式的预期是不是一种信任呢？

　　著名学者弗兰西斯·福山在《信任——社会道德与繁荣的创造》一书中，对"理性地追求效益极大化"的"经济人"形象提出批评，他认为这个设定未必是中性且自明的。因为其中的重要概念，如理性、效益等概念意义的界定必然涉及社会文化的因素。若将这些概念界定为纯然形式的概念，其解释力度就会极大地减弱。因此，理性地追求效益极大化的行为未必是最为有效的经济举措。另外，一个经济行为是否理性，需要将其放在社会文化情境中加以考量，日本的终身雇佣制即是一例。进而言之，经济行为并不纯然是个人的活动，更是团体的活动。如果把福山的观点引入企业间合作的问题，那么只是从经济学的角度来考查也是不完善的。企业间合作夹杂着大量的人际互动过程，必然要涉及人的情感与心理因素。例如，从以下过程来描述合作与信任的关系：合作与信任具有正反馈的功能，信任或合作一旦建立起来，就能导致合作会产生信任，信任会加强合作，从而进入信任与合作的良性循环（图5.1）。

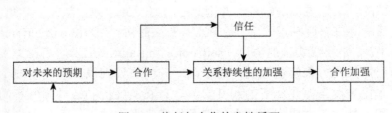

图 5.1　信任与合作的良性循环

　　在合作关系中，一旦合作关系中的一方（如 A）产生失信行为，必然引致另一方（如 B）对合作伙伴（A）的不信任。另一方（B）为了报复对方或害怕自身的守信行为被对方利用，往往也会采取对自身有利，甚至对对方有害的行为，进而造成对方（A）对自己（B）的不信任，信任消退的"循环效应"很快使双方的合作关系不复存在。

　　不同程度的合作关系中的信任程度也不同。企业间信任与合作的关系可以分为图 5.2 所示的几个区间。

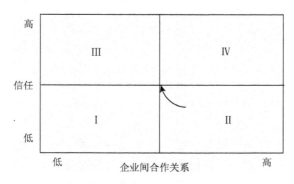

图 5.2 信任与合作的关系分布

Ⅰ：低信任、低合作。这种类型的信任与合作配比通常出现在传统的市场竞争关系、一次性的市场交易中，初次交易的两家企业或者缺乏了解和沟通的两家企业也通常属于该区间。低信任、低合作模式下的关系特点是，出于规避风险的动机，双方互相试探来获得更多的信息作为下一步合作的依据。由于双方企业之间都不想承担由对方违约行为而造成的风险，所以此时的合作状态多表现为被动观察和保守式沟通。

Ⅱ：低信任、高合作。在这种关系中，两家企业有很好的合作关系，但它们之间基本没有什么信任或信任程度很低，这种情况常见于两家实力不对称的企业中，一家企业具有很高的产业集中度或企业实力，而与之合作的企业产业集中度较低或企业实力弱小，那么由于小企业需要大企业提供的技术和资源支持，以及对未来收益的积极预期，这时候小企业会被迫接受大企业给出的苛刻交易条件，而且能够展现出很高的合作意愿，但这时候的信任程度是很低的。

Ⅲ：高信任、低合作。一家企业可能对另一家企业有高度的信任，这种信任可能来源于对方企业的良好的社会声誉，也可能来源于对企业家本人的好感甚至崇拜，但是可能由于产业环境、产品类别等的不同，还没有机会展开深入合作，但是如果将来这家企业会使用受信方企业所生产的产品类别，那么这种高度信任会带来巨大的竞争优势。

Ⅳ：高信任、高合作。这是最理想的状况，两家企业通过合作建立高度的信任，同时这种信任又带来高度融洽的合作，形成了一个良性循环的轨道，从而可以显著降低交易成本，提高双方的经营优势，达到互利双赢、和谐共生的理想格局。信任与合作的相辅相成，是交易关系的最优模式，交易双方能够无保留地互通有无，真正实现资源互补，强强联合，最终使关系逐渐趋于稳定、牢固。

这里也需要强调，低信任并不是不信任，低信任与高信任是相对的，低信任的存在通常是由于信息不充分，即对于对方是否可靠的信息掌握得并不充分，但随着双方沟通、交往频次的增加，低信任可能发展为高信任。当然，低信任也可能发展为不信任，这时候就是越来越多的证据表明对方是不可信任的，这些证据包括对方会利用别人的信任来伤害别人、对方不信守承诺、对方要求过多超出与其投入相称的回报等。低信任发展为不信任也是一种理性行为，确保自己不暴露于风险之中。

第三节　企业间信任与合作的博弈分析

信任涉及人与人在各种交易中的行为和依存关系，因而博弈论从理性的角度为解释信任的产生机制提供了较好的研究视角。经济学家在博弈论范式下讨论的信任，是把双方间的经济关系看成是经济交换中的契约关系，以防范机会主义行为带来的风险，将实现个人利益最大化作为决策的基本考虑因素。

Kreps（1990）在介绍信誉机制时，提供了一个简单的信任博弈范式。假定有两个当事人，即委托人和代理人。在动态的博弈中，博弈分两个阶段。第一阶段，委托人进行行为选择，可以信任也可以不信任。如果委托人选择不信任，那么博弈结束，双方收入均为 0。如果委托人选择信任，博弈进入第二阶段。在博弈的第二阶段，代理人进行决策，可以选择诚实也可以选择欺骗。如果选择诚实，双方各得 5 个单位收入；如果代理人选择欺骗，代理人得 10 个单位收入，委托人损失 5 个单位收入。信任博弈决策树如图 5.3 所示。

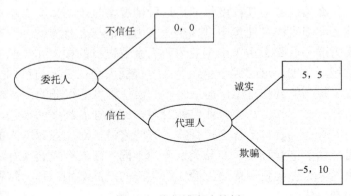

图 5.3　信任博弈决策树

当交易只进行一次时，如果委托人在第一阶段选择信任，那么在第二阶段，代理人选择欺骗比选择诚实多得到 5 个单位收入，所以理性的代理人会选择欺骗。而有理性预期的委托人会意识到这一点，如果他选择不信任得到 0 个单位收入，而如果他选择信任，会损失 5 个单位收入，所以委托人的最优选择是不信任。这种状态下的纳什均衡是：委托人选择不信任，代理人选择欺骗。原本双方可以通过合作获得 10 个单位收入，但由于机会主义行为风险的存在，最终双方选择不合作，总收益为 0。这个博弈结果揭示了决策者从各自利益最大化出发的选择行为，结果是既没有实现两人总体利益最大化，也没有实现自身利益最大化。

走出上述困境的第一个办法是双方事先达成一个有约束力的协议（binding agreement），对欺骗行为施以惩罚。双方可以签订一个这样的契约：如果代理人欺骗，将对委托人进行赔偿（如 6 个单位收入）。假设契约完备，并且代理人的欺骗行为能在法庭上被证明，代理人选择欺骗就只能得到 4 个单位收入，少于选择诚实的收入，诚实便成为最优选择。此时，委托人预期契约能被执行，就会选择信任，该条件下合作实现。当然，这个办法的前提是契约是完备的，代理人的欺骗行为事后能在第三方执行时被证明。

第二个办法就是 Kreps 强调的，如果博弈是重复的，即使是有限次博弈，那么合作也可以通过信誉机制来实现。Kreps 和 Wilson（1982）提出的 KMRW 声誉模型[①]证明，如果每个参与人都有 $P>0$ 的概率是非理性的，即会采取"针锋相对"（tit for tat）或"冷酷战略（我选择合作，但如果你选择不合作，那么从下一轮起我永远选择不合作）"，那么当博弈的重复次数足够多时，未来收益的损失就会超过短期被出卖的损失。因此，在博弈开始，每个参与者即使本身是非合作性的，也会树立一个合作形象，从而获取得到长期收益的可能。只有在博弈快结束时，才会一次性把过去建立的声誉利用尽，且合作的次数只和 P 有关，与博弈次数无关。

张维迎和柯荣住（2002）将信誉机制的作用条件概括为如下几项。

1）博弈需要是重复的，或者说交易关系必须有足够高的概率维持下去。一次性的交易关系是无法对信任进行可靠估计的，同时一次性交易下更容易出现投机行为。

2）当事人必须有足够的耐心，一个只重视短期利益的人不值得信任。

3）当事人的欺骗行为能被委托人即时观察到，即信息观察不能滞后。一旦观察滞后将导致失信行为对交易关系产生多次影响，这无疑会扩大合作关系中的损失。

4）当事人要有足够的积极性和可能性对交易对手的欺骗行为进行惩罚，不能原谅欺骗行为。

可见，重复博弈能够产生比一次博弈更为理想的结果的原因是，双方之间的策略选择中有信誉机制在发挥作用，人们会更加倾向于考虑合作的长期收益而非短期利益。信誉机制是否能够发挥作用，需要依赖于双方之间的契约关系维持的时间长度，市场信息的结构（是否存在信息滞后、隐匿信息、失真信息），以及当事人的偏好等多重因素的共同作用。

博弈论范式为信任的形成和建立提供了以下建议。

首先，以法律机制为依托，签订具有法律约束力的正式契约。在非重复信任

---

① KMRW 模型是由 Kreps、Milgrom、Roberts、Wilson 四人创建的。

博弈中，提供第三方执行的契约能改变参与者的支付函数，从而保障参与者采取合作行为。但正如前面所述，契约的完整性是这种制约机制切实有效的基本前提。但是事实上，现实世界的契约是非完整性的，缺乏明显的界限来判断是否发生了欺骗行为，且对于对方行为的观察、成本的获取都需要支付较高成本，这些因素都导致了第三方无法执行或者执行缺乏经济性。所以单纯的法律机制无法解决全部问题，一定需要其他的"契约和非契约基础"作为补充（张维迎和柯荣住，2002）。

其次，强化信誉机制，促进交易关系长期化。如果交易行为具备长期性和重复性，信誉机制会激励人们更加注重考虑合作的长期性而非短期利益。从这个角度来看，有必要建立和完善有效的市场传递机制，并对市场主体加以引导，促使市场主体的预期向长期化、行为化方向发展，进而对信誉机制予以加强，对市场主体之间的信任关系加以促进。

最后，通过感情培育，改变参与者偏好。从重复博弈模型来看，参与者偏好对博弈结果有极大的影响。感情能影响个体内在的偏好，倘若一个人的效用函数包含他人利益，那么他会把别人的利益内化为自己的利益。有了这种偏好转变，欺骗的可能性就极大地下降了。事实上，很多经济交易都是以已存在的非经济关系为起点的，对正式制度形成的经济关系起到很大的补充作用。可见，感情因素对信任的建立是非常重要的。而长期的交往本身又会增进相互之间的感情，所以重复博弈从信誉和感情两个方面有助于信任的建立（张维迎和柯荣住，2002）。

博弈论范式下的信任建立途径除了外在规范，也强调社会的内在规范（如信誉）和社会关系（重复交易），并从改变支付函数出发强调在关系中增添感情成分的重要性。但值得注意的是，这里社会内在规范和感情的建立与社会学范式下强调的社会关系不同，社会学强调经济活动寄存于社会关系网中，当关系本身具备情感内涵时，人的决策受感情制约会偏离利益最大，社会学强调社会关系和关系中情感的既定性。博弈论范式是基于经济学的理性人假设的，社会关系和情感在这里被作为提高当事人长期收益的解决方法而提出，本质和有约束力的契约一样，是一种应对风险的主动、积极的策略。

当用博弈来研究人与人、企业与企业之间的经济利益关系时，其实隐含着如下前提：非沟通状态造成信息不对称，彼此之间没有诚信约定。如果信息是充分的，并且行为个体之间可以进行无代价地协商，那么任何一个理性的"经济人"都会很容易地做出选择，并且选择的结果肯定是最优的。但现实中的个体在合作与竞争之间往往很难做出选择，而且即使做出了选择也不一定有效率，这是因为个体掌握的信息是不充分的，他无法真正了解对手的行为倾向。

在信息不对称的环境中，个体为了获得更高的收益，或者为了防止被其他个体的机会主义行为所利用而导致自身收益降低，理性的选择是拒绝进行合作行动，转而采取背叛策略，这符合"经济人"的基本假设。但从"囚徒困境"博弈的结果来看，正是单个"经济人"的理性行为导致了当事人双方或多方的不经济的结果，这背离了个体追求自身效用最大化的初衷，这意味着相对于一个逻辑上完全可能的最优结果，却是最后双方都受损。从逻辑上看，合作之所以难以产生的根源在于存在以下三个难以解决的问题。

　　1）即便你不想采取机会主义行为，但如何让对方相信？

　　2）你如何相信对方？是否需要防范对方的机会主义行为？

　　3）一旦对方能够确定你在合作中的诚意，那么他将有机会采取取巧行为。

　　从上述分析可以看到，不应把缺乏合作的信心与缺乏合作的动机加以混淆。动机对于合作而言是至关重要的，但尽管个体的动机不是单纯的机会主义，合作中也会面临重重阻挠。在个体的互动交往过程中，风险总是存在的，其存在的根源是参与互动的各个主体之间的互动行为，而非客观存在的外部环境。解释没有达成合作关系，也不代表缺少能够使双方共同利益达成的合理动机，这只能代表行为方对于互动中的其他个体未来是否会采取合作并没有获得可靠信息。

　　由于信息不对称的存在，机会主义的阴云总是会时时笼罩在互动个体之间，即便个体不考虑采取机会主义行为，也还需要防范其他个体的机会主义行为。由于缺少相信其他个体也合作的信心，由此产生害怕自己成为唯一的傻瓜的想法，就可能出现自己也不愿意去合作的反应，于是，由理性驱动的合作就可能不出现。

　　在"囚徒困境"博弈中，仅仅出于自卫的考虑，只要第一个人预测第二个人将选择背叛，就会导致第一个人也这么做。第一个人对第二个人背叛的预测可能仅仅基于这样的理念，即第二个人会无条件地不合作。但是，更为可悲的是，他还可能是基于害怕第二个人会不相信他自己会合作，这样，在缺乏信息的条件下背叛便会随之发生。于是，结果开始倾向于一个次优的平衡，即使双方都有采取合作决策的动机倾向，最终也不会选择合作。

　　如果作为一个理性个体不能满足于这个明显劣等的结果，他将极力去寻找问题的原因并力求加以解决。就上述分析结果来看，交流才是合作关系的本质所在：即使个体对于合作有充分的倾向性与动机性，他们依旧需要了解对方在合作动机上的可靠性。这不单纯要求在合作之前就信任他人，更要求这一方相信自己是被他人所信任的。所以在复杂的经济体系中，个体之间的一定程度的信任是发生合作行为的一个中间环节和必备条件。信任的作用就在于使彼此相信对方行为的明确性和可靠性。在"囚徒困境"博弈中，若彼此能确定对方会在博弈中采取合作行动，而不是采取机会主义行为，则双方都会主动地采取合作策略，则博弈的结果必然是实现（3，3）的收益（表5.2），即双方的行为导致互相合作的共赢结果。

表 5.2　基于互相信任的博弈结果

列（Y）	行（X）	
	合作	背叛
合作	(3, 3)	(0, 5)
背叛	(5, 0)	(1, 1)

注：行选择者的收益值列于前面。

　　信任是一种预期的信念，即对方对自己而言是值得信赖的，这种预期可能是长期交往的累积，也可能是对方表现出来的可靠性、善意或者特质反映出来的一种心理情境。信任在本质上意味着承担风险并在被信任方的行动面前表现出脆弱性。信任的含义就在于它是对某个人、某个事物的品质和属性或某个陈述的真实性的相信或信赖。也就是说信任意味着根据对方现在或从前的状况来判断他在未来的场合中如何行动。

　　Barney 和 Hansen 认为：一个交易伙伴只有在他值得其他企业信任的时候才是可信赖的；一个交易伙伴只有在他不会利用其他人的弱点来增加自己的利益的前提下才是值得信任的……信任是交易双方伙伴关系的一个特征，而可信赖性则是单个交易伙伴的特性。

　　Thorelli 给信任下的定义是："A 方的假设或依赖：如果 A 或 B 在履行暗含的或明示的交易义务时碰到问题，B 把它的资源交给 A 处置时，A 可以期望 B 会采取和 A 同样的行为。"该定义强调了信任能够可靠预期的特点，也就是说在事情发生之前，可以假设并相信合作伙伴是真实可靠的并且在未来能够遵守承诺。信任与不信任的真正差别在于双方信心的飞跃：彼此相信对方关心自己的利益，在没有考虑对彼此的影响之前谁也不会行动。因此，可以说：信任是对对方不以自私自利方式行动的可能性的理解，是对彼此会互助互利的相信。

　　Das 和 Tong 区分了三种不同程度的信任：一是信任被广义地定义为对被信任方采取合意行动可能性的信念和预期；二是信任被狭义地定义为一方对另一方信誉和可靠性的评价；三是认为信任是在承担风险的情形下，为尊重他方而对其动机的积极预期。

　　信任是合作的产物而非前提，这一观点已经在博弈论的研究中得到了证实。艾克斯罗德的实验证明，在一项长期重复进行的博弈中，即使对利己主义者来说，合作也是理性的。以第一次世界大战中法德西战场的阵地战为例，在战壕中英勇奋斗的敌对方双，为了避免彼此之间更为激烈的报复行为，为了有效保护双方战士的安全，两方都不约而同地选择有节制地炮轰对方阵地，艾克斯罗德通过分析第一次世界大战中的这一实例，有力地证实了在重复"囚徒困境"博弈中，有条件的合作是理性"经济人"的最佳选择。

艾克斯罗德认为，在堑壕战例子中，合作可能是由某个士兵的射击结果引起的。这个随机信号最后被一方解读为一种对方暗示要休战的意愿，而他们便以其他信号做出反应，开始仅仅是对可能的误解进行验证，然后确信程度越来越高，直到达成交易，双方的合作稳定化。艾克斯罗德认为在刚开始时，合作可能只是随机地由一系列幸运的实践促成的，而不是由信任促成的，而后（借助于不同程度的学习和主观意愿）得以保留下来。

在这里，与其说没有信任的卷入，不如说信任看起来不是合作的前提。从本质上看，这些条件部分依赖于客观环境，部分依赖于双方的利益，以及如何通过合作行为来满足双方利益知识的积累。当认识到背叛会使相互利益损害太大而不去背叛时，对方不会以一种有害的方式进行行动的概率就提高了。如果个体输入单方的盲目信任或盲目不信任，游戏将不会最终以合作的解决方案而大功告成。只有代之以有条件的信任倾向，合作才能出现。

虽然艾克斯罗德宣称无需信任也能产生合作，但是"一报还一报"的策略在那些不具备起码的信任的个体关系中是无法想象的：当游戏没有任何历史时，第一个行动就采取合作对于使游戏处于正确轨道是很关键的，而无条件的信任根本就不能想象能有助于这种情况的出现。

从博弈中顺序决策的模型（表5.3）来看，信任对合作的影响是直接的。在该博弈过程中，参与者X和Y在博弈的各步骤分别对博弈的进程与彼此的收益值有决定权，那么如果彼此没有任何信任，思考的逻辑应该如下。

表5.3　顺序决策合作困难博弈模型中的互动信任情况分析

参与者X得分	2		1		3		4
	A	→	B	→	C	→	D
参与者Y得分	1		3		4		2

参与者X期望在D点结束游戏，得到4分。

但是如果这样，参与者Y就只能得到2分，这会促使参与者Y在B（参与者Y在B点有决定权）点结束游戏，这样参与者Y能得到3分，比2分好。但是在B点，参与者X只能得到1分。

为了对抗这个结果，参与者X可能会选择直接在A点就结束游戏，这样还能得2分，总比1分要好。但是此时参与者Y就只能得到1分，对参与者Y来说是最差的结果。

为了不得到最差的结果，参与者Y就会想尽办法让参与者X觉得他不会在B点停止，从而导致X得到的是最低收益，而参与者X也只有让Y相信他会在以后照顾到Y的利益，才不会使Y在B点结束博弈，只有这样X才能得到尽可能多的收益。该博弈的过程就是参与者 X 和 Y 彼此不断交换信任的过程。只要博弈能在 C 点或 D 点停止，就可说明双方彼此信任而实现合作。

　　由于对信任是合作的前提还是合作的产物目前存在着争论，可以用实验数据来对此问题进行说明。表 5.4 显示了在 3 轮 26 次测试中，采取过合作行动的个体的总体情况。

表5.4　3 轮 26 次博弈中合作行为发生的总体状况

实验	X 卷总人数	有过合作的人数	有过合作的人数百分比/%	Y 卷总人数	有过合作的人数	有过合作的人数百分比/%
A 轮	400	397	99.25	395	391	98.99
B 轮	157	155	98.73	156	151	96.79
C 轮	557	552	99.10	551	542	98.37

　　从实验数据分析的结果看，在整体上，99.10%的个体 X 和 98.37%的个体 Y 都在有限次重复的"合作困境"博弈中采取过合作行动，如此大量的个体采取合作行动，显然用艾克斯罗德的"在刚开始时，合作可能只是随机地由一系列幸运的实践促成的，而不是由信任促成的"的观点是难以解释的。所以，只有从信任视角来考察合作的发生机制，才能对此实验结果做出比较合理的解释。

　　在现实的经济活动中，合作行为的产生不仅取决于相信对方会相信己方将采取合作行动，也取决于相信如果己方做出了正确的行动，对方也会采取合作对策。如果企业对博弈对象的目标、政策了解得较清楚，知道对方正在寻求与己方的合作以实现其战略，并且有能力进行合作来促进双方的绩效，这样自然而然地就会对对方产生一种信任感。反过来说，要获得伙伴的信任，除了制定出合作战略，还必须想办法让伙伴了解自己的合作战略以及实施这些合作战略的意愿和能力，也就是说要让对方熟悉自己。只要个体间对合作的信心改变了，个体的行为偏好也将会随之改变，那么合作就会易于出现。

第四节　企业间信任与合作稳定性保持-声誉机制

一、合作的稳定性与声誉机制

　　为了克服有限理性、机会主义行为和市场的不确定性所带来的"搭便车"和"敲竹杠"问题，科层制企业一般通过纵向一体化行为，即通过权威（企业家）来解决。企业网络组织形势下，成员企业通过良好的合作能够带来很多市场与科层组织所没有的价值或效用，但机会主义、"搭便车"行为及成员间的猜疑与欺骗使网络组织的成员合作具有内在的不稳定性。因此，为了维持合作关系的稳定与良好运行，以获得更大的网络协作效用，客观上要求建立网络组织成员合作的激励机制，而声誉无疑是网络组织成员合作的一个有效激励。

企业声誉综合反映了企业过去的一切行为和结果，这些行为和结果能够反映出企业向各级利益相关者提供有价值的产出的能力。声誉是一种社会记忆，包括合作者的特征、技能、可靠性和其他与交易有关的属性。琼斯曾举例说明，比较而言，在影视业声誉良好的人的职业生涯能得到更好的发展，而信誉一般的人则不能，信誉差的人甚至会面临就业困难等问题。新经济时代，无形资产日益成为企业生存和发展的重要因素，声誉作为企业的一项重要无形资产，也越发受到了企业的重视。随着信息技术的高速发展和广泛应用，信誉传播过程中的成本消耗也有了大幅度降低，与合作者相关的不诚信行为将会快速、准确地在网络中传播，没有合作者愿意拿自己的声誉做背叛的赌注，所以合作的诚信性得到了更为有效的保障。马歇尔指出，在中小企业专区，"社会力量和经济力量合作，在雇主与雇工之间往往有强烈的友谊"，双方都不愿意发生摩擦，因为一旦双方出现不默契行为，原有的关系将会受到影响，乃至终端。在一个看重声誉的体制中，来自机会主义的即期效应必定会被未来的成本所抵消。

Kreps 和 Wilson 等的声誉模型验证了在不完全信息动态博弈条件下，合作均衡仍会出现。以"囚徒困境"为例，由于信息是不完全的，每个参与人都有 $P>0$ 的概率是非理性的（完全信息静态博弈条件下，坦白是每个人的占优策略，选择坦白是理性的，而选择抵赖则是非理性的。而当双方都选择抵赖时，双方的收益得到明显改善，双方同时选择抵赖行为即为合作行为），那么不论 P 多么小，但都严格大于零，只要博弈重复的次数足够多，合作均衡就会出现。由 Kreps-Wilson 定理可知，在网络组织中，尽管每个成员企业在选择合作时冒着被其他成员企业欺骗的风险，从而可能得到一个较低的现阶段支付，但是如果选择不合作就暴露出自己是非合作型的，从而失掉从长期合作得到的未来收益。就是说，如果博弈无限次重复，只要双方对未来有足够耐心，未来收益的损失就会超过短期出卖对方的收益。因此，博弈开始的时候，每个参与人都试图树立一个合作的形象，以建立良好的声誉，只有当博弈即将结束时，参与人才会一次性地将过去建立的声誉用尽，合作才会终止。在这里，交易的持久性至关重要（图 5.4）。如果交易仅限于一次，各交易人就会着眼于个人的一次性利益而追求最大化个人利益，由于没有下一次交易，交易人将不会考虑被实施惩罚的可能。如果交易关系持续下去，交易人将不得不权衡合作和欺骗的得失并采取相应的行为，继续交易的利益越大（即当前合作所得的收益为 A），未来（t_1）采取违约行为得到的利益越小（即将来违约的收益贴现值为 B），双方的合作就会牢固（因为 $A>B$）。

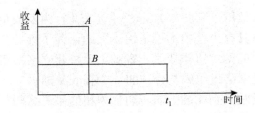

图 5.4　声誉机制（当前收益和未来收益的权衡）

二、信任与合作的稳定性

　　声誉机制借助于提供关于成员信任度的信息来减少行为的不确定性，从而使网络成员间的互动更为有效，合作更为稳定。信任是一切社会经济交易的前提，正如 Simmel 所说：没有人们相互间享有的普遍的信任，社会本身将瓦解。几乎没有一种关系是完全建立在对他人的确切了解之上的。如果信任不能像理性证据或亲自观察一样，或更为强有力，几乎一切关系都不能持久……现代生活评判他人诚信时依赖信任关系的程度，远比人们能够了解和想象到的程度要大得多。信任是一种特殊形式的社会资本，与物质资本、人力资本一样，是组织间有效合作的基础和前提。

　　阿罗（Arreau）曾强调，信任是经济交易的润滑剂，世界上的许多经济落后行为都是由于缺乏相互信任而导致的。但目前关于信任尚未形成一个确切的、一致性的定义。孙国强根据学者从不同角度对信任的广泛研究，将信任的定义概括为三类：①从风险与脆弱性角度界定。信任是经济交易中的一个当事人认为另一个当事人不会敲诈自己的一种信心，是对对方不会以自私自利方式行动的可能性的理解。"信任是交易的一方对另一方的信心，交易方认为交易的另一方不会利用自己的脆弱性。一方相信另一方是因为他相信自己的交易伙伴不会利用自己的脆弱性，他自己也不会利用别人的脆弱性。"②将信任定义为一种预期或依赖。信任是一种预期，不会占人便宜的 X 相信 Y 以至于选择与 Y 合作，主要是建立在 X 的主观认识下，当在有损 X 利益的机会发生时，即使该机会有利于 Y，Y 会加以运用的概率应是零。Gambetta（1988）认为："信任是一个特定的主观概率水平，一个行为人以此概率水平判断另一个行为人或行为人群将采取某种特定行为……当我们说我们相信某人或某人值得相信时，我们隐含的意思就是，他采取一种对我们有利至少对我们无害的行动的概率很高，足以使我们考虑与他们进行某种形式的合作。"③侧重于信任的分类。邓恩（Dunn）将信任分为作为人类激情的信任和作为人类行为模式的信任，前者是"另一代理人对良好意愿的有信心的期待"，后者"必然是策略性的"，他还认为信任的孪生兄弟是背叛。还有学者将信任分为三种类型，即基于计算的信任、基于知识的信任和基于身份的信任。

正如威廉姆森所说，"信任是一个有多重含义的专有名词"，因而对其下一个简明扼要的定义是困难的，这里仅指明信任的主要含义：信任是合作各方在面对不确定的未来时所表现出的彼此间的依赖；建立在信任基础上的合作是脆弱的；信任意味着放弃对他人的控制甚至防范，合作的结果将不再单独取决于任何一方。

信任是合作成功和稳定发展的关键。

企业网络组织是建立在信任基础上的以合作为目的的一种合约形式，这种信任既包括制度信任也包括人际信任。因此，要维持企业网络组织合作的稳定性和长期性，必须通过制度惩罚和人际惩罚使博弈参与人出于对收益得失及心理得失的考虑而放弃欺骗。无论是制度惩罚还是人际惩罚，其实质都是在合约中规定的或是在心理上无形中形成的惩罚矩阵，其惩罚作用表现为原支付矩阵加上惩罚矩阵后得到的支付矩阵使得博弈参与人选择背叛的收益明显低于选择合作的收益，从而维护网络合作的稳定性与长期性。对成员企业背叛或不合作的惩罚有两种策略可供选择。其一是触发策略，又称冷酷策略，指的是对方一旦采取不合作的策略，己方随即也采取不合作策略，并且永远采取不合作策略。如果对方知道己方的策略是冷酷策略，那么就不会采取不合作策略，因为一旦对方采取不合作策略，双方便永远进入不了合作的困境。因此，只要有人采取冷酷策略，则双方均有意愿进行合作。不过，这一策略存在一个问题，如果双方发生误解，或者由于一方无意间发生了选择性错误，其结果是双方均采取不合作的策略，从而将错失给对方改正错误和解释错误的机会。其二是针锋相对策略，参与人最初总是采取合作策略，然后按对方上一次的选择去做，如果对方也表现为合作行为，那么下次相遇时继续采取合作策略，否则就采取背叛策略。针锋相对策略涵盖了一个有效策略所应符合的四大原则：①明确性，"针锋相对"词义清晰，不会引起任何误解；②善意性，获胜策略单方谋求合作；③报复性，只要对方表现出背叛行为，他就不再坚持合作；④宽容性，对于对方的一次欺骗行为，只给予一次报复，从而有利于恢复双方的合作。华人企业间更多地运用了针锋相对策略，因为他们构建信任关系网络更多地基于人际信任。研究表明，在人际信任盛行的华人企业间，针锋相对策略已成为维护企业间合作的有效策略选择。

缺乏信任是通用汽车公司和大宇集团联盟失败的主要原因。1984年，通用汽车公司与大宇集团签署了一项协议，双方各投资1亿美元在韩国南部建立一家合资企业——大宇汽车公司，以制造一种超小型汽车曼斯，这款汽车是在通用汽车公司的普及型车型欧宝Kadett的基础上改进的，联盟日常管理由大宇集团的管理人员负责，通用汽车公司仅提供相应的技术支持。当时许多业界人士都认为联盟是双方的明智之举，由于美国的劳动力成本很高，通用汽车公司对在美国本土生产小型汽车是否有利可图一直怀疑态度，把德国的技术和韩国廉价的劳动力结合起来可能形成巨大的竞争优势。通用汽车公司总裁史密斯认为，通用汽车公司北美分公司可能每年从大宇汽车公司进口 8 万～10 万辆汽车，对于大宇集团来说，它有了获得通用汽车公司先进技术的机会和进入世界最大汽车市场美国的通道。

　　但在经历了 8 年的经营亏损之后，合资企业在大宇集团和通用汽车公司的激烈的相互指责中崩溃了。1987 年，当第一辆曼斯车下线时情况就开始每况愈下，当时韩国的民主化浪潮席卷全国，工人都在游行要求增加工资，大宇汽车公司的生产受到大冲击，为缓解资方和劳工的冲突，大宇汽车公司也将工人的工资增加了一倍多，如此，在德国生产欧宝要比在韩国生产更便宜（尽管德国的工资高于韩国，但德国工人的生产率更高，从而形成了相对低的劳动力成本）。同时，曼斯车的质量也存在着问题，电子系统和制动系统经常失灵，不久便获得了质量差的坏名声，其在美国的销售量 1991 年急剧下降到 3700 辆，比 1988 年的最高销售量下降了 88%，由于受曼斯车是次品的坏名声所累，大宇汽车公司在迅速增长的韩国汽车市场中的份额也从 1987 年的 21.4%下降到 1991 年的 12.3%。双方合作过程中，大宇集团总裁曾多次公开抱怨通用汽车公司的管理人员太傲慢，他对通用汽车公司试图阻止他开拓大宇汽车市场的行为十分不满，1988 年末，大宇汽车公司曾有一宗向东欧出售 7000 辆汽车的生意，通用汽车公司认为欧洲是其子公司欧宝的势力范围，因而极力反对这项交易，最终大宇汽车公司仅出售了 3000 辆，此后再未能向欧洲出售，而且，通用汽车公司还阻止了大宇汽车公司的新车在美国本土销售，使得大宇汽车公司扩张欧洲和美国市场的计划受挫，大宇集团的管理层还确信曼斯车在美国的不良销售业绩不是因为质量问题而是通用汽车公司营销力度不够所致。1991 年，大宇集团提出进一步扩大合资企业生产能力以使产量翻一番的要求，这项计划需要双方分别再投资 1 亿元，而通用汽车公司却以大宇汽车公司的当务之急是改进产品质量为由加以拒绝，双方的合作关系从此恶化，通用汽车公司于是提出买下大宇汽车公司的股份或者大宇集团买下通用汽车公司在合资企业中的股份，1991 年 11 月，大宇集团同意向通用汽车公司支付 1.7 亿美元分三年买下通用汽车公司在大宇汽车公司中 50%的股权，双方的联盟宣告解散。

本 章 小 结

　　信任在企业间合作中的积极、正面作用已经得到了大量学者的支持。在企业间合作过程中，特别是在跨文化合作的案例中，双方组织成员文化及价值观的差异往往会产生冲突，从而导致合作的失败。实际上，合作双方的成员缺乏信任是失败的主要原因，因为缺乏信任造成相互适应与沟通的困难，而沟通的困难与相互抵触又会造成双方信任程度的进一步降低，形成一个恶性循环，最后导致双方不能相互忍受，合作的破裂也就在情理之中了。

毋庸置疑，盈利是企业经营的最重要目标，合作关系的处理当然也是以是否盈利作为首要的衡量标准的。但是企业经营的困难之处在于其不可重现性，或者说是其时空依赖性，不能事后诸葛亮地断言当初的信任决策是否正确。无论在合作的初期还是在合作过程中，信任之所以重要，是因为企业已经意识到合作可以带来盈利机会，并能起到顺利地建立合作、顺畅地开展合作的作用。

根据本书对信任的定义，信任是 A（施信方）在依靠 B（受信方）实现其目标的过程中，认为 B 会尽其所能履行承诺，并且不会利用 A 的弱点谋取不当利益的一种信念或者心理状态。在建立合作的初期，作为施信方的企业要通过一些指标或特征来判断受信方企业是否有能力履行承诺；在合作过程中，要判断对方是否会利用自己的弱点来谋取不当利益。例如，竞争对手之间通过合作共同研发下一代的产品或技术，那么这种信任首先来源于一方企业对对方企业的了解，包括其技术优势、人才状况、市场观点等，要确认是不是能够与自身企业形成协同与互补。其次来源于对方企业一贯的经营表现，是否诚信、能不能分享其技术成果等，因为双方开展合作，必然要涉及都要拿出自身的技术参与其中，不可避免地把敏感技术暴露给对方，如果不能确信对方不会利用这些技术来伤害自己，企业间就不可能达成合作。

最早出现的信任可能是因为礼物交换，人们赠予他人礼物并期待他人的回报，这之间的时间差需要信任的存在（Zucker，1986）。也就是说，信任关系的初始动机是希望对方能做出对自己有利的行为，因此，信任产生的基础之一是利益。这个利益不一定是实质的利益，Deutsch（1973）指出，对自身有帮助及有益的人或团体通常会被认为是可信任的。McAllister（1995）也指出信任有时不仅在于对方的行为，而且要考虑对方的决策是否考虑到自身的利益。所以企业间信任不是一种乌托邦式的企业理想主义，反而是一种企业盈利的途径或手段。当然，一家企业信任另一家企业也可能产生风险，就像人与人之间的信任一样，但是企业的经营过程本身就蕴涵风险因素，不合作没有风险吗？没有信任就没有风险吗？当然不是，因为停滞不前本身就是很大的风险。所以信任也是企业在风险与收益的权衡中产生的。

信任在企业间合作中的重要作用要求学者与企业研究信任的产生机制问题，也就是如何产生信任，信任的产生受哪些因素的影响。只有把这个问题理清楚，企业间信任的产生才有合理的方向，进而触发促进企业间合作的效率与绩效。

信任与合作是关系紧密的两个概念。组织关系的稳定需要以合作意愿为前提，而合作的产生需要以信任为基础。组织中成员的信任会激发合作行为，并进一步演变为合作制度，从而形成合作制形式的组织。

信任是合作关系形成的基础，合作关系的形成以信任的存在为要件。例如，在某种极其复杂的环境下，存在着极大的信息不对称以及资源配置的不协调，合作将是有效维护各成员利益的最佳方式，但如果环境中的成员之间缺乏信任，就很难形成合作的意愿、达成合作的共识。如果在两方或者多方关系中缺失了信任，只能将这种关系弱化为协作，而非合作。也就是说，人们通常所说的"强强联手""优势互补"所指的并非是真正的合作关系，而只是一种共事行为——协作。协作关系往往是短期的，它的主要目的是盈利，而非维持环境中双方关系的持续发展。只有增加了信任这一要件，才能将其关系升华为合作。

信任能够促进合作关系的延续，信任能够保证合作关系的维持。尽管信任的存在并不能减少不确定性，但是信任能够促使合作机制的形成，实现资源共享，使得组织在复杂的、不确定的社会中具备一种独特的优势。信任不仅是合作达成的基础，也能够在组织的内部形成一种秩序，这种秩序保证了合作关系的持续。当然，与以往的互惠秩序不同，以信任为基础而形成的合作秩序并不需要强制力的维护，因为合作秩序的根源是一种价值观的认同。它促进了人们之间的信任，并因此达成进而巩固了合作关系。

信任与合作是同构的，信任与合作之间存在着一种相互促进的关系。合作重视的是信任的创造以及信任行为的增强，信任是否得以增强是衡量合作行为的重要标准。信任的存在会激发合作意识的产生，从而引起合作行为，合作的双方会因为交流进一步获得了解，增加信任倾向，而合作行为也会因为信任的增加得到进一步巩固。也就是说，信任与合作的产生及发展是一个相互促进的循环过程。信任是合作的前提和基础，合作反过来同样可以促进信任。

第三篇 实 证 篇

    本篇在大量调研的基础上,基于中国的情境,采用问卷调研、访谈等多种方法获得数据,运用结构方程进行实证研究,选取企业间信任与合作绩效进行实证分析,分别得出有益的结论。

    本篇共包括两部分:第一部分,对于研究所涉及的重要概念进行界定,构建研究模型,进行问卷的设计;第二部分,对于收集来的数据进行分析,最终得出实证研究的结论。

    通过实证研究,观察是否能够响应理论研究的结论。

第六章 企业间信任与合作绩效

如果你想对所有这些制度、文化模式、商业惯例和法律体系造成的净效应进行总结，可以归结为一个词：信任。它们创造和带动了很高的信任水平，这也是开放社会最重要的特点。从这方面开看，信任是美国成功经验中所有成分的产物。

——托马斯·弗里德曼《世界是平的》

本章主要分析企业间信任转化为合作绩效的过程机制，全章共包括三部分内容：第一部分是概念界定、理论构建及调研设计；第二部分是企业间信任与合作绩效假设的验证及信任影响因素、企业间信任与合作绩效三者关系的研究；第三部分是本章小结。

信任是合作的基础，合作是信任的结果，合作绩效则是信任对合作影响的具体表现，为了进一步说明信任的程度及信任的作用，本章对信任对合作绩效的影响进行实证分析。

本书认为：企业间信任对合作绩效有着正向的影响。信任度越高，合作绩效越高。

第一节 概念界定、理论构建及调研设计

一、概念界定

企业间信任：基于前面对企业间信任的分析，本书对企业间信任的定义为，在有风险的前提下，一方企业认为另一方企业在合作过程中会竭尽全力，面对困难、危机时仍能一如既往地完成潜在交易的主观信念。

企业间合作绩效：基于前面对合作绩效的分析，本书认为企业间合作绩效就是两个企业之间彼此合作所带来的成效。

二、理论构建

根据企业间信任的基本理论，经过调研，作者认为建立在中国文化背景下的企业间信任会受到三个方面因素的影响：第一，边界管理人员因素（人际因素），他们的品质会影响相互间的信任；第二，关系因素，中国是个讲究关系的社会，

相互间关系的建立及影响是在中国文化背景下应该考虑的一个重要的因素；第三，组织因素，本书的研究对象是企业间的信任，因此组织因素自然成为本书的要素。根据文献分析，学者认为影响信任因素的变量有多种，但大多是以西方文化为背景的，并不一定适合中国的本土文化，本书以北京、天津、河北、辽宁企业作为研究的样本，建立在中国文化背景下，经过访谈和调研，认为人际因素选择善良、正直两个变量，关系因素选择交往经验、相互沟通两个变量，组织因素选择企业声誉、企业能力两个变量是适当的。关于信任维度的划分大多也是基于西方文化的产物，而本书结合中国本土文化注重"人情、关系"的特点，将信任分为三个维度，即情感型信任、计算型信任和关系型信任。同时，调研的结果还发现，企业的规模、市场份额以及与合作企业交往的时间有可能会对企业间的信任与合作绩效产生影响，因此本书把这三个变量作为控制变量。

鉴于此，本书构建了以下理论模型，如图 6.1 所示。

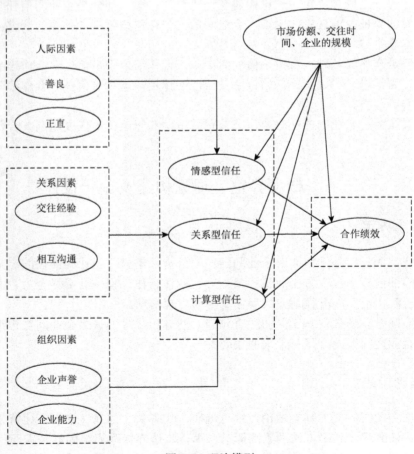

图 6.1 理论模型

根据理论模型，本书提出以下研究命题。

命题 1：企业合作中人际因素、关系因素和组织因素对企业间信任具有积极影响。

命题 2：企业合作中企业间信任对合作绩效具有积极影响。

命题 3：企业合作中人际因素、关系因素和组织因素对企业间信任具有积极影响，进而影响合作绩效。

三、调研设计

1. 问卷建构

问卷建构对研究者而言是实证研究的一项重要的工作。研究变量的测量数据将采用问卷调查方法从企业中收集。因而问卷设计得恰当与否，将直接影响研究结果。问卷的设计最关键的是要确定测量变项，测量变项体系的建构包括三个步骤：构造测量变项、测量变项的修正和检验测量变项体系。第一步，构造一组初始测量变项。这些测量变项的来源如下：一方面是从相关文献中析取和改编类似的测量变项，另一方面则可能根据定义创造新的测量变项。第二步，修正初始的测量变项。基本程序是先邀请一些人员组成判别小组，让他们依据相似性（similarity）和差异性（difference）原则对这些测量变项进行分类（sort）；然后，根据他们的分类检查每一个测量变项，任何表达不恰当的、模棱两可的或者难以确定的测量变项都将被剔除或修改。第三步，检验测量变项。把经过修改后的所有测量变项对应各自测量的变量形成一个测量体系，并请相关专家以及企业相关人员对其进行检测，反馈后重新做相应的调整，以便形成最终调查问卷。

调查问卷的问题主要采用利克特 7 点量表（非常不同意 = 1，非常同意 = 7）形式来回答，问卷由三部分内容组成：①企业基本信息；②信任前因、维度及合作绩效调查；③问卷填写说明。正式发放的调查问卷见附录 D。

通过走访和电子邮件共发放问卷 500 份，回收问卷 435 份，其中有效问卷 259 份，问卷有效回收率为 51.8%（259/500）。问卷的调查时间从 2009 年 7 月上旬到 2009 年 9 月初，历时一个多月。天津问卷作者亲自现场发放，回收率较高，北京、河北、辽宁通过熟人找关系发放，回收率比天津低。

2. 小样本分析

在进行正式问卷调查之前，先进行了小样本测试。测试范围为河北工业大学的在职 MBA 班学员，大部分具有一定的工作经验。问卷采用面对面调查的方式，回收有效问卷 40 份。因为本调查的量表大部分采用已经经过验证的测量条款，问卷调查中问题的设计与表达没有发现问题。通过对问卷进行纠正条款的总相关系数（corrected item-total correlation，CITC）与信度分析，对问卷中的问题进行了精简，对问卷中的问题措辞进行了小范围微调，以增强问卷的有效性与可靠性。

四、研究方法

1. 数据分析方法

所用的数据分析方法包括信度分析、效度分析、探索性因子分析、验证性因子分析、路径分析等。

主要采用数理统计方法对数据进行分析，其中涉及的数据处理工具与软件包括 Excel、SPSS13.0、LISREL8.70 等。

2. 结构方程模型简介

结构方程模型（structural equation modeling，SEM）是应用线性方程系统表示观测变量与潜变量之间及潜变量之间关系的一种统计方法。结构方程模型没有严格的假定限制条件，允许自变量和因变量存在测量误差，并且可以分析潜变量之间的结构关系，因而广泛应用于心理学、社会学、经济学和行为科学等领域的研究。结构方程模型是一种理论模型检定有效的统计方法。

概括来说，结构方程分析法具有如下优点（陈晓萍和樊景立，2008）：①可同时处理潜变量及其观测变量之间的复杂关系；②结构方程可以剔除随机测量误差，一般而言，从问卷题目中得来的观察变量都是由真实值和测量误差所组成的，这时结构方程可以帮助我们准确估计出测量误差的大小和其他参数值，从而大大提高整体测量的准确度；③结构方程可同时计算多个因变量之间的关系，特别是应用于中介效应的研究，它可以给这些问题以最综合恰当的分析。

结构方程模型可分为测量方程和结构方程两部分。测量方程描述潜变量与观测指标之间的关系，其本质是验证性因子分析（confirmatory factor analysis，CFA），而结构方程则描述潜变量之间的关系。

在结构方程模型的应用中，LISREL（linear structural relations）统计分析计算机软件的应用最为广泛。它是由瑞典阿帕萨拉城市大学的 Jöreskog 和 Sorbom 为进行结构方程模型分析所编写的计算机软件。LISREL 模型包括两个部分：①测量模型，体现观测变量与潜变量之间的联系；②结构方程模型（又称为全模型），反映潜变量之间的关系。

本书使用 LISREL8.70，参考侯杰泰等（2004）的建议，主要报告 χ^2/df、RMSEA（root mean square error of approximation，近似误差均方根）、GFI（goodness-of-fit index，拟合优度指数）、NFI（normed fit index，规范拟合指数）和 CFI（comparative fit index，比较拟合指数）这五项指标。

1）χ^2/df。一般来说，研究人员多数采用 χ^2/df 值反映模型与观测数据的匹配程度，χ^2/df 是直接检验样本协方差矩阵和估计方差矩阵之间的相似程度的统计量，是考虑了模型自由度后的卡方值，要求 χ^2 不显著，其理论期望值为 1。在实际研究中，若 $\chi^2/df<3$，则模型可以接受；χ^2/df 越接近 2，认为模型拟合越好。

2）RMSEA。RMSEA 是一种评价接近拟合的指标，反映了理论模型与饱和模型之间的差距。RMSEA 大于 0.08 表示模型不理想，小于 0.08 表示模型拟合得好，低于 0.05 表示模型拟合非常出色，该值越接近 0，表明模型拟合越好。

3）GFI。GFI 代表假设模型可以解释观测变量的比例。这个指数值在 0～1，越接近 0 表示拟合越差，越接近 1 表示拟合越好。目前多数学者认为，GFI≥0.9，表示模型拟合较好。

4）NFI。NFI 是在考虑模型复杂度后，比较假设模型与独立模型的卡方差异。NFI 越接近 0 表示拟合越差，越接近 1 表示拟合越好。一般认为 NFI≥0.9，则模型拟合较好。

5）CFI。该指数在对假设模型和独立模型比较时取得，代表假设模型与独立模型的非中央性差异，说明模型较虚无模型的改善程度，其值在 0～1，越接近 0 表示拟合越差，越接近 1 表示拟合越好。一般认为 CFI≥0.9，则模型拟合较好。

对这些拟合指数的使用说明如表 6.1 所示。

表 6.1 拟合指数的相关说明

指数类型	指数名称	指数值说明
绝对拟合指数	χ^2/df	0 以上，一般在（1，3）是比较好的数值
	GFI	0～1，小于 0.9 说明拟合较差，超过 0.9 说明拟合得好
	RMSEA	0 以上，等于或小于 0.05 时，表示拟合非常好；为 0.05～0.08 时，表示可以接受；超过 0.08 时，拟合度差
相对拟合指数	NFI	0～1，小于 0.9 说明拟合较差，超过 0.9 说明拟合得好
	CFI	0～1，小于 0.9 说明拟合较差，超过 0.9 说明拟合得好

结构方程模型中的验证性因子分析是在对研究问题有所了解的基础上，对已有的理论模型与数据拟合程度的一种验证。在进行验证性因子分析时必须明确：因子的个数、观测变量的个数、观测变量与因子之间的关系。验证性因子分析一般分为如下五个步骤。

1）模型设定。根据理论或以往的研究成果建构理论模型，包括指定观测变量与潜变量的关系。

2）模型识别。一个可识别的因子模型应该满足下面的必要条件：模型中待估计的参数个数小于或等于 $q(q+1)/2$，其中，q 为观测变量个数。这就是 t 规则。

3）参数估计。常用的方法有广义最小二乘（generalized least squares，GLS）法、未加权最小二乘（unweighted least squares，ULS）法和极大似然（maximum likelihood，ML）法。其中，极大似然法是最常用的参数估计方法。

4）模型评价。在评价一个验证性因子分析模型时，必须检查多个拟合指数，而不能依赖某一个指数，一般需要考虑的指标有：χ^2/df、GFI、RMSEA、CFI 和 NFI 等。

5）模型修正。如果模型不能很好地拟合数据，就需要对模型进行修正和再次设定。

3. 数据收集方案

本书理论模型中的各个变量，由于没有可以利用的二手数据，所以利用问卷调查法来取得实证分析所需的数据。

由于采取问卷填写者自我报告的形式，所以可能会受到社会称许性反应偏差的影响，使得问卷量表的信度、效度降低。为了降低社会称许性反应偏差的影响，主要采取以下措施：①在进行调查研究之前，广泛地阅读文献，对影响研究的因素进行细致分析，确保每个研究的变量具有较明确的定义和测量指标；②在编制量表时，对每个变量尽力选择已经被国内外学者证实有效的或者相对成熟的测量条款，尽量使用中性的词语来表达；③问卷内容前后呼应，通过数个反向问题交叉验证，以推测收回问卷数据的真实程度；④本问卷采取匿名填写的方式，从而可以减轻受访者的压力，降低社会称许性反应偏差的影响（杨志蓉，2006）。

在选择测量项目的尺度时，首先要保证能产生足够的方差，以便于后面统计分析。在实践中有使用 7 点或 9 点量表的，但更常用的是 5 点量表。Lissitz 和 Green（1975）的研究表明，5 点利克特量表的 Cronbach's α 值最大，他们建议使用 5 点利克特量表（刘军，2008）。一开始采用这一说法，测量尺度全部为 5 点利克特量表。但由于答题者反映 5 点量表难以区分，所以将初始的 5 点利克特量表修改为 7 点利克特量表，以增加答题的区分度。

问卷发放和数据收集过程具体来说，主要有以下几步。

（1）研究样本的界定

根据主要研究目的，将目标样本界定为普通企业。由于企业调研的难度较大，为保证调研的顺利进行且提高问卷的回收率，作者选择具有一定社会关系的调查地区，并让该地区的人员协助进行问卷的调查和回收。最终确定本次调查的主要区域为天津和北京、河北、辽宁，用简单随机抽样法选择拟调查企业。

（2）样本量的大小

结构方程模型是本书的主要分析方法。关于结构方程所要求的样本量，不同学者的看法差异较大。Anderson 和 Gerbing（1988）建议样本至少要有 150 个。Hair 等（1998）认为样本数量起码要大于 100，但是样本也不能太大，若超过了400，则极大似然估计法将会变得非常敏感。应用比较广泛的标准是 Gorsuch 和 Venable（1983）的观点，他们认为样本量的大小，应保证测量问项与受访者的比例在 1：5 以上，最好达到 1：10。

（3）问卷填写人员的选择

为了要确定填卷人有足够的知识来填答问卷，本书所设定的受访对象，是该企业中与合作企业联系较多的管理人员，如负责产品开发的项目经理、产品经理或研发主管、负责客户业务的营销主管或经理等。

（4）调查方法的选择

在调查方法的选择上，一般有四种：实地访谈、电话访谈、邮寄问卷及互联网调查。根据有关学者的建议和研究者的实际情况，本书主要采取走访调查和电子邮件问卷两种方法。对于说明情况后愿意接受访谈的，主要采取走访调查的方式进行问卷调查，其他情况则采取发送电子邮件问卷的方式进行调查。

4. 信度与效度检验方法

本书为了提高问卷的信度与效度，在大规模发放问卷和收集数据之前进行问卷的小样本预检验。在预检验阶段，本书主要从两个方面同时进行的方式来筛选变量的测量项目：信度分析和探索性因素分析。其中，信度分析用来精简问卷，删除对测量变量毫无贡献的问卷项目，以增进每个测量变量的信度；探索性因素分析主要用来确定量表的基本构成与效度。

（1）信度检验方法

信度是指根据测验工具所得到的结果的一致性或稳定性，用来反映被测特征真实程度的指标。信度是指测验所得到的结果的一致性或稳定性，而非测验或量表本身；信度值是指在某一特定类型下的一致性，并不是一般的一致性，因此，在不同时间、不同受试者和不同评分者的条件下，信度系数会出现不同结果。在利克特量表法中常用的信度检验方法为"Cronbach's α"系数及"折半信度"。对问卷的测试采用"Cronbach's α"系数法。

信度系数越大，说明量表测量的可信程度越大。DeVellis（1991）认为 Cronbach's α 系数在 0.60～0.65 最好不要；Cronbach's α 系数在 0.65～0.70 为最小可接受值；Cronbach's α 系数在 0.70～0.80 说明可信程度相当好；Cronbach's α 系数在 0.80～0.90 说明可信程度非常好。因此，一份信度系数好的量表或问卷，最好在 0.80 以上，0.70～0.80 是可以接受的范围；分量表则最好在 0.70 以上，在 0.60～

0.70 可以接受。如果分量表的内部一致性系数在 0.60 以下或者总量表的信度系数在 0.80 以下，需要考虑重新修订量表或增删题项。刘军（2008）认为 Cronbach's α 值应至少达到 0.70。

　　信度的检验可以对各变量的测量项目进行净化，剔除信度较低的项目。采用的方法是利用 CITC 进行测量条款的净化，对于 CITC 值小于 0.3 且删除后可以增加 Cronbach's α 值的条款予以删除（卢纹岱，2002）。本书也以 0.3 作为净化测量条款的标准。假如删除某个测量条款，Cronbach's α 系数增大，则表示可以删除该条款。

　　（2）效度检验方法

　　一般而言，量表的效度包括表面效度（face validity）、效标关联效度（criterion-related validity）、内容效度（content validity）和构念效度（construct validity）等（陈晓萍和樊景立，2008）。

　　内容效度是指量表涵盖研究主题的程度。判断方法为：①测量工具是否可以真正测量到研究者所要测量的变量；②测量工具是否涵盖了所要测量的变量。

　　校标关联效度是指多个潜变量之间的关系。如假定某一个潜变量会对另一个潜变量有正作用，那么可以用路径模型的方式来检测效标关联效度。

　　一般所指的效度即构念效度，又可以分为两种：聚合效度（convergent validity）与区分效度（discriminant validity）。聚合效度是指相同概念里的项目，彼此相关度高。区分效度是指不同概念里的项目，彼此相关度低。

　　在检验效度方面，采用 Kerlinger（1986）的建议，以因子分析法来验证。采用因子分析法中的主成分分析法，因子的旋转方式利用直交旋转即方差最大旋转方式。并将特征值大于 1 作为因子提取的标准。判断一个测量项目是否属于一个公因子的原则是，因子载荷绝对值要在 0.4 以上，或者测量项目在某个因子上的载荷是在其他因子上的载荷的两倍以上（刘军，2008）。

　　在做因子分析之前，需要使用 KMO（Kaiser-Meyer-Olykin measure of sampling adequacy，KMO 取样适度测定值）测度来检验数据是否适合做因子分析。KMO 取值在 0 和 1 之间，KMO 越接近 1，越适合于做因子分析；KMO 过小，则不适合做因子分析。根据 Kaiser（1974）的观点，KMO 在 0.9 以上，非常适合进行因子分析；在 0.8～0.9，很适合；在 0.7～0.8，适合；在 0.6～0.7，不太适合；在 0.5～0.6，很勉强；在 0.5 以下，不适合（马庆国，2002）。

第二节　数　据　分　析

一、样本描述性统计

　　样本描述性统计主要通过企业性质、企业规模、问卷填写人员信息、市场份额、交往时间等指标来进行分析。

（1）企业性质

将样本按照企业性质进行分类，详细分布见表 6.2。从样本统计可以看出，所调查企业中民营企业占的比重最大，达到了 61.8%，国有企业占 23.9%，中外合资和外商独资样本量大致接近，所占比例分别为 6.9% 和 5.8%。

表 6.2　样本企业性质统计

企业性质	频次	百分比/%	累计百分比/%
国有企业	62	23.9	23.9
民营企业	160	61.8	85.7
中外合资	18	6.9	92.6
外商独资	15	5.8	98.4
其他	4	1.6	100
合计	259	100	

（2）企业规模

将样本按照企业规模进行分类，详细统计情况如表 6.3 所示。非常小的企业占 3.9%，很小的企业占 18.1%，有点小的企业占 9.7%，中等的企业占 37.8%，有点大的企业占 19.3%，很大的企业占 8.1%，非常大的企业占 3.1%。总体来说，企业规模分布比较均匀。

表 6.3　样本企业规模统计

企业规模	频次	百分比/%	累计百分比/%
非常小	10	3.9	3.9
很小	47	18.1	22
有点小	25	9.7	31.7
中等	98	37.8	69.5
有点大	50	19.3	88.8
很大	21	8.1	96.9
非常大	8	3.1	100
合计	259	100	

（3）问卷填写人员信息

将样本按照填写人员的职位进行统计，详细信息如表 6.4 所示。其中业务主管占了 43.6%，是问卷的主要填写人员，中层管理者和其他分别为 29.0%和 22.0%，而高层管理者相对较少，所占比例为 5%。

表 6.4　样本问卷填写人员职位统计

职位	频次	百分比/%	累计百分比/%
高层管理者	14	5.4	5.4
中层管理者	75	29.0	34.4
业务主管	113	43.6	78.0
其他	57	22.0	100
合计	259	100	

在这些问卷填写人员中，在企业中工作时间在 1 年以下的仅占 10.8%，有27.8%的填写人员在企业中工作了 1～3 年，有 27.4%的人员在企业中工作了 3～5年，他们对公司的近期情况比较了解，工作 5～10 年的占 23.9%，10 年以上的共占总样本的 10.1%。详细信息见表 6.5。

表 6.5　样本问卷填写人员工作时间统计

工作时间	频次	百分比/%	累计百分比/%
1 年以下	28	10.8	10.8
1～3 年	72	27.8	38.6
3～5 年	71	27.4	66.0
5～10 年	62	23.9	89.9
10 年以上	26	10.1	100
合计	259	100	

（4）市场份额

将样本按照市场份额进行分类，详细统计情况如表 6.6 所示。非常小的企业占 6.9%，很小的企业占 18.1%，有点小的企业占 14.3%，中等的企业占 25.1%，有点大的企业占 20.5%，很大的企业占 12%，非常大的企业占 3.1%。

表 6.6　样本市场份额统计

市场份额	频次	百分比/%	累计百分比/%
非常小	18	6.9	6.9
很小	47	18.1	25.0
有点小	37	14.3	39.3

续表

市场份额	频次	百分比/%	累计百分比/%
中等	65	25.1	64.4
有点大	53	20.5	84.9
很大	31	12.0	96.9
非常大	8	3.1	100
合计	259	100	

（5）交往时间

将样本按照企业与其他企业的交往时间进行分类，详细统计情况如表 6.7 所示。1 年以下企业占 9.7%，1～2 年的企业占 12.4%，2～3 年的企业占 15.8%，3～5 年的企业占 21.6%，5～7 年的企业占 17.0%，7～10 年的企业占 16.2%，10 年以上的企业占 7.3%。

表 6.7　样本企业与其他企业交往时间统计

交往时间	频次	百分比/%	累计百分比/%
1 年以下	25	9.7	9.7
1～2 年	32	12.4	22.1
2～3 年	41	15.8	37.9
3～5 年	56	21.6	59.5
5～7 年	44	17.0	76.5
7～10 年	42	16.2	92.7
10 年以上	19	7.3	100
合计	259	100	

二、信任前置因素变量的选择与测量

对于组织间或个人间信任建立的研究，主要包括前因性研究和机制性研究两种方法（Ali and Birley，1998；金玉芳和董大海，2004）。前因性研究主要是在不同的背景下，探察并实证影响信任的具体因素，机制性研究主要是从理论的角度，探察建立信任的过程或基础（金玉芳和董大海，2004）。社会科学一般认为信任是从各种各样的机制中诞生的（Miles and Creed，1995）。

Mayer 等（1995）总结的前置因素包括能力、有效性、名誉、善意、正直、诚实、承诺、动机等。金玉芳和董大海（2004）总结的机制性研究的基础包含能力、善意、动机、交往经历、关系等。本书参考学者的研究成果，经过实地访谈，以中国文化为背景，析出人际因素、组织因素、关系因素三个方面的变量。具体包括善良、正直、企业声誉、企业能力、相互沟通、交往经验。从变量的选取看，大部分变量都是信任产生的基础，因此本书的研究归属于机制性研究。

各变量测量项目的来源主要有四：一是直接引用相关文献中已经被证实有效或是相对成熟的测量项目；二是在文献提出的量表基础上结合本书的实际需要进行修改得来；三是依据相关理论或文献研究结论分析得来；四是根据本书的实地访谈结果进行修改。

1）善良。善良是指受信方摒弃自我利益，关心和维护他人利益的程度。关于员工的善良特征的测量，Mayer 等（1995）初步给出了善良特征的测量量表。在关于全球化团队中的信任研究中，Jarvenpaa 等（1998）通过修改 Schoorman 等（1996）的量表，将其用于具有多方依赖关系特征的团队情景。Jarvenpaa 等（1998）的量表中包括 4 个测量项目，项目一致性系数（Cronbach's α）达到 0.85，项目载荷最低为 0.77。在参考前人量表的基础上，本书编制了一个 4 项目利克特量表，对合作企业员工的善良品质特征进行测量。

2）正直。目前多数研究文献均是在参考 Mayer 等（1995）的概念的基础上，编制相应的项目进行测量的。例如，Schoorman 等（1996）、Jarvenpaa 等（1998）的测量量表的设计，主要参考了 Mayer（1995）的文献中关于团队成员的正直特征的量表，其项目一致性系数（Cronbach's α）达到 0.92，项目载荷最低为 0.77。本书在借鉴前人研究的基础上编制了一个 5 项目利克特量表，对合作企业员工的正直品质特征进行测量。

3）企业声誉。Anderson 和 Weitz（1992）认为对企业声誉的衡量就是对公正、私利行为以及对客户关心的衡量，并用 3 个项目来测量企业的声誉，包括企业在市场上的诚实度和对客户利益的关心，以及其他企业对该企业是否有私利行为的看法，并以反向问题的形式出现，这样可以提高问卷的有效性，这 3 个测量项目的信度 Cronbach's α 系数为 0.82。Ganesan（1994）认为企业在市场上的声誉就是对企业公正、关心和诚实的衡量，并由 4 个项目来测量企业的声誉，问题与 Anderson 和 Weitz（1992）的测量项目基本相同，只是又加入了对企业诚实度的测量，这 4 个测量项目的信度 Cronbach's α 系数为 0.82。本书在参考前人量表的基础上编制了一个 5 项目利克特量表，对合作企业声誉特征进行测量。

4）企业能力。Anderson 和 Weitz（1989）、Selnes（1998）对于合作企业能力的测量主要包括一方企业可以对另一方企业有帮助的一些能力，包括销售的能力、对业务提供建议的能力以及掌握市场变化的能力等。Anderson 和 Weitz（1989）的研究采用了 4 个测量项目，信度 Cronbach's α 系数为 0.856。Selnes 认为作为合作企业的供应商的能力包括对客户产品市场的了解、在合作中提供建议、帮助客户制订计划、提供有价值的销售意见，本书在借鉴前人研究的基础上，结合实地访谈，编制了一个 3 项目利克特量表，对合作企业能力特征进行测量。

5）交往经验。与合作企业的交往经验完全借鉴 Tuchinsky 等（1994）的测量项目，Tuchinsky 等对企业间的伙伴关系进行了详细研究，有 20 个测量项目，并分别对顾客和合作企业进行测量，验证测量项目的信度，结果得到了一个良好的可靠信度，Cronbach's α 系数为 0.86。本书将其中一部分与交往经验密切相关的条款作为与合作企业交往经验测量的量表，共有 4 个测量项目，对企业间交往经验进行测量。

6）相互沟通。Smith 和 Barclay（1997）对沟通开放性的测量有 7 个测量项目，包括双方对机密信息的分享、发生冲突时的有效解决、出现问题时的交流以及经常往来等方面的内容。本书借鉴 Smith 和 Barclay（1997）的研究，对这 7 个项目在访谈的基础上进行了综合，减少为 6 个测量项目，对企业间相互沟通进行测量。

信任影响因素测量量表的设计如表 6.8 所示。

表 6.8　信任影响因素测量量表

测量项目	编号	描述	来源
合作企业员工善良特征测量项目	kin1	合作企业员工非常关心他人利益	Levin 和 Cross（2003）；Jarvenpaa 等（1998）
	kin2	合作企业员工从来不损人利己	
	kin3	合作企业员工乐于助人	
	kin4	合作企业员工富有爱心	
合作企业员工正直特征测量项目	int1	合作企业员工待人接物非常公平	Mayer 等（1995）；Jarvenpaa 等（1998）
	int2	合作企业员工非常信守承诺	
	int3	合作企业员工言行一致，表里如一	
	int4	合作企业员工很讲究个人道德和伦理	
	int5	合作企业员工富有正义感	
合作企业声誉测量项目	rep1	合作企业在行业内有很好的信誉	Anderson 和 Weitz（1992）；Ganesan（1994）
	rep2	合作企业具有很强的社会责任感	
	rep3	合作企业能够很好地履行订单或承诺	
	rep4	合作企业被大多数顾客所认可	
	rep5	合作企业非常关心客户利益	
合作企业能力测量项目	abi1	合作企业应对市场风险的能力很强	Smith 和 Barclay（1997）；Selnes（1998）；访谈与实地调研
	abi2	合作企业的产品质量很好	
	abi3	合作企业的服务很好	

续表

测量项目	编号	描述	来源
与合作企业交往经验测量项目	exp1	彼此合作的历史悠久	Tuchinsky 等（1994）
	exp2	彼此看待世界的方法是同样的	
	exp3	彼此的目标是一致的	
	exp4	彼此的企业文化有相融的地方	
与合作企业相互沟通测量项目	com1	彼此会分享各自的机密信息	Smith 和 Barclay（1997）；Li（2002）
	com2	当冲突发生时，彼此可以很好地沟通解决	
	com3	彼此之间经常相互往来	
	com4	彼此之间出现任何问题会及时相互通知	
	com5	彼此信息交换是及时的	
	com6	彼此信息交换是准确的	

1. 信度与效度分析

（1）信度分析

问卷的信度是考查问卷测量的可靠性，是指测量所得结果的内部一致性程度。可以通过多种方式考察信度，但最常用于评价内在一致性的信度指标是 Cronbach's α。

表 6.9～表 6.14 分别表示善良、正直、企业声誉、企业能力、交往经验、相互沟通的 CITC 和信度分析。

表 6.9　善良的 CITC 和信度分析

信任产生机制	项目	初始 CITC	最后 CITC	删除该项目后的 Cronbach's α 系数	Cronbach's α 系数
善良	kin1	0.822	0.822	0.907	初始 Cronbach's α = 0.927 最终 Cronbach's α = 0.927
	kin2	0.821	0.821	0.908	
	kin3	0.863	0.863	0.894	
	kin4	0.817	0.817	0.909	

表 6.10　正直的 CITC 和信度分析

信任产生机制	项目	初始 CITC	最后 CITC	删除该项目后的 Cronbach's α 系数	Cronbach's α 系数
正直	int1	0.855	0.855	0.917	初始 Cronbach's α = 0.936 最终 Cronbach's α = 0.936
	int2	0.814	0.814	0.925	
	int3	0.872	0.872	0.914	
	int4	0.811	0.811	0.925	
	int5	0.804	0.804	0.927	

表 6.11　企业声誉的 CITC 和信度分析

信任产生机制	项目	初始 CITC	最后 CITC	删除该项目后的 Cronbach's α 系数	Cronbach's α 系数
企业声誉	rep1	0.800	0.800	0.906	初始 Cronbach's α = 0.923 最终 Cronbach's α = 0.923
	rep2	0.822	0.822	0.901	
	rep3	0.798	0.798	0.906	
	rep4	0.807	0.807	0.905	
	rep5	0.785	0.785	0.911	

表 6.12　企业能力的 CITC 和信度分析

信任产生机制	项目	初始 CITC	最后 CITC	删除该项目后的 Cronbach's α 系数	Cronbach's α 系数
企业能力	abi1	0.693	0.693	0.811	初始 Cronbach's α = 0.846 最终 Cronbach's α = 0.846
	abi2	0.763	0.763	0.740	
	abi3	0.691	0.691	0.706	

表 6.13　交往经验的 CITC 和信度分析

信任产生机制	项目	初始 CITC	最后 CITC	删除该项目后的 Cronbach's α 系数	Cronbach's α 系数
交往经验	exp1	0.637	0.637	0.854	初始 Cronbach's α = 0.862 最终 Cronbach's α = 0.862
	exp2	0.730	0.730	0.815	
	exp3	0.727	0.727	0.816	
	exp4	0.745	0.745	0.809	

表 6.14　相互沟通的 CITC 和信度分析

信任产生机制	项目	初始 CITC	最后 CITC	删除该项目后的 Cronbach's α 系数	Cronbach's α 系数
相互沟通	com1	0.511	0.551	删除	初始 Cronbach's α = 0.873 最终 Cronbach's α = 0.887
	com2	0.743	0.731	0.866	
	com3	0.631	0.630	0.875	
	com4	0.762	0.731	0.862	
	com5	0.756	0.787	0.849	
	com6	0.739	0.753	0.861	

从结果可以看出，com1 的 CITC 值较低，返回查看问卷中因子沟通的第一个题项，题项表述的是"彼此会分享各自的机密信息"，在现实中分享信息是沟通的一项重要内容，机密信息往往事关企业的生存与发展，虽然在某次合作中与网络

中的企业组成了利益共同体，但对于关系相对松散的企业网络而言，合作的各企业间的机密信息共享是难以实现的，另外，在此题项中"机密信息"的概念也没有界定清晰，给被调查者带来了一定的影响。因此，综合考虑决定将 com1 题项做删除的决定。删除后，相互沟通整体的 Cronbach's α 系数上升为 0.887。

（2）效度分析

效度是指测量的有效性程度，即测量工具确能测出其所要测量特质的程度。效度分析主要针对检验指标间的相关性，根据 KMO 样本测度判断是否可进行因子分析。

KMO 测度和 Bartlett's 检验结果如表 6.15 所示，显示信任影响因素的 KMO 值为 0.948，并且 Bartlett's 统计值显著，非常适合进行因子分析。

表 6.15　信任的影响因素 KMO 测度和 Bartlett's 检验结果

KMO 抽样适度测定值		0.948
Bartlett's 球形检验	近似卡方检验	5942.866
	df	325
	Sig.	0.000

注：df 为自由度；Sig. 为显著性。

对信任影响因素六个因子的 26 个问项做探索性因子分析。信任影响因素的各测量条款的标准化因子负载及被因子解释的方差值如表 6.16 所示。六个因素特征值分别为 14.244、2.095、1.289、1.125、0.742 和 0.679，累计解释方差达到 77.590%。

表 6.16　信任影响因素测量的维度分析

成分	初始特征值			提取的载荷平方和			旋转平方和		
	总计	变量百分比/%	累计百分比/%	总计	变量百分比/%	累计百分比/%	总计	变量百分比/%	累计百分比/%
1	14.244	54.783	54.783	14.244	54.783	54.783	6.793	26.128	26.128
2	2.095	8.057	62.841	2.095	8.057	62.841	3.573	13.741	39.869
3	1.289	4.957	67.797	1.289	4.957	67.797	3.504	13.476	53.345
4	1.125	4.327	72.124	1.125	4.327	72.124	3.315	12.749	66.094
5	0.742	2.854	74.978	0.742	2.854	74.978	2.243	8.626	74.720
6	0.679	2.612	77.590	0.679	2.612	77.590	0.746	2.869	77.590
7	0.631	2.425	80.015						
8	0.528	2.029	82.044						
9	0.487	1.873	83.917						

续表

成分	初始特征值			提取的载荷平方和			旋转平方和		
	总计	变量百分比/%	累计百分比/%	总计	变量百分比/%	累计百分比/%	总计	变量百分比/%	累计百分比/%
10	0.453	1.743	85.660						
11	0.412	1.586	87.245						
12	0.406	1.560	88.805						
13	0.358	1.376	90.181						
14	0.329	1.266	91.448						
15	0.277	1.067	92.515						
16	0.265	1.020	93.535						
17	0.248	0.954	94.489						
18	0.232	0.891	95.380						
19	0.210	0.808	96.188						
20	0.179	0.689	96.877						
21	0.168	0.646	97.523						
22	0.154	0.594	98.117						
23	0.146	0.561	98.677						
24	0.130	0.499	99.177						
25	0.120	0.460	99.637						
26	0.094	0.363	100.000						

因子分析的结果如表 6.17 所示，分析结果按照六个维度划分，进行 Varimax 正交旋转，保留因子负荷大于 0.40 的项目，从表 6.17 中可以看出，各测量条款标准化因子负荷均较高，同时各因子负荷都超过了 0.60，只有 rep5 和 abi3 小于 0.60，分别为 0.548 和 0.541，这个结果说明信任机制的测量条款具有很高的内部一致性和聚合效度。

表 6.17　信任影响因素测量的效度分析

项目	因素一	因素二	因素三	因素四	因素五	因素六
kin1	0.738					
kin2	0.784					
kin3	0.798					
kin4	0.798					
int1		0.727				

续表

项目	因素一	因素二	因素三	因素四	因素五	因素六
int2		0.690				
int3		0.766				
int4		0.800				
int5		0.755				
rep1			0.673			
rep2			0.685			
rep3			0.769			
rep4			0.651			
rep5			0.548			
abi1				0.816		
abi2				0.657		
abi3				0.541		
exp1					0.662	
exp2					0.710	
exp3					0.704	
exp4					0.746	
com2						0.648
com3						0.797
com4						0.758
com5						0.708
com6						0.697

2. 研究假设

针对信任的形成机制，本书从人际因素、组织因素及关系因素来分析信任，其中人际因素选取善良、正直两个变量，组织因素选取企业能力、企业声誉两个变量，关系因素选取相互沟通、交往经验两个变量，用结构方程模型拟合上述变量之间的关系。

善良（beneficence），是指受信方对他人的关心和关注程度，以及其超越自我利益而维护信任方利益的意愿程度（Jarvenpaa et al.，1998；Mayer et al.，1995）。Mayer 等（1995）认为，受信方的善良品质对于信任方来说具有特殊的吸引力。在组织环境下，McAllister（1995）发现，对他人的关注和关心，而不是强调自我利益，是发展个人情感信任的关键。这种对他人的关注和关心，主要体现在个人的组织公民行为方面，即为他人提供超出个人工作角色之外，且不会得到组织直接和明确奖励的帮助与协作，这种利他主义行为从一个侧面反映了个人的善良品质，它成为情感信任发展的基础。Jarvenpaa 等（1998）在 Mayer 等（1995）提出的信任整合模型的基础上，证明在虚拟团队合作中，善良品质对受信方的可信程度的预测能力会随着合作时间的延长而增加，预测系数从初期的 0.149（不显著）到后期的 0.333（显著）。这暗示了个人的善良品质是双方信任发展的基础。基于上述研究，受信方的善良品质会提高对方对其的情感信任，随着双方认知程度的加深，还会进一步使施信认为对方具有较高的可靠性和可信性。

善良是相信对方出于非利益观点来办事，即使没有监督仍然按照既定的契约完成交易的品质；因此，作者认为善良是影响信任的重要因素之一，与信任有着明显的正相关关系，并提出以下假设。

H1a：企业员工越善良，则对合作伙伴的情感型信任越高。

H1b：企业员工越善良，则对合作伙伴的计算型信任越高。

H1c：企业员工越善良，则对合作伙伴的关系型信任越高。

正直的含义包括可预测性、言行一致、道德操守高、关系他人利益等。决定受信方可信的一个重要的特征是可预测性（Remple et al.，1985），可预测性的关键在于言行一致（consistency）（Doney et al.，1998）。受信方言行一致意味着他的言行遵循一套原则，因此，可以依据过去互动的经验来预测受信方未来的动向。虽然言行一致意味着过去互动的历史可以作为预测受信方未来行动的依据，但这作为可信任性的依据还不充分。Mayer 等（1995）指出受信方的言行一致并不一定表示受信方是可信的，只有受信方坚持的原则能为施信方所接受，才会被认为是可信任的，例如，受信方一味追求自利也是言行一致，但是不能被信任。因此在言行一致中，受信方必须顾及施信方的利益。Mayer 等（1995）将这种合乎道德的言行一致定义为正直。

除此之外，Zucker（1986）指出公平的原则是信任的基础，Hosmer（1995）对信任的定义也包含了公平的观点：信任是正当、正义、公平等符合道德原则的行为的结果，这些合乎道德的决策及行动可以认同并保护社会中其他人的权利和利益。公平包含了两个层面：分配正义与程序正义，而程序正义对信任的影响比分配正义更重要（Kumar，1996），因为分配很难做到完全平均，但双方的合作或交换过程必须能符合公平正义的原则，即受信方的原则是公平的且为施信方所接受。

正直是指被信任者存在的某些理念，相信对方也能接受，根据以上分析，正直对于信任有着很大的影响，提出以下假设。

H2a：企业员工越正直，则对合作伙伴的情感型信任越高。

H2b：企业员工越正直，则对合作伙伴的计算型信任越高。

H2c：企业员工越正直，则对合作伙伴的关系型信任越高。

企业声誉是过去与其他企业活动的历史（Zucker，1986），透过可信任的第三者的传递间接证明受信者的能力。受信者能力高低的信息可能来自于过去双方互动经验的积累，但在信任关系开始的早期因为缺乏过去互动的历史，施信者必须寻找其他渠道以取得信息、声誉、专业资格或证书等第二手资料去证明受信者的能力。Smeltzer（1997）认为声誉是组织外部对组织的评价。在通常的企业经营行为中，在与没有交易记录的企业产生业务关系的时候，声誉就成为一个主要的信任来源（Kwon and Suh，2004）。也就是说，企业声誉影响了早期的信任倾向，尤其是对于那些没有交往经验的企业（Chu and Fang，2006）。当很多人认为一家公司有好的企业声誉时，负面事件就很难动摇其信任的信念（McKnight et al.，1998）。

Houston 和 Johnson（2003）认为声誉对防止机会主义行为有重大影响，公司把可信度作为对其他公司的吸引要素。Ganesan（1994）认为公正的声誉是建立在经年累月可靠与一致的行为基础之上的。这种声誉很容易在公司间传播，从而进一步强化企业的可信性。

好的企业声誉是一家企业的重要资产，这种声誉可能源于有效的执行能力、诚信的品牌形象、高度的履约记录等。一个企业的声誉是经过多年的努力经营、长期积累得到的，所以如果一个具有好的声誉的企业在合作过程中产生背信行为，其长期积累的无形资产会面临毁于一旦的危险，也就是说，会提高其违约与背信的成本，基于此，该企业会尽力维护其可信任的形象。

基于以上分析，企业声誉会对企业间信任产生大的影响，提出以下假设。

H3a：企业声誉越好，则对合作伙伴的情感型信任越高。

H3b：企业声誉越好，则对合作伙伴的计算型信任越高。

H3c：企业声誉越好，则对合作伙伴的关系型信任越高。

Mayer 等（1995）在对信任前因的研究中发现，企业能力作为信任的前因是出现频率最高的因素之一（Booth，1998；Butler，1991；Cook and Wall，1980；Good，1988；Jones et al.，1975；Kee and Knox，1970；Lieberman，1981；Mishra 1996；Rosen and Jerdee，1977；Sitkin and Roth，1993）。能力是在选择信任对方时首要考虑的因素（张延锋，2003），企业在选择合作伙伴时也会首先考虑它的能力。企业能力不仅包括在相关产品、技术方面的能力，还包括市场开拓、客户关系、知识管理等各方面的能力（Cravens et al.，1992；Selnes，1998）。企业的能力越强，合作企业才会愿意和它共同制订长远计划，促进长期交往，同时随着交往时间的增加，双方投入增多，依赖性增加，这些也都会增加信任。

基于此，企业能力对企业间信任产生较大的影响，提出以下假设。

H4a：企业能力越强，则对合作伙伴的情感型信任越高。

H4b：企业能力越强，则对合作伙伴的计算型信任越高。

H4c：企业能力越强，则对合作伙伴的关系型信任越高。

相互沟通是企业间有效、及时信息的正式或非正式的共享（Anderson and

Narus，1990；Morgan and Hunt，1994）。相互沟通与信任之间的相关性是被普遍认可的（Anderson and Weitz，1989；Anderson and Narus，1990；Chu and Fang，2006；Doney and Cannon，1997；Dwyer et al.，1987；Kwon and Suh，2004，2005；Morgan and Hunt，1994），但是对于两者之间关系的方向性，学者各自持有不同的意见。Dwyer 等（1987）认为信任会促进沟通，而更多的学者则认为是相互沟通促进了信任的产生（Anderson and Weitz，1989；Kwon and Suh，2004，2005）。Anderson 和 Narus（1990）认为企业间有效的沟通是信任建立的必要条件，而在接下来的阶段中，这种信任的积累反过来又会促进更加有效和及时的沟通。若是在一个时间点上，则过去的有效沟通会促进现在的信任（Anderson and Narus，1990）。认同 Anderson 和 Narus（1990）的观点，本书中的模型也是指某一时间点的静态模型，并非研究在某一时间段的动态变化过程，因此模型分析中，主要针对过去与合作企业的沟通对现在信任的促进作用。信息共享是合作伙伴关系成功建立与发展的最重要因素之一（Handfield and Bechtel，2002；Kwon and Suh，2005）。企业间的信息共享，不仅是指简单的产品成本、生产工艺等信息，还应包括企业战略、市场预测、产品设计以及企业目标等一些关键信息的交流与分享（Henderson，2003；Kwon and Suh，2005）。由于相互沟通不及时以及信息的不对称，企业间供需要求经常出现问题，影响效率（Kwon and Suh，2005；Lee and Padmanabhan，1997）。及时的、有效的、可靠的沟通可以减少企业间的冲突，降低企业行为的不确定性，同时有利于培养企业间的信任（Kwon and Suh，2005；Moorman et al.，1992；Morgan and Hunt，1994）。

基于以上分析，相互沟通会对企业间信任产生较大的影响，是企业间信任产生的重要因素，提出以下假设。

H5a：相互沟通越多，则对合作伙伴的情感型信任越高。

H5b：相互沟通越多，则对合作伙伴的计算型信任越高。

H5c：相互沟通越多，则对合作伙伴的关系型信任越高。

商业往来中，信任很少是自然而然产生的，往往是在双方长期交往中积累起来的（Anderson and Weitz，1989；Batt，2003；Dwyer et al.，1987；Lane and Bachmann，1998）。随着交往时间的增加，对于交易双方的了解会不断增加（Batt，2003）。当外界环境的不确定性因素很多时，企业为了降低风险，会将订单同时分给几个合作企业，或是选择曾经交往过的且合作满意的合作企业（Cunningham and White，1973；Batt，2003）。在不断的交往中，双方的关系投资会不断增加，进而会增加关系中止的转换成本（Anderson and Weitz，1992；Batt，2003；Heide and John，1990）。因此，企业会给予合作企业更多的信任，因为转换成本的提高会降低机会主义行为，同时降低了交易的风险（Anderson and Narus，1990；Batt，2003；Dwyer et al.，1987）。另外，交往经验并非仅仅指交往的时间，还包括交往中企业对合作企业目标、价值观等的认同度。通过不断的交易，企业就会对合作企业的动机更加了解（Batt，2003），行为方式一致、目标相同、价值观相近的企业间会更容易产生信任（Anderson and Weitz，1989；Anderson and Narus，1990；Batt，2003），同时双方的合作会更成功，并从中获得更多的收益（Batt，2003；McQuiston，2001；Morgan and Hunt，1994）。

基于此，交往经验是企业间信任产生的重要因素，对企业间信任产生较大影响，提出以下假设。

H6a：双方交往经验越多，则对合作伙伴的情感型信任越高。

H6b：双方交往经验越多，则对合作伙伴的计算型信任越高。

H6c：双方交往经验越多，则对合作伙伴的关系型信任越高。

研究假设汇总于表 6.18 中。

表 6.18　研究假设汇总

H1a	企业员工越善良，则对合作伙伴的情感型信任越高	善良→情感型信任
H1b	企业员工越善良，则对合作伙伴的计算型信任越高	善良→计算型信任
H1c	企业员工越善良，则对合作伙伴的关系型信任越高	善良→关系型信任
H2a	企业员工越正直，则对合作伙伴的情感型信任越高	正直→情感型信任
H2b	企业员工越正直，则对合作伙伴的计算型信任越高	正直→计算型信任
H2c	企业员工越正直，则对合作伙伴的关系型信任越高	正直→关系型信任
H3a	企业声誉越好，则对合作伙伴的情感型信任越高	企业声誉→情感型信任
H3b	企业声誉越好，则对合作伙伴的计算型信任越高	企业声誉→计算型信任
H3c	企业声誉越好，则对合作伙伴的关系型信任越高	企业声誉→关系型信任
H4a	企业能力越强，则对合作伙伴的情感型信任越高	企业能力→情感型信任
H4b	企业能力越强，则对合作伙伴的计算型信任越高	企业能力→计算型信任
H4c	企业能力越强，则对合作伙伴的关系型信任越高	企业能力→关系型信任
H5a	相互沟通越多，则对合作伙伴的情感型信任越高	相互沟通→情感型信任
H5b	相互沟通越多，则对合作伙伴的计算型信任越高	相互沟通→计算型信任
H5c	相互沟通越多，则对合作伙伴的关系型信任越高	相互沟通→关系型信任
H6a	双方交往经验越多，则对合作伙伴的情感型信任越高	交往经验→情感型信任
H6b	双方交往经验越多，则对合作伙伴的计算型信任越高	交往经验→计算型信任
H6c	双方交往经验越多，则对合作伙伴的关系型信任越高	交往经验→关系型信任

3. 假设的验证

（1）信任影响因素的验证性因子分析

信任影响因素的验证性因子分析如图 6.2 所示。

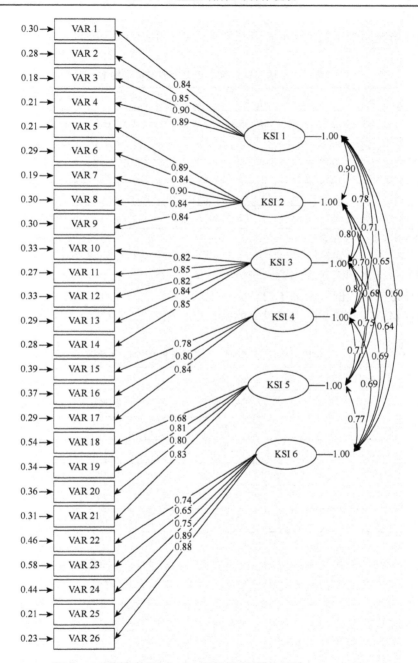

Chi-Square=843.07, df=284, P-value=0.000 00, RMSEA=0.087

图 6.2 信任影响因素的验证性因子分析

KSI1～KSI6 分别代表善良、正直、企业声誉、企业能力、交往经验、相互沟通；VAR1～VAR26 为各项目对应的
测量题项；Chi-Square 为卡方；P-value 为 P 值（假定值）

信任影响因素测量模型的拟合指数如表 6.19 所示。

表 6.19　信任影响因素测量模型的拟合指数

拟合指数	指数值	评价标准
χ^2/df	2.968	小于 5，最好小于 3（拟合得很好）
RMSEA	0.087	小于 0.1，最好小于 0.08（拟合得较好）
NFI	0.97	大于 0.9（拟合得很好）
NNFI	0.97	大于 0.9（拟合得很好）
CFI	0.98	大于 0.9（拟合得很好）

注：NNFI 为非规范拟合指数（non-normed fit index）。

（2）信任影响因素的二阶因子模型

信任影响因素的二阶因子模型如图 6.3 所示。

信任影响因素的二阶因子模型的拟合指数如表 6.20 所示。

表 6.20　信任影响因素二阶因子模型的拟合指数

拟合指数	指数值	评价标准
χ^2/df	3.19	小于 5，最好小于 3（拟合得较好）
RMSEA	0.091	小于 0.1，最好小于 0.08（拟合得较好）
NFI	0.97	大于 0.9（拟合得很好）
NNFI	0.97	大于 0.9（拟合得很好）
CFI	0.98	大于 0.9（拟合得很好）
GFI	0.80	大于 0.8，最好大于 0.9（拟合得合理）

　　相对于信任影响因素的一阶因子模型而言，二阶因子模型的卡方肯定会增加，但增加得并不多，卡方与自由度之比为 3.19，并没有增加很多，在可接受的范围之内，RMSEA 值略有增加，仍在 0.1 的标准之下。同时，二阶因子到一阶因子的路径系数很高，都在 0.8 左右，证明信任影响因素二阶因子的存在。也就是说产生信任的人际因素中的善良和正直、关系因素中的交往经验和相互沟通以及组织因素中的企业声誉和企业能力都属于信任形成机制的范畴。

（3）信任影响因素对企业间信任影响的假设检验

用 LISREL 8.70 拟合人际因素、关系因素、组织因素对企业间信任的影响，如图 6.4 所示。

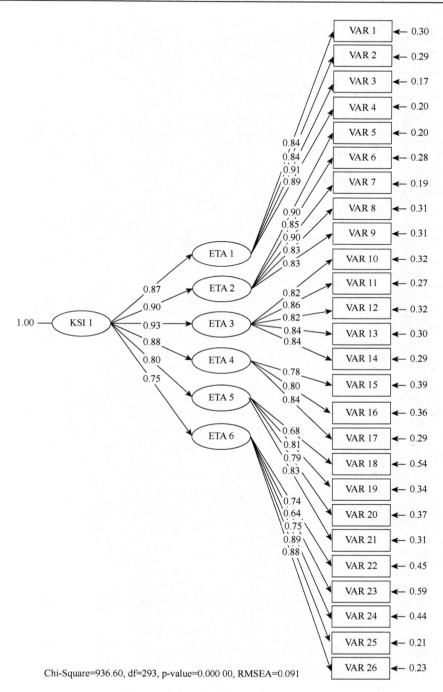

Chi-Square=936.60, df=293, p-value=0.000 00, RMSEA=0.091

图 6.3　信任影响因素的二阶因子模型

KSI1 为企业间信任影响因素；ETA1~ETA6 分别为善良、正直、企业声誉、企业能力、交往经验、相互沟通

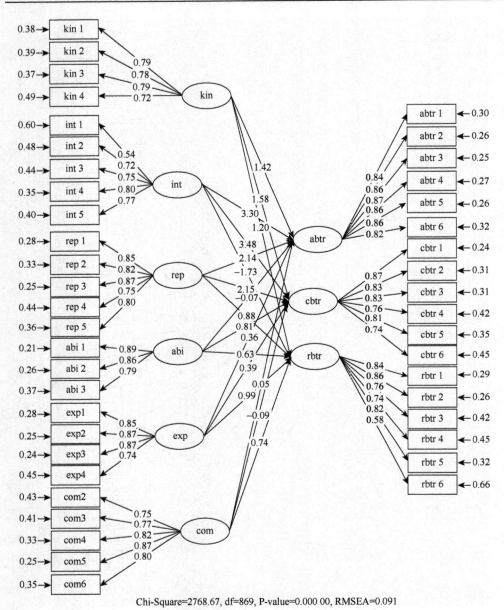

图 6.4 信任形成机制拟合模型

abtr 为情感型信任；cbtr 为计算型信任；rbtr 为关系型信任；kin 为善良；int 为正直；rep 为企业声誉；abi 为企业能力；exp 为交往经验；com 为相互沟通

信任形成机制模型拟合指数如表 6.21 所示。

表 6.21 信任形成机制模型拟合指数

拟合指数	指数值	评价标准
χ^2/df	3.186	小于 5，最好小于 3（拟合得较好）
RMSEA	0.091	小于 0.1，最好小于 0.08（拟合得较好）
NFI	0.96	大于 0.9（拟合得很好）
NNFI	0.97	大于 0.9（拟合得很好）
CFI	0.97	大于 0.9（拟合得很好）

标准化后拟合模型中一些路径系数大于 1，拟合模型不稳定，各拟合路径系数及其 t 值如表 6.22 所示。

表 6.22 假设检验结果

假设代码	关系路径	路径负荷值	t 值	检验结果
H1a	善良→情感型信任	1.42	3.76	支持
H1b	善良→计算型信任	1.58	3.96	支持
H1c	善良→关系型信任	1.20	5.05	支持
H2a	正直→情感型信任	3.30	4.05	支持
H2b	正直→计算型信任	3.48	4.46	支持
H2c	正直→关系型信任	−1.73	−4.38	不支持
H3a	企业声誉→情感型信任	2.14	4.24	支持
H3b	企业声誉→计算型信任	2.15	4.04	支持
H3c	企业声誉→关系型信任	0.88	2.90	支持
H4a	企业能力→情感型信任	−0.07	−0.22	不支持
H4b	企业能力→计算型信任	0.81	2.13	支持
H4c	企业能力→关系型信任	0.63	2.03	支持
H5a	相互沟通→情感型信任	0.36	1.28	不支持
H5b	相互沟通→计算型信任	0.39	1.37	不支持
H5c	相互沟通→关系型信任	0.99	2.36	支持
H6a	交往经验→情感型信任	0.05	0.15	不支持
H6b	交往经验→计算型信任	−0.09	−0.26	不支持
H6c	交往经验→关系型信任	0.74	2.34	支持

注：t 值大于 1.96 时，$P<0.05$；t 值大于 2.58 时，$P<0.01$。

拟合企业间信任形成机制模型结果显示企业能力对情感型信任的影响表现为

负向不显著；相互沟通对计算型信任影响表现为不显著，相互沟通对情感型信任的影响表现为不显著；交往经验对计算型信任的影响表现为负向不显著，交往经验对情感型信任的影响表现为不显著。拟合模型各项拟合指数达到相应标准，拟合结果可以接受，但拟合模型中部分路径系数大于 1，拟合模型不稳定。因此，需要对拟合模型进行修正。修正模型及其拟合指数分别如图 6.5 和表 6.23 所示。

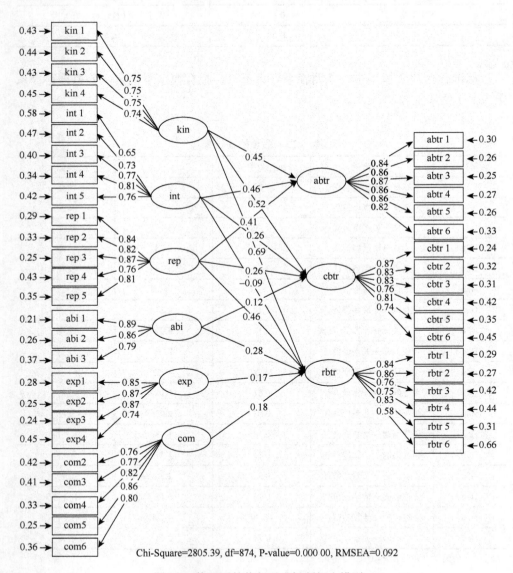

Chi-Square=2805.39, df=874, P-value=0.000 00, RMSEA=0.092

图 6.5　修正后的信任形成机制拟合模型

表 6.23 修正后的信任形成机制模型拟合指数

拟合指数	指数值	评价标准
χ^2/df	3.210	小于 5，最好小于 3（拟合得较好）
RMSEA	0.092	小于 0.1，最好小于 0.08（拟合得较好）
NFI	0.96	大于 0.9（拟合得很好）
NNFI	0.97	大于 0.9（拟合得很好）
CFI	0.97	大于 0.9（拟合得很好）

修正模型假设检验结果如表 6.24 所示。

表 6.24 修正模型假设检验结果

假设代码	关系路径	路径负荷值	t 值	检验结果
H1a	善良→情感型信任	0.45	5.42	支持
H1b	善良→计算型信任	0.52	5.53	支持
H1c	善良→关系型信任	0.69	5.42	支持
H2a	正直→情感型信任	0.46	4.57	支持
H2b	正直→计算型信任	0.26	3.65	支持
H2c	正直→关系型信任	−0.09	−1.34	不支持
H3a	企业声誉→情感型信任	0.41	4.24	支持
H3b	企业声誉→计算型信任	0.26	3.89	支持
H3c	企业声誉→关系型信任	0.46	3.52	支持
H4b	企业能力→计算型信任	0.12	1.98	支持
H4c	企业能力→关系型信任	0.28	2.58	支持
H5c	相互沟通→关系型信任	0.17	2.04	支持
H6c	交往经验→关系型信任	0.18	1.98	支持

注：t 值>1.96 时，$P<0.05$；t 值>2.58 时，$P<0.01$。

修正后拟合模型中信任影响因素对信任的作用关系如下。

善良对情感型信任、计算型信任和关系型信任的影响路径负荷分别为 0.45、0.52 和 0.69，t 值分别为 5.42、5.53 和 5.42 均大于 2.58。说明在 $P<0.01$ 条件下，善良对情感型信任、计算型信任和关系型信任的影响是正向显著的，原假设 H1a、H1b 和 H1c 经检验后成立。

正直对情感型信任、计算型信任和关系型信任的影响路径负荷分别为 0.46、0.26 和−0.09，t 值分别为 4.57、3.65 和−1.34。$P<0.01$ 条件下，正直对情感型信任和计算型信任的影响表现为正向显著，对关系型信任的影响表现为负向不显著，原假设 H2a、H2b 经检验后成立，原假设 H2c 经检验后不成立。

企业声誉对情感型信任、计算型信任和关系型信任的影响路径负荷分别为 0.41、0.26 和 0.46，t 值分别为 4.24、3.89 和 3.52。$P<0.01$ 条件下，企业声誉对情感型信任、计算型信任和关系型信任的影响表现为正向显著，原假设 H3a、H3b 和 H3c 经检验成立。

企业能力对计算型信任和关系型信任的影响路径负荷分别为 0.12 和 0.28，t 值分别为 1.98 和 2.58。$P<0.01$ 条件下，企业能力对关系型信任的影响表现为正向显著，$P<0.05$ 条件下，企业能力对计算型信任的影响是正向显著的，原假设 H4b 和 H4c 经检验成立。

交往经验和相互沟通对关系型信任的影响路径负荷分别为 0.18 和 0.17，t 值分别为 1.98 和 2.04。$P<0.05$ 条件下，交往经验和相互沟通对关系型信任的影响表现为正向显著，原假设 H5c 和 H6c 经检验成立。

三、企业间信任维度

1. 企业间信任维度的划分

基于前面的分析，本书将企业间信任划分为三个维度：情感型信任、计算型信任和关系型信任。

2. 变量的选择与测量

1）情感型信任测量。情感信任是指供给方对于接受方善意、安全和可靠性的感知，其基础是信任双方的情感，供给方通过对双方的情感进行评价，对接受方产生可信感。关于人际信任中的情感信任，最为权威且引用广泛的量表来自 McAllister（1995）。McAllister（1995）的量表是在回顾历史上关于人际信任测量的基础上，在 48 个原始项目（包括认知信任项目）的基础上，通过实证研究，最后获取了 6 个项目，作为人际情感信任的测量项目，其最小项目载荷为 0.66，一致性系数（Cronbach's α）达到 0.89。McAllister（1995）开发的量表因简洁、可靠性高等特点，被许多研究者所引用（谢才凤，2005；Jarvenpaa et al.，1998）。Holste（2003）及 Chowdhury（2005）均是直接引用了 McAllister（1995）的量表。基于此，关于施信方对受信方的情感信任，也主要参考 McAllister（1995）、Holste（2003）及 Chowdhury（2005）的量表，最终编制了 6 项目的利克特量表对情感型信任进行测量。

2）计算型信任测量。问卷的测量条款借鉴 Handfield 和 Bechtel（2002）及 Zaheer 等（1998）中有关计算型信任的条款，同时将实地访谈中产生计算型信任的来源也纳入量表，最终编制了 6 项目的利克特量表对计算型信任进行测量。

3）关系型信任测量。以往针对企业间信任及合作的研究中，多是将信任作为单一维度（Doney and Cannon，1997；Ganesan，1994；Gulati，1995b；Handfield and Bechtel，2002；Johnston et al.，2004；Kwon and Suh，2004；Moorman et al.，1992；Riddalls et al.，2002；Selnes，1998；Smith and Barclay，1997；Zaheer et al.，1998）。本书借鉴企业间信任研究中关系型信任的相关量表，同时借鉴其他信任领域，如人际间和组织内信任的量表，其中包括信任的一维测量（Zaheer et al.，1998；Anderson and Narus，1990；Kwon and Suh，2004）和多维度测量（Bromiley and Cummings，1995；McAllister，1995），最终编制了 6 项目的利克特量表对关系型信任进行测量。

信任测量量表的选取如表 6.25 所示。

表 6.25　信任的测量量表

信任的类型	编号	描述	来源
情感型信任测量项目	abtr1	我和合作企业员工可以自由分享我们的观念、看法、感觉	McAllister（1995）；Holste（2003）；Chowdhury（2005）
	abtr2	合作企业员工会认真地听我诉说工作中的困难	
	abtr3	如果彼此不合作，我们会有一种失落感	McAllister（1995）；Holste（2003）；Chowdhury（2005）
	abtr4	如果我工作中有了问题，合作企业员工也会给我关心和建议	
	abtr5	我们都为建立良好的合作关系而努力进行情感方面的投入	
	abtr6	我们总是关心对方的利益不受到损害	
计算型信任测量项目	cbtr1	我们相信对合作企业行业的监控是有效的	Handfield 和 Bechtel（2002）；Zaheer 等（1998）；实地访谈
	cbtr2	我们相信合作企业有能力履行履行义务	
	cbtr3	我们相信合作企业的违约行为成本很高	
	cbtr4	我们相信对合作企业的评价体系很规范	
	cbtr5	我们相信与合作企业的契约很完备	
	cbtr6	我们相信对合作企业的行为规范很明确	
关系型信任测量项目	rbtr1	我们觉得合作企业在谈判中很公平	Kumar（1996）；McAllister（1995）；Handfield 和 Bechtel（2002）；杨静（2006）；Zucker（1986）；专家访谈与企业调研
	rbtr2	我们觉得合作企业是可以依赖的	
	rbtr3	我们觉得合作企业不会利用我们的问题去获利	
	rbtr4	我们觉得合作企业在同我们协商时很诚恳	
	rbtr5	当环境出现变化时，我们觉得合作企业会给我们提供支持	
	rbtr6	我们觉得当合作企业做出重大决策时，会考虑我们的利益	

（1）信度分析

情感型信任、计算型信任、关系型信任的 CITC 的信度分析分别如表 6.26～表 6.28 表示。

表 6.26　情感型信任的 CITC 和信度分析

信任的类型	项目	初始 CITC	最后 CITC	删除该项目后的 Cronbach's α 系数	Cronbach's α 系数
情感型信任	abtr1	0.731	0.731	0.913	初始 Cronbach's $\alpha = 0.921$ 最终 Cronbach's $\alpha = 0.921$
	abtr2	0.803	0.803	0.903	
	abtr3	0.786	0.786	0.905	
	abtr4	0.812	0.812	0.902	
	abtr5	0.751	0.751	0.910	
	abtr6	0.767	0.767	0.908	

表 6.27　计算型信任的 CITC 和信度分析

信任的类型	项目	初始 CITC	最后 CITC	删除该项目后的 Cronbach's α 系数	Cronbach's α 系数
计算型信任	cbtr1	0.790	0.790	0.906	初始 Cronbach's $\alpha = 0.922$ 最终 Cronbach's $\alpha = 0.922$
	cbtr2	0.782	0.782	0.907	
	cbtr3	0.706	0.706	0.917	
	cbtr4	0.781	0.781	0.907	
	cbtr5	0.815	0.815	0.902	
	cbtr6	0.787	0.787	0.906	

表 6.28　关系型信任的 CITC 和信度分析

信任的类型	项目	初始 CITC	最后 CITC	删除该项目后的 Cronbach's α 系数	Cronbach's α 系数
关系型信任	rbtr1	0.821	0.821	0.906	初始 Cronbach's $\alpha = 0.924$ 最终 Cronbach's $\alpha = 0.924$
	rbtr2	0.739	0.739	0.916	
	rbtr3	0.743	0.743	0.916	
	rbtr4	0.772	0.772	0.912	
	rbtr5	0.830	0.830	0.904	
	rbtr6	0.796	0.796	0.909	

从表 6.26～表 6.28 可以看出，情感型信任、计算型信任、关系型信任的 Cronbach's α 系数分别为 0.921、0.922、0.924，说明量表的信度非常高。

（2）效度分析

信任的 KMO 测度和 Bartlett's 检验结果如表 6.29 所示，由表中可以看到 KMO 值为 0.941 大于 0.9，且 Bartlett's 统计值显著，十分适合做因子分析。

表 6.29　信任的 KMO 测度和 Bartlett's 检验结果

KMO 抽样适度测定值		0.941
Bartlett's 球形检验	近似卡方检验	4119.193
	df	153
	Sig.	0.000

对信任三个因子的 18 个问项做探索性因子分析，进行 Varimax 正交旋转，保留因子负荷大于 0.40 的项目，设定抽取三个因子。因子分析的结果如表 6.30 所示，三个因素特征值分别为 10.616、1.800 和 0.912，累计解释方差达到 74.045%。

表 6.30　信任测量的维度分析

成分	初始特征值			提取的载荷平方和			旋转平方和		
	总计	变量百分比/%	累计百分比/%	总计	变量百分比/%	累计百分比/%	总计	变量百分比/%	累计百分比/%
1	10.616	58.977	58.977	10.616	58.977	58.977	4.832	26.846	26.846
2	1.800	10.001	68.978	1.800	10.001	68.978	4.637	25.762	52.608
3	0.912	5.067	74.045	0.912	5.067	74.045	3.859	21.437	74.045
4	0.722	4.014	78.059						
5	0.609	3.383	81.441						
6	0.465	2.583	84.024						
7	0.408	2.269	86.293						
8	0.354	1.965	88.258						
9	0.303	1.683	89.941						
10	0.267	1.482	91.422						
11	0.259	1.438	92.861						
12	0.245	1.364	94.224						
13	0.231	1.284	95.509						
14	0.213	1.185	96.694						
15	0.166	0.921	97.614						

成分	初始特征值			提取的载荷平方和			旋转平方和		
	总计	变量百分比/%	累计百分比/%	总计	变量百分比/%	累计百分比/%	总计	变量百分比/%	累计百分比/%
16	0.160	0.887	98.502						
17	0.151	0.838	99.340						
18	0.119	0.660	100.000						

在因子分析的基础上，探索出信任的三个因子，如表 6.31 所示。因子一包括 cbtr5、cbtr2、cbtr6、cbtr1、cbtr4、cbtr3；因子二包括 abtr3、abtr5、abtr4、abtr2、abtr6、abtr1；因子三包括 rbtr6、rbtr5、rbtr1、rbtr4、rbtr3、rbtr2。分别对应前面提出的维度划分的计算型信任、情感型信任和关系型信任。对于这三个因子的适合性和相关性在下面进行验证性因子分析过程中给以验证。

表 6.31　信任的因子分析

项目	因子一	因子二	因子三
cbtr5	0.827		
cbtr2	0.798		
cbtr6	0.780		
cbtr1	0.770		
cbtr4	0.751		
cbtr3	0.701		
abtr3		0.840	
abtr5		0.787	
abtr4		0.774	
abtr2		0.769	
abtr6		0.746	
abtr1		0.671	
rbtr6			0.742
rbtr5			0.736
rbtr1			0.718
rbtr4			0.668
rbtr3			0.652
rbtr2			0.631

3. 企业间信任的验证性因子分析

信任的验证性因子分析如图 6.6 所示。

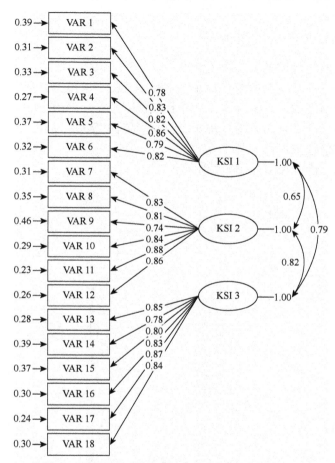

Chi-Square=614.39, df=132, P-value=0.000 00, RMSEA=0.10

图 6.6　信任的验证性因子分析

KSI1~KSI3 分别为情感型信任、计算型信任、关系型信任；VAR1~VAR18 分别为项目对应的测量项

信任测量模型的拟合指数如表 6.32 所示。

表 6.32　信任测量模型的拟合指数

拟合指数	指数值	评价标准
χ^2/df	4.65	小于 5，最好小于 3（拟合得较好）
RMSEA	0.10	小于 0.1，最好小于 0.08（拟合得可以接受）
NFI	0.96	大于 0.9（拟合得很好）
NNFI	0.96	大于 0.9（拟合得很好）
CFI	0.97	大于 0.9（拟合得很好）
GFI	0.80	大于 0.8，最好大于 0.9（拟合得合理）

4. 企业间信任的二阶因子模型

提取信任的二阶因子后，新模型中二阶因子与信任各维度的相关系数较大，都在 0.8 以上，且模型的拟合指数在一定程度上优于原模型。相对于一阶因子模型，二阶因子模型的卡方没有增加，并且二阶因子到一阶因子的路径系数较高，因此认为此信任的二阶因子是存在的。企业间信任可以通过情感型信任、关系型信任和计算型信任来进行测量。

信任的二阶因子模型如图 6.7 所示。

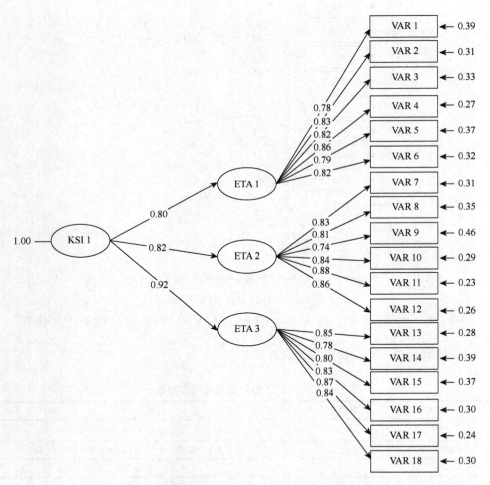

Chi-Square=584.39, df=132, P-value=0.000 00, RMSEA=0.088

图 6.7　信任的二阶因子模型

KSI1 为企业间信任；ETA1~ETA3 分别为情感型信任、关系型信任、计算型信任

信任二阶因子模型的拟合指数如表 6.33 所示。

表 6.33　信任二阶因子模型的拟合指数

拟合指数	指数值	评价标准
χ^2/df	4.42	小于 5，最好小于 3（拟合得较好）
RMSEA	0.088	小于 0.1，最好小于 0.08（拟合得较好）
NFI	0.96	大于 0.9（拟合得很好）
NNFI	0.96	大于 0.9（拟合得很好）
CFI	0.97	大于 0.9（拟合得很好）
GFI	0.80	大于 0.8，最好大于 0.9（拟合得合理）

在信度效度分析的基础上，本节对信任各维度进行了探索性因子分析，进一步运用结构方程模型进行了验证性因子分析。情感型信任与关系型信任的相关系数为 0.79，情感型信任与计算型信任的相关系数为 0.65，计算型信任与关系型信任的相关系数为 0.62。结果表明，基于情感产生的信任与基于良好关系产生的信任具有较高的相关系数，说明基于和谐关系和良好情感的信任具有相互促进作用，而基于计算产生的信任与基于关系产生的信任的相关系数则相对较低，说明这两者之间的相互作用要小于情感型信任和关系型信任之间的相互作用。

四、合作绩效测度

关于企业间信任对于合作绩效影响的理论学者有不同的论述，Kale 等（2002）通过关系资本来解释企业间的合作绩效，发现关系资本与学习程度以及对核心财产的保护都有关系，关系资本越大，则学习程度越高，同时对核心私有财产的保护能力越强。Gulati（1995b）认为相互信任可以降低彼此对机会主义行为的担心。而交易成本论者认为提高合作绩效的办法之一就是加强信任，减少谈判和降低监督力度，从而减少沟通和监督成本。要想使合作的效率最高，合作的效果最好，应该同时建立感性信任和理性信任，达到感情和利益高度一致的状态。而理性信任与感性信任比较而言，前者的沟通成本和监督成本要高于后者。

一些学者从社会网络的角度研究了企业间信任对企业间合作模式选择的影响，认为联盟结构（合作模式）是联盟关系的润滑剂。市场代表着理性合作的结果，契约和信任就是它的保证机制。Zollo 等（2002）的实证结果表明，伙伴特有的合作经验与合作模式的匹配将影响企业间合作绩效。由于个人的有限理性、外在环境的复杂性和不确定性，契约是不完全的；信任通过降低和节约交易成本来保证交换交易的达成。现实生活中，大多数契约是依赖习惯、诚信、声誉等方式（实质核心就是信任）完成的，即使是有法律强制力的契约也主要是增加威慑力，极少通过法律去完成。Gulati（1995a）认为企业间信任程度越高，企业越倾向于使用非股权式合作。Gulati 实证结果表明，当企业间建立较高的信任关系时，双方会更倾向于采用非股权式合作。Whitley 发现中国人主要以交往经验（包括个人声誉及过去交往状况）和个人特性（包括两人特有的既定关系）建构信任。在中国的企业合作中，对伙伴的信任是基于个人关系的信任，具有很强的感情色彩。这与西方的经营环境有很大的区别，中国企业联盟往往没有高水平的约定和高水平的绩效。

国外很多学者都采用双方合作的次数来衡量信任程度。调查发现，中国很多企业间的信任建立在合作双方对彼此人品的了解、合作的观念和违约的成本等因素的基础之上，而违约成本往往是制约竞争对手的一个重要因素。

1. 合作绩效量表选择与测量

王承哲（2006）认为企业间合作绩效的测量方法主要包括两类：一类是客观指标评价法；另一类是管理人员主观打分评价法。在不同的文献中，不同的学者会根据各自具体的情况采用不同的客观指标。客观指标评价法主要包括三类：一是公司的财务报表计算的 ROI 和 ROA（Simonin，1997）；二是企业合作项目的宣布所引起的父公司股价的变化（Kogut，1988；Anand and Khanna，2000；Kale et al.，2002）；三是企业间合作时间的长短（Zollo et al.，2002；武志伟等，2005）。管理人员的主观评价法主要侧重于两个方面：一是在短期内对合作项目的满意；二是对双方未来的长期竞争优势的影响（Kale et al.，2002；Zollo et al.，2002；武志伟等，2005）。

客观指标评价法的优点在于指标明确，但是测量指标要么仅仅涉及一个方面，如以合作时间和专利数量为衡量指标；要么涉及的方面很多，如以财务收益率和股票市场反应作为测量指标。具体来说，以财务收益率（ROI 和 ROA）作为衡量合作绩效指标的方法仅关注了合作所带来的竞争优势方面，但是没有考虑到合作双方具体目标实现的程度。采用合作时间的方法也存在同样的问题。采用股票市场反应作为衡量指标依赖于股票市场具有完全效率的基本假设，即股票市场能够反映出任何事件的价值。但是现实世界中，这一条件很难满足。采用专利数量作为衡量指标的弱点在于仅适用于范围很窄的一类企业间合作。采用管理人员主观打分评价法的优点在于可以测量合作绩效的多个方面，但是缺点在于打分人员的个人主观性。

企业间情感型信任、计算型信任和关系型信任的量表前面已经得到检验，下面主要设计合作绩效的测量量表，对企业间合作绩效进行测量。在借鉴 Anderson

和 Weitz（1992）合作绩效测量量表的基础上，结合专家访谈和实地调研，最终编制了 7 项目的利克特量表对企业合作绩效进行测量，如表 6.34 所示。

表 6.34 合作绩效的测量项目

	编号	描述	来源
合作绩效测量项目	cp1	彼此合作达到了我们的预期目标程度	Anderson 和 Weitz（1992）专家访谈与企业调研
	cp2	彼此合作关系富有成效	
	cp3	彼此都对合作关系比较满意	
	cp4	彼此都从合作中获得大量收益	
	cp5	这一合作对彼此企业市场价值有很大提升	
	cp6	这一合作给彼此都带来更大的竞争优势	
	cp7	这一合作给彼此都带来长期的竞争力	

（1）信度检验

首先，运用 SPSS 对合作绩效进行信度检验，合作绩效的 CITC 和信度分析如表 6.35 所示。

表 6.35 合作绩效的 CITC 和信度分析

	项目	初始 CITC	最后 CITC	删除该项目后的 Cronbach's α 系数	Cronbach's α 系数
合作绩效	cp1	0.830	0.830	0.940	初始 Cronbach's α = 0.949 最终 Cronbach's α = 0.949
	cp2	0.851	0.851	0.939	
	cp3	0.766	0.766	0.946	
	cp4	0.843	0.843	0.939	
	cp5	0.825	0.825	0.941	
	cp6	0.847	0.847	0.939	
	cp7	0.822	0.822	0.941	

通过信度分析发现，Cronbach's α 系数达到 0.949，十分理想，量表信度非常高。

（2）效度检验

对合作绩效进行效度检验，效度分析主要检验指标间的相关性，根据 KMO 样本测度判断是否可进行因子分析。合作绩效的 KMO 测度和 Bartlett's 检验结果如表 6.36 所示。

表 6.36　合作绩效的 KMO 测度和 Bartlett's 检验结果

KMO 抽样适度测定值		0.914
Bartlett's 球形检验	近似卡方检验	1770.305
	df	21
	Sig.	0.000

KMO 测度结果显示合作绩效的 KMO 值为 0.914，并且 Bartlett's 统计值检验显著，非常适合做因子分析。合作绩效维度分析如表 6.37 所示。

表 6.37　合作绩效维度分析

成分	初始特征值			提取的载荷平方和		
	总计	变量百分比/%	累计百分比/%	总计	变量百分比/%	累计百分比/%
1	5.358	76.541	76.541	5.358	76.541	76.541
2	0.614	8.777	85.318			
3	0.298	4.261	89.579			
4	0.220	3.148	92.727			
5	0.210	3.003	95.730			
6	0.174	2.488	98.218			
7	0.125	1.782	100.000			

因子分析的结果显示，将合作绩效划分为一个维度，其特征值为 5.358，解释率达到 76.541%。因此合作绩效七个题项作为一个维度是合理的。

合作绩效测量的效度分析如表 6.38 所示。

表 6.38　合作绩效测量的效度分析

项目	初始方差	提取方差	因子负荷
cp1	1.000	0.770	0.878
cp2	1.000	0.797	0.893
cp3	1.000	0.684	0.827
cp4	1.000	0.787	0.877
cp5	1.000	0.764	0.874
cp6	1.000	0.793	0.891
cp7	1.000	0.762	0.873

合作绩效的各测量条款的标准化因子负荷及被因子解释的方差值如表 6.38 所示，从表中可以看出，各测量条款标准化因子负荷均较高，同时各因子负荷都超过了 0.8，结果说明合作绩效的测量条款具有很高的内部一致性和聚合效度。

2. 合作绩效验证性因子分析

在信度、效度检验的基础上进行合作绩效的验证性因子分析，模型和相应拟合指数如图 6.8 和表 6.39 所示。

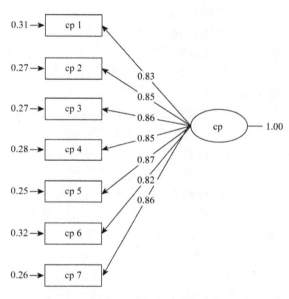

Chi-Square=69.71, df=14, P-value=0.000 00, RMSEA=0.064

图 6.8 合作绩效的验证性因子分析

表 6.39 合作绩效测量模型的拟合指数

拟合指数	指数值	评价标准
χ^2/df	4.98	小于 5，最好小于 3（拟合得较好）
RMSEA	0.064	小于 0.1，最好小于 0.08（拟合得很好）
NFI	0.92	大于 0.90（拟合得很好）
NNFI	0.92	大于 0.90（拟合得很好）
CFI	0.92	大于 0.90（拟合得很好）
GFI	0.77	大于 0.80，最好大于 0.90（拟合得合理）

3. 企业间信任对合作绩效的影响

信任对合作绩效的影响是多方面的。首先，信任关系是相互间获取交易信息的必要条件，伙伴成员可以根据这些"信息链"对市场变化做出积极反应，以降低"牛鞭效应"所带来的市场风险（Bradach and Eccles，1989；Eccles and Wigfield，2002）。其次，成员间的相互信任可以降低彼此的交易成本，提高交易成功的可能性，有助于盈利能力的提升（Rackham and Ruff，1996）。最后，相互信任是交易伙伴长期合作的必要条件，也是维持伙伴成员关系持续性的关键因素（Ganesan，1994）；交换关系是以信任为基础的，并且帮助公司和顾客维持长久的关系；从合作的观点提出交易关系中的双方拥有高度的信任后，双方将会专注在关系中的合作绩效，最后将会增加彼此的竞争力并减少交易成本（Ellis and Shockley-Zalabak，1990）。

信任是一种社会资本，它的形成是特定区域制度和文化长期积累的结果。企业集群中通过重复交往形成信任和合作行为，这种信任可以通过制度建设，通过非贸易关系的公民社会活动，在竞争的压力和共同利益的驱动下，从现实层面建立起来。因此，信任的建立既依赖于历史长期形成的共同文化背景、共同价值观和密切的民间往来，也可以通过一定的制度安排和文化交流在现实中得到加强。为了增强合作主体间的信任和交流，就必须搭建促进他们信息交流的网络（夏若江，2005）。在信任的培育中，制度起着保障和引导作用。

信任是企业合作发展的基础，对于一个成功的战略联盟而言，其内部成员间的相互信任通常被视为必要的前提（Byrne，1993）。因此，信任是影响联盟合作成败与否的关键因素。企业合作中信任的作用主要表现在如下几个方面。

第一，信任有利于企业间知识的获取。合作者之间越信任，在某些方面具有优势的企业就越有可能根据协议的约定和需要向合作网络投入自己的力量，知识信息共享度就会越高，同时会对需要学习的一方提供帮助，如果没有信任，信息交换在精度、广度和时间等方面都是很低的（Zand，1972）。同时，信任还有利于专业分工和合作，使企业可以借助合作者的生产和研发能力将捕捉到的创新机会快速付诸实施，使其变成创新成果。

第二，信任关系的建立有效降低了企业合作的运作成本。联盟成员行为的不确定性往往体现为伙伴的机会主义行为。从合作绩效的角度看，自我实施机制因降低了签约成本、监督成本和各种适应性成本，从而提高了绩效。

第三，信任关系有利于减少冲突的发生。冲突是合作中不可避免的事情，尤其在两个竞争对手相互合作时，他们之间的潜在冲突问题就有可能严重化。不信任阻碍了伙伴之间的有效沟通和交流，从而产生冲突，主要表现为企业之间的利益分配冲突，如果增强企业之间的相互信任，那么各方在利益分配上有了公平感，他们就会更积极合作，从而减少冲突。

第四，信任能增强合作关系的灵活性。每当环境发生变化时，都需要对原有的合作安排进行调整，以适应环境变化的要求。由于合作网络内部决策是经过各方协商制订的，必须同时满足各方的要求，在信任度较低的情况下，当环境发生变化时，企业之间由于信息不对称，往往会出现"囚徒困境"一样的博弈，因相互猜疑而延误了决策调整的最佳时机，使整体利益受到损失。较高程度的信任则有利于提高灵活性，促进合作各方采取积极态度，从而推动决策的迅速形成，使合作关系能将环境变化的要求及时地反映出来。

因此，建立合作双方的信任是企业分担风险、减少不确定性、控制和确保信息沟通的一种有力的战略手段，这种信任建立在互惠互利的基础上，并借助开放性的合作网络在创新活动的各价值链上形成。信任带来伙伴企业更大程度的妥协和容忍、对长远目标及长期公平的追求，从而使双方能够接受合作中出现的局部目标冲突或短期不平等，有利于提高企业合作的效率（Parkhe，1993）。因此，本书提出以下假设。

H7a：双方情感型信任越高，则彼此合作绩效也会越高。
H7b：双方计算型信任越高，则彼此合作绩效也会越高。
H7c：双方关系型信任越高，则彼此合作绩效也会越高。
信任对合作绩效的影响研究假设汇总于表 6.40 中。

表 6.40　信任对合作绩效的影响研究假设汇总

H7a	双方情感型信任越高，则彼此合作绩效也会越高	情感型信任→合作绩效
H7b	双方计算型信任越高，则彼此合作绩效也会越高	计算型信任→合作绩效
H7c	双方关系型信任越高，则彼此合作绩效也会越高	关系型信任→合作绩效

在合作绩效验证性因子分析的基础上验证提出的假设。

情感型信任、计算型信任和关系型信任对合作绩效的影响作用如图 6.9 所示，相应的拟合指数如表 6.41 所示。

表 6.41　信任对合作绩效影响的拟合指数

拟合指数	指数值	评价标准
χ^2/df	4.93	小于 5，最好小于 3（拟合得合理）
RMSEA	0.1	小于 0.1，最好小于 0.08（拟合得较好）
NFI	0.95	大于 0.9（拟合得很好）
NNFI	0.95	大于 0.9（拟合得很好）
CFI	0.96	大于 0.9（拟合得很好）
GFI	0.71	大于 0.8，最好大于 0.9（拟合得可以接受）

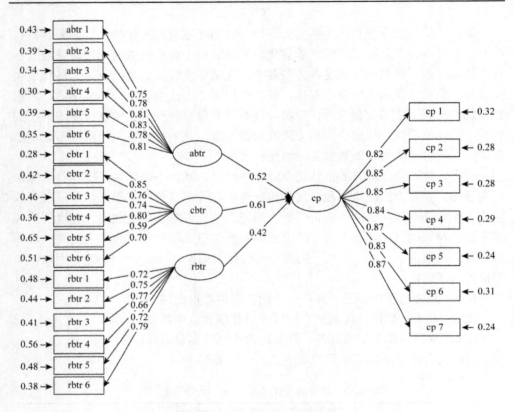

Chi-Square=1326.84, df=269, P-value=0.000 00, RMSEA=0.1

图 6.9　信任对合作绩效影响的拟合模型

信任对合作绩效的影响模型假设检验结果如表 6.42 所示。

表 6.42　信任对合作绩效的影响模型假设检验结果

假设代码	关系路径	路径负荷值	t 值	检验结果
H7a	情感型信任→合作绩效	0.52	5.50	支持
H7b	计算型信任→合作绩效	0.61	5.53	支持
H7c	关系型信任→合作绩效	0.42	3.42	支持

注：t 值>1.96 时，$P<0.05$；t 值>2.58 时，$P<0.01$。

情感型信任、计算型信任和关系型信任对合作绩效影响的路径负荷分别为
0.52、0.61 和 0.42，t 值分别为 5.50、5.53 和 3.42，$P<0.01$ 条件下，情感型信任、
计算型信任和关系型信任对合作绩效的影响表现为正向显著，原假设 H7a、H7b
和 H7c 经检验后成立。

通过结构方程模型拟合信任对合作绩效的影响，假设 H7a、H7b 和 H7c 经验证后均得到支持，即情感型信任、计算型信任和关系型信任都对合作绩效的产生具有显著影响。

五、企业间信任与合作绩效在控制变量上的差异性分析

在影响企业间信任的诸多因素中，本书主要关注了善良、正直、企业声誉、企业能力、交往经验和相互沟通。除了以上因素，被调查企业的一般特征也会对企业间信任带来影响，如被调查企业在市场中所占的份额、合作时间、企业规模以及被调查者的性别、年龄、职位和所在行业等。

本书所有控制变量均采用编码测量，属于分类型自变量，每个控制变量均有两个以上分类。由于本书的着眼点为企业层面的信任与合作，所以控制变量选择企业层面的变量，如市场份额、交往时间、企业规模等。

本书的检验有利于提高关于信任影响因素的研究结论的科学性。对于有显著影响，而且影响效果较大的企业特征，在接下来的全模型中，需要进行必要的技术控制。因此，本部分的检验，有利于增加研究结论的内部和外部效度，同时为本书进一步研究假设的实证检验提供基础。

1. 基于市场份额的方差分析结果

本书将企业的市场份额分为七个阶段，分别为非常小、很小、有点小、中等、有点大、很大和非常大。在方差分析中以此为标准进行方差检验，首先对企业间信任进行方差分析，之后对合作绩效进行方差分析和检验。

基于市场份额的企业间信任的方差分析结果如表 6.43 所示。

表 6.43　基于市场份额的企业间信任的方差分析结果

信任维度		方差分析					方差齐性检验	
		平方和	df	均方误差	F	Sig.	Levene	Sig.
情感型信任	组间	13.716	6	2.286	1.928	0.077	0.758	0.603
	组内	304.658	253	1.204				
	合计	318.374	259					
计算型信任	组间	6.760	6	1.127	1.151	0.333	0.661	0.682
	组内	251.531	253	0.994				
	合计	258.291	259					

信任 维度		方差分析					方差齐性检验	
		平方和	df	均方误差	F	Sig.	Levene	Sig.
关系型 信任	组间	9.597	6	1.599	1.379	0.224	2.277	0.037
	组内	298.191	253	1.179				
	合计	307.778	259					

　　基于市场份额的方差分析过程表明情感型信任和计算型信任的 Levene 检验 $p >$ 0.05，说明各组的方差在 $a = 0.05$ 水平上没有显著性差异，即方差具有齐次性。关系型信任在 0.05 显著水平下表现为不显著。基于市场份额差异分析的结果显示，针对假设组间均值存在显著性差异，对情感型信任计算得 F 分布观测值为 1.928，对应概率为 0.077；计算型信任的 F 分布观测值为 1.151，对应概率为 0.333；关系型信任的 F 分布观测值为 1.379，对应概率为 0.224。p 值均大于 0.05，因此，本书认为市场份额的差异对企业间信任的影响不明显。

　　在多重（多组）比较中，方差齐性概率 $p < 0.5$ 时，采用 Tamhane T2 的 t 检验结果；方差齐性概率 $p > 0.5$ 时，采用 LSD（least-significant difference，最小显著差异）的 t 检验结果。表 6.44 为市场份额的关系型信任方差分析的多重比较结果，本书只提供了关系型信任在规模非常小情况与其他六种情况的均值比较的情况，表的其余部分在附录 A 中体现。通过多重比较分析可知关系型信任在不同的网络规模下差异性都表现为不显著，因此本书所选样本在企业规模上不具备显著差异。综上数据分析结果可知，控制变量中市场份额的差异对企业间信任的影响都表现为不显著。

表 6.44　基于市场份额的关系型信任方差分析多重比较结果

自变量	检验类型	(I) 市场份额 类型	(J) 市场份额 类型	平均差（I-J）	标准误差	Sig.
关系型信任	Tamhane	1	2	0.355 56	0.733 80	0.523
			3	−0.303 42	0.677 89	0.535
			4	0.449 59	0.671 49	0.325
			5	0.515 12	0.672 00	0.260
			6	−0.482 32	0.683 36	0.304
			7	−0.148 15	0.681 62	0.771

　　注：表中（I）和（J）列表示所调查企业市场份额的类型，1 表示非常小；2 表示很小；3 表示有点小；4 表示中等；5 表示有点大；6 表示很大；7 表示非常大。

　　接下来分析不同市场份额下，被调查企业的合作绩效是否存在显著差异。基于市场份额的合作绩效方差分析结果如表 6.45 所示。

表 6.45 基于市场份额的合作绩效方差分析结果

信任维度		方差分析					方差齐性检验	
		平方和	df	均方误差	F	Sig.	Levene	Sig.
合作绩效	组间	8.698	6	1.450	1.449	0.197	0.948	0.461
	组内	257.193	253	1.016				
	合计	318.374	259					

观察表 6.45 中结果可以发现，Levene 检验 $p > 0.05$，说明各组的方差在 $a = 0.05$ 水平上没有显著性差异，即方差具有齐次性。且合作绩效显著概率为 0.197，高于 0.05 的水平，说明市场份额对于合作绩效没有显著影响。分析结果说明本书的调查样本中，企业在网络组织中的市场份额差异对于组织合作绩效的影响不明显。

2. 基于交往时间的方差分析结果

本书将调研企业参与网络交往的时间分为七个阶段，分别为 1 年以下、1~2 年、2~3 年、3~5 年、5~7 年、7~10 年和 10 年以上。在方差分析中以交往时间为标准进行方差检验，首先对企业间信任进行方差分析，之后对合作绩效进行方差分析和检验。

基于交往时间的企业间信任的方差分析结果如表 6.46 所示。

表 6.46 基于交往时间的企业间信任的方差分析结果

信任维度		方差分析					方差齐性检验	
		平方和	df	均方误差	F	Sig.	Levene	Sig.
情感型信任	组间	20.510	5	4.102	3.604	0.004	1.513	0.181
	组内	289.106	254	1.138				
	合计	309.616	259					
计算型信任	组间	5.390	5	1.078	1.090	0.366	1.493	0.192
	组内	251.246	254	0.979				
	合计	256.636	259					
关系型信任	组间	14.766	5	2.953	2.591	0.026	1.060	0.383
	组内	289.527	254	1.140				
	合计	304.293	259					

观察结果可知，情感型信任、计算型信任、关系型信任的 Levene 检验 $p > 0.05$，说明各组的方差在 $a = 0.05$ 水平上没有显著性差异，即方差具有齐次性。因此，在方差分析中采用 LSD 的检验结果。此外，在交往时间的分组检验中，情感型信

任和关系型信任表现为显著，拒绝了分组均值相等的假设；计算型信任表现为不显著，接受了分组均值相等的假设。

基于交往时间的企业间信任方差分析多重比较结果见附录 B。

接下来分析不同交往时间条件下，被调查企业的合作绩效是否存在显著差异。

基于交往时间的合作绩效方差分析结果如表 6.47 所示。

表 6.47　基于交往时间的合作绩效方差分析结果

信任维度		方差分析					方差齐性检验	
		平方和	df	均方误差	F	Sig.	Levene	Sig.
合作绩效	组间	8.314	5	1.663	1.663	0.144	0.884	0.492
	组内	253.950	254	1.000				
	合计	262.264	259					

观察表 6.47 中结果可以发现，Levene 检验 $p > 0.05$，说明各组的方差在 $a = 0.05$ 水平上没有显著性差异，即方差具有齐次性。且合作绩效显著概率为 0.144，高于 0.05 的水平，说明交往时间对于合作绩效没有显著影响。分析结果说明本书的调查样本中，企业在网络组织中的交往时间的长短对于组织合作绩效的影响不明显。

3. 基于企业规模的方差分析结果

本书将企业规模分为七个标准，分别为非常小、很小、有点小、中等、有点大、很大和非常大。在方差分析中以企业规模的这几个标准为基础进行方差检验，下面首先对企业间信任进行方差分析，之后对合作绩效进行方差分析和检验。

基于企业规模的企业间信任的方差分析结果如表 6.48 所示。

表 6.48　基于企业规模的企业间信任的方差分析结果

信任维度		方差分析					方差齐性检验	
		平方和	df	均方误差	F	Sig.	Levene	Sig.
情感型信任	组间	14.757	5	2.951	2.538	0.029	0.325	0.898
	组内	295.422	254	1.163				
	合计	310.179	259					
计算型信任	组间	5.717	5	1.143	1.168	0.325	1.415	0.219
	组内	248.688	254	0.979				
	合计	254.405	259					
关系型信任	组间	16.225	5	3.245	2.877	0.015	1.030	0.401
	组内	286.475	254	1.128				
	合计	302.700	259					

　　观察结果可知,情感型信任、计算型信任、关系型信任的 Levene 检验 $p>0.05$,说明各组的方差在 $a=0.05$ 水平上没有显著性差异,即方差具有齐次性,因此在方差分析中采用 LSD 的检验结果。此外,在以企业规模的分组检验中情感型信任和关系型信任表现为显著,拒绝了分组均值相等的假设;计算型信任表现为不显著,接受了分组均值相等的假设。

　　基于企业规模的企业间信任方差分析多重比较结果见附录 C。

　　接下来分析不同企业规模下被调查企业的合作绩效是否存在显著差异。基于企业规模的合作绩效方差分析结果如表 6.49 所示。

表 6.49　基于企业规模的合作绩效方差分析结果

信任维度		方差分析					方差齐性检验	
		平方和	df	均方误差	F	Sig.	Levene	Sig.
合作绩效	组间	8.191	5	1.638	1.646	0.148	1.370	0.236
	组内	252.844	254	0.995				
	合计	261.035	259					

　　观察表 6.49 中结果可以发现,Levene 检验 $p>0.05$,说明各组的方差在 $a=0.05$ 水平上没有显著性差异,即方差具有齐次性。合作绩效显著概率为 0.148,高于 0.05 的水平,说明本书所选样本企业规模对于合作绩效没有显著影响。分析结果说明在本书调查的样本中,企业在网络组织中的企业规模的大小对于组织合作绩效的影响不明显。

　　经过分析发现,情感型信任与关系型信任在交往时间和企业规模这两个变量上存在显著差异,计算型信任在交往时间、企业规模上差异不显著。企业的市场份额对企业间情感型信任、计算型信任和关系型信任的影响表现为不显著。企业在网络组织中的市场份额的差异、企业在网络组织中的交往时间的长短、企业在网络组织中的企业规模的大小对于组织合作绩效的影响不明显。由于发现有的控制变量对本书的关键变量信任与合作绩效有影响,在后面的全模型分析中将这些变量进行技术控制,进而分析变量间的净影响关系。

六、信任影响因素、企业间信任和合作绩效关系

　　在研究企业间信任形成机制和企业间信任对合作绩效的影响机制的基础上,本节主要探索企业间信任的影响因素、企业间信任和合作绩效三者之间的作用关系。用结构方程模型拟合三者之间关系,如图 6.10 所示。

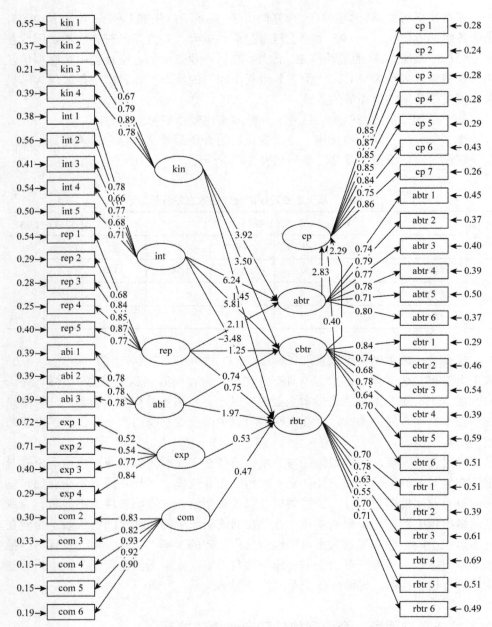

Chi-Square=6169.07, df=1193, P-value=0.000 00, RMSEA=0.126

图 6.10　信任影响因素、企业间信任和合作绩效关系模型

　　信任影响因素、企业间信任和合作绩效关系模型拟合指数如表 6.50 所示。

表 6.50　信任影响因素、企业间信任和合作绩效关系模型拟合指数

拟合指数	指数值	评价标准
χ^2/df	5.17	小于 5，最好小于 3（拟合得不好）
RMSEA	0.126	小于 0.1，最好小于 0.08（拟合得不好）
NFI	0.91	大于 0.9（拟合得很好）
NNFI	0.92	大于 0.9（拟合得很好）
CFI	0.93	大于 0.9（拟合得很好）

　　拟合模型存在大于 1 的路径，模型存在不稳定性，且拟合指数 χ^2/df 和 RMSEA 均在不可以接受的范围内。因此，信任影响因素、企业间信任和合作绩效关系的拟合模型需要进一步修正。观察各路径的 t 值，发现善良（kin）对关系型信任（rbtr）的影响、企业声誉（rep）对情感型信任（abtr）的影响以及关系型信任（rbtr）对合作绩效（cp）的影响都表现为不显著，t 值分别为 1.41、1.33、1.22。

　　对信任影响因素、企业间信任和合作绩效关系模型进行修正，不拟合善良（kin）对关系型信任（rbtr）的影响、企业声誉（rep）对情感型信任（abtr）影响，得到结果如图 6.11 所示。

　　信任影响因素、企业间信任和合作绩效关系修正模型拟合指数如表 6.51 所示。

表 6.51　信任影响因素、企业间信任和合作绩效关系修正模型拟合指数

拟合指数	指数值	评价标准
χ^2/df	4.31	小于 5，最好小于 3（拟合得较好）
RMSEA	0.105	小于 0.1，最好小于 0.08（接受）
NFI	0.91	大于 0.9（拟合得很好）
NNFI	0.92	大于 0.9（拟合得很好）
CFI	0.93	大于 0.9（拟合得很好）

　　通过修正信任影响因素、企业间信任和合作绩效三者关系得到最终模型如表 6.52 所示。在模型中除正直对关系型信任的影响作用表现为负向不显著（t 值仅为 -1.98）外，各路径 t 值均大于 1.96，在 0.05 水平下具有显著影响。

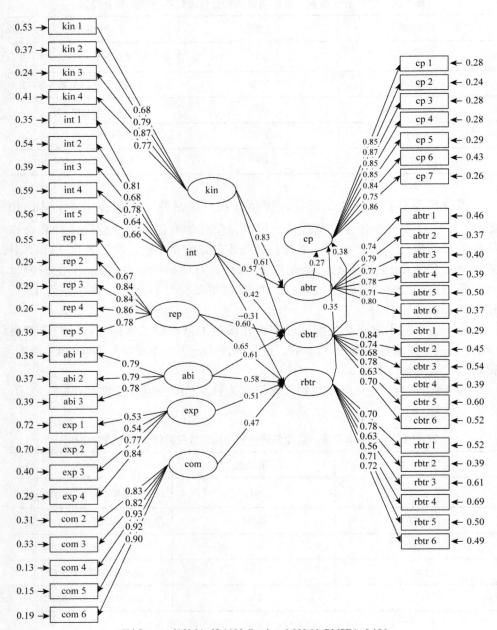

Chi-Square=5150.21, df=1195, P-value=0.000 00, RMSEA=0.106

图 6.11　信任影响因素、企业间信任和合作绩效关系修正模型

表 6.52　修正模型假设检验结果

关系路径	路径负荷值	t 值	检验结果
善良→情感型信任	0.83	5.42	支持
善良→计算型信任	0.61	4.98	支持
正直→情感型信任	0.57	4.27	支持
正直→计算型信任	0.42	3.65	支持
正直→关系型信任	−0.31	−1.98	（−）支持
企业声誉→计算型信任	0.60	4.89	支持
企业声誉→关系型信任	0.65	4.52	支持
企业能力→计算型信任	0.61	4.98	支持
企业能力→关系型信任	0.58	4.66	支持
交往经验→关系型信任	0.51	3.98	支持
相互沟通→关系型信任	0.47	3.85	支持
情感型信任→合作绩效	0.27	2.31	支持
计算型信任→合作绩效	0.38	3.58	支持
关系型信任→合作绩效	0.35	3.46	支持

注：t 值大于 1.96 时，$P<0.05$；t 值大于 2.58 时，$P<0.01$。

在信任影响因素、企业间信任和合作绩效三者关系修正模型中，三者关系如下。

善良、正直对情感型信任影响的路径负荷为 0.83 和 0.57，t 值分别为 5.42 和 4.27。$P<0.01$ 条件下，善良和正直对情感型信任的影响表现为正向显著，原假设经检验后成立。情感型信任对合作绩效影响的路径负荷为 0.27，t 值为 2.31，在 0.05 水平下情感型信任对合作绩效的影响表现为正向显著，原假设经检验后成立。

善良、正直、企业声誉和企业能力对计算型信任影响的路径负荷分别为 0.61、0.42、0.60 和 0.61，对应 t 值分别为 4.98、3.65、4.89 和 4.98。$P<0.01$ 条件下，善良、正直、企业声誉和企业能力对计算型信任影响是正向显著的，原假设经检验成立。计算型信任对合作绩效影响的路径负荷为 0.38，t 值为 3.58，在 0.01 水平下计算型信任对合作绩效的影响表现为正向显著。

正直、企业声誉、企业能力、交往经验和相互沟通对关系型信任影响的路径负荷分别为−0.31、0.65、0.58、0.51 和 0.47，t 值分别为−1.98、4.52、4.66、3.98 和 3.85。$P<0.01$ 条件下，企业声誉、企业能力、交往经验和相互沟通对关系型信任影响是正向显著的，在 $P<0.05$ 条件下，正直对关系型信任的影响表现为负向显著。关系型信任对合作绩效影响路径负荷为 0.35，t 值为 3.46，在 0.01 水平下关系型信任对合作绩效的影响表现为正向显著。

本 章 小 结

1）企业边界管理人员善良的品质对企业间信任产生积极的影响。善良的品质可以提高合作方的情感信任，为建立信任关系奠定基础。随着双方沟通的增加，善良的品质还会进一步加深双方的信任程度。以善良的品质为主线，进一步关心和感受合作方的需求与利益，以实际行动维护对方的利益。企业双方员工要树立乐观、友好、自信、精力充沛的活力水平，建立开放、自主、稳健的人际关系。这有助于培养员工活跃的想象力、新观念的自发接受能力和发散性思维能力等。建立信任的企业双方要在员工中树立起不落俗套，独立自主的开放性观念，保持乐于助人的、可信赖的、富有同情心的工作态度。

2）企业边界管理人员正直的品质有利于企业培养情感型信任和计算型信任，但无益于企业间关系型信任的形成。正直与行为有一定的关联性，建立信任关系的企业双方是否言行一致对于企业间的长期合作有着举足轻重的作用。企业往往以其过去的行为作为决策依据，在做信任判断时，不仅考虑目前的情景，也会参考被信任者过去的行为和声誉。行为具有一致性的被信任者，言行举止一般不会因环境和时间而改变，所以正直的行为对于企业的长期发展有着至关重要的影响。

3）企业声誉对企业间信任产生积极的影响。企业声誉对传递企业信息起到了重要的作用，企业良好的声誉与企业间信任遵循声誉-信任-投入-信任的良性循环，从而使企业信任不断得到提升。建立完善的企业声誉约束机制，不断约束自身的行为，增进长久交易的可能性，以达到降低交易成本的目的。企业要通过长期的守信行为，在网络组织内外积累起良好的声誉，有了这种声誉，企业就可以赢得更多的客户，从而以更低的成本与顾客、资源供应者、资金供应者等利益相关者进行交易。建立完善的企业声誉约束机制实际上就是建立了一种有效的多渠道的声誉传播机制。

4）企业能力对企业间计算型信任和关系型信任的形成有积极作用，但无益于情感型信任的形成。企业能力是企业间信任的最直接影响因素，也是最明显的影响企业间合作的因素。企业能力本身就是降低风险的因素，在企业合作的初期，把衡量企业的能力作为其是否值得信任、信任的收益能否超过信任的风险的主要因素是显而易见的。企业的能力越强，双方合作后达成目标的可能性越高，合作风险就会越小，风险降低有助于双方信任的建立。

5）企业间相互沟通只对关系型信任产生积极影响，对于情感型信任和计算型信任没有显著影响。本书中相互沟通对关系型信任的影响作用表现为显著，说明相互沟通对于持久关系的构建以及关系基础上的信任具有影响作用，是关系型信任产生的重要影响因素。企业需要通过举办各种企业间活动来增加不同企业间员工之间的沟通机会，增进不同企业员工间的信任水平，这些都需要合作企业在日常接触中有意识的行为。建立合作组织间沟通、对话机制，可以有效地缩小不同企业由于企业规模、组织文化的差距而形成的情感差距。任何合作政策措施，在付诸施行前，需将其内容传达给所有工作人员，以求全部工作人员都能了解，借以消除工作的紧张情绪，以求产生人事上的和谐关系。沟通实质是相互了解的过程，可以确定的是，沟通可以消除误会与隔阂，增进企业间的信任。然而，并非所有的沟通都能带来理想效果。不当的沟通方式不仅达不到增进相互信任的效果，相反可能会导致相互的猜忌和不满。因此，合作企业间应致力于建立个人和组织两个层面上的有效的沟通机制。

6）企业间交往经验只对关系型信任产生积极影响，对于情感型信任和计算型信任没有显著影响。合作经验有助于降低企业承受的风险，增加企业间信任，从而增加企业绩效。信任是和风险相关的，由于交易的频繁性以及技术的关联性，合作企业之间更倾向于建立长期的合作关系，例如，本田与合作企业的合作时间为 25～50 年。在中国传统文化背景下，许多企业对风险的承受力较弱，有时宁愿放弃一些利润也不愿意冒风险。本书中企业间的交往经验对关系型信任的影响作用表现为显著，说明交往经验对于持久关系的构建以及关系基础上的信任具有影响作用，是关系型信任产生的重要影响因素。

7）基于情感产生的信任与基于良好关系产生的信任具有较高的相关系数，而基于计算产生的信任与基于关系产生的信任的相关系数则相对较低，说明这两者之间的相互作用要小于情感型信任和关系型信任之间的相互作用。在以北京、天津、河北、辽宁企业作为样本分析的基础上，以中国企业文化为背景，经过实地调研和访谈，将企业间信任分为情感型信任、计算型信任、关系型信任，在经验研究中，通过小样本预测及大规模调研，对此信任维度的划分进行检验，经过小样本的探索性因子分析（exploratory factor analysis，EFA）及大样本的验证性因子分析（confirmative factor analysis，CFA），对此划分法的有效性进行了充分验证。

8）情感型信任对于合作绩效产生显著影响。人们在信任中投入感情，表示真诚的关心和关注同伴的福利，这种固有美德和情感是相互的，连接个体之间的感情纽带能够提供信任的基础。情感型信任是成员间的情感纽带，认为信任双方愿意超越常规业务和专门关系而为双方付出更多的努力，承担更多的非业务责任，满足他人所需。合作企业间要培养情感方面的共同点，从而实现相互认同。合作企业间有高水平的情感型信任会帮助企业采取更多的伙伴行为，实现合作绩效的同时，共同实现北京、天津、河北、辽宁企业网络的整体目标。

9）计算型信任对于合作绩效产生显著影响。在信任水平较低的情况下，大多企业在信任对方时首先考虑的是对方的能力，而非善意和动机。计算型信任来自于契约的限制或利益的计算，主要考虑企业间的功利关系。基于计算的信任是网络组织发展初期企业间信任的主要形式。企业间合作以正式契约为主，企业间的信任来自于契约的限制或是双方的相互依赖性。因此，对合作方的信任主要在于对成本和利益的考量，一旦机会主义的利益高于成本，违约行为就可能发生。在这种初级信任关系下，双方关心的是合同的完善性和合约的可执行性。计算型信任不仅源自于对违约行为所导致惩罚的忧虑，也来自对遵守合约所带来收益的预期。因此，完善契约、法律制度以及相关的行业规范可以有效地防止机会主义的产生。

10）关系型信任对于合作绩效产生显著影响。企业间"关系"来自于两方面：一是企业之间已存在的既有关系，如亲缘、地缘、血缘等；二是企业通过长期交往建立起来的稳固关系，这种关系的建立来源于以往成功的合作经验。不同的关系运作方法有不同的作用范围，在长期合作关系中加深双方感情的关系，而在短期交往中，利用关系网和利益给予的关系运作更为重要。关系型信任是基于了解并由双方行为的可预测性而产生的，同时包括由于既有关系的存在而带来的基于情感的信任。关系基础上的信任可以增进企业间的相互了解，帮助合作方达成目标、协调资源、提高合作绩效。

11）经过分析发现，情感型信任与关系型信任在交往时间和企业规模这两个变量上存在显著差异，计算型信任在交往时间、企业规模上差异不显著。企业的市场份额对企业间情感型信任、计算型信任和关系型信任影响表现为不显著。企业在网络组织中的市场份额的差异、企业在网络组织中的交往时间的长短、企业在网络组织中的企业规模的大小对于组织合作绩效的影响不明显。

12）本章把信任影响因素、企业间信任和合作绩效放在一起进行分析，分析的结果验证了人际因素中善良、正直品质会对企业间信任产生积极影响从而影响企业间合作绩效；组织因素中企业声誉、企业能力对企业间信任产生积极影响从而影响企业间合作绩效；关系因素中企业间相互沟通、企业间交往经验会对企业间信任产生积极影响从而影响企业间合作绩效。

第四篇 案 例 篇

　　本篇将用两个案例验证信任与合作的关系，由于本书所采集的都是中国境内特别是京津冀地区的数据，得出的结论是否具有通用性是作者一直关心的问题。所以本书通过网络和图书馆途径选出两个作者认为典型的案例：其一是外资企业与第三国社区之间信任与合作的关系；其二是外资企业与中国企业之间信任与合作的关系。试图通过两个典型案例验证前面所得出结论的适用性。

第七章　雀巢公司与印度当地企业合作关系的建立

第一节　背 景 资 料

　　雀巢公司和小农场主建立合作关系的做法，充分体现了社会进步和企业竞争优势之间的共生关系。30 年前非洲发生的雀巢婴儿配方奶粉风波事件使得雀巢公司的声誉受到了严重影响，但目前，对于发展中国家而言，雀巢公司的企业形象还是相对积极的。

　　本书以雀巢公司在印度的牛奶业务为例。1962 年，雀巢公司制定了进入印度市场的战略计划，并在政府的批准下，于莫加（Moga）的北部地区建立了奶牛场。建立初期，该地区的环境相当贫瘠，不通车，不通电，没有电话，还没有相应的医疗设施配备。每个普通农户手头的田地不足 5 英亩（1 英亩≈0.405 公顷），地质条件恶劣，灌溉条件也很差。很多家庭虽养一头水牛，但奶产量仅够家庭自给自足，而且 60%的牛犊生下来就会夭折。由于冷藏设备匮乏，相应的运输条件和检验手段也难以满足要求，牛奶的远距离运输成了最大的难题，加上经常受到污染或者兑水稀释，奶质得不到保障。

　　雀巢公司来莫加的目的是建立乳制品业务，而不是履行社会责任，但是该公司脱胎于瑞士母公司的价值链转而依赖于当地大量分散的小农户来开发奶源。要在莫加建立这样一条价值链，雀巢公司就必须改造竞争环境，这就给它自己和当地社会创造了巨大的共享价值。

　　针对当地落后的状况，雀巢公司在每个镇上都建立了配备冷藏设备的牛奶站，以此为据点派车上门向农户收购鲜奶。随车而至的还有兽医、营养师、农艺专家和质量保证专家等，从而能及时为患病奶牛治病和补充营养。另外，雀巢公司还每月为当地的养牛农户举行一次培训。通过培训，养牛农户了解到牛奶的品质取决于奶牛饮食的好坏，而良好的饮食则有赖于得到充分灌溉的饲料作物，于是他们又在雀巢公司的资金和技术的支持下开始打深井（要知道，在以前，当地的养牛农户根本没钱打深井）。井水不仅为奶牛提供了充足的饮水，也提高了农作物的产量，使农民有了余粮，从而提高了生活水平。

　　雀巢公司在莫加的乳制品厂开工时，只有 180 家农户为其供奶，而在合作之后，供奶户已经超过了 7.5 万家。雀巢公司在该地区建立了 650 个乡村牛奶站，每天两次上门收奶。牛犊的死亡率下降了 75%，牛奶产量提高了 50 倍。随着牛奶质量的提高，雀巢公司的收购价已经高于政府的指导价，而半月一结的付款方式也促进了养牛农户的积蓄增长，从而在金融机构有了一定的信用额度。现在，竞争对手已经在该地区开设了新的奶牛场和乳制品厂，一个产业集群开始形成。

如今，莫加地区居民的生活水平明显高于附近其他地区。90%的家庭通了电，大部分家庭安装了电话，所有的村子都开设了小学，许多村里还有中学，医生人数是临近地区的5倍。当地农民购买力的提高，也极大地拓展了雀巢的产品市场，为公司取得良好的经济效益提供了有力支撑。雀巢公司的另外两种核心产品，即咖啡豆和可可豆，也是依照类似模式，由发展中国家的小农户种植的。雀巢公司在莫加地区建立收奶站，培训养牛农户和介绍新技术的经验，已经在巴西、泰国等十多个国家得以复制（最近还移植到了中国）。而每一次伴随着雀巢公司的成功，当地社会也无一例外地繁荣起来，这一切都源于信任。

雀巢公司将致力打造与农户之间的友好合作关系作为在莫加地区的核心发展战略。与农户的直接合作能够节省中间商支付成本，并对农产品进行直接监督，从而保证了产品质量。

第二节　案 例 分 析

雀巢公司来到印度之后，为了占领印度市场，制定了自己的战略——建立信任关系，与当地开展全面合作，为其通水通电，针对当地医疗条件差的事实，为当地建立医院等。利用这种方式与当地居民、企业建立了信任，并进行了良好的合作。最终达到了多赢的结果：当地居民改善了生活、居住条件，同时建立奶站为居民提供了工作机会，当地奶厂为雀巢公司提供了合格的奶源，雀巢公司也得到了良好的发展。总结分析信任建立的方式可以看到，当地企业与雀巢公司的信任方式以及信任产生的结果高度契合了本书的观点。

情感型信任的突出特点是，需要一定时间的互动，在了解的基础之上发生，交换关系开始的初期很难出现。在互动的过程中，信任方一旦能够了解到被信任方的善意及可信任性，信任一方就会对被信任方产生情感依附并施以信赖的意愿。计算型信任是基于惩罚的信任，衡量惩罚的威胁与奖赏的承诺大小而做出选择。通俗地讲，信任可以通过判断基于信任所带来的收益以及信任被破坏所带来的威胁而产生。关系型信任基于交易企业双方长期的合作经验，长期的关系会使彼此产生情感信任，进而加深关系信任。

可以看到，雀巢公司真诚地为当地改善了生活、生存环境，并通水、通电、建医院等，这种投资改善当地生活工作条件的行为，使当地的居民和企业经过一段时间后开始信任雀巢公司，同时对公司提供的工作机会产生依赖和情感的依附。雀巢公司与当地企业经过一段时间的合作后，当地企业普遍认识到信任雀巢公司的承诺后，生活得到了改善，同时雀巢公司有了稳定的奶源，这就使得双方建立了良好的关系，这种良好关系的建立进一步加深了双方的信任关系。应该说，雀巢公司与当地企业信任关系正是通过情感、计算、关系建立的，与此对应的正是情感型信任、计算型信任、关系型信任。

　　致力于建立公司与农户间的合作关系，是雀巢公司的核心战略。因为信任的存在，雀巢公司与当地居民、社区建立起来的合作关系更加牢固可靠。没有中间商赚差价，公司直接接触农户的农产品，产品供应质量得到了保证，农产品供应成本也得到了控制。综合分析可以发现，雀巢公司与农户的合作是一项多赢战略。

第八章 柯达与乐凯合作的深度分析

第一节 背景资料

　　成立于 1958 年的中国乐凯胶片集团公司（简称乐凯）曾是 20 世纪六七十年代的接触电影胶片生产商，中国的第一代电影胶卷，就出自乐凯之手，之后乐凯又将中国的航空航天胶片送上了人造卫星，并因此逐步发展成为国内电影胶片的主要生产领导者。20 世纪 80 年代初到 90 年代中期，乐凯研制出了中国自己的彩色胶卷和彩色相纸，并使之快速推向市场，打破了外国货一统天下的局面，并以 8 年实现 3 次更新换代的成绩，一举夺回了 20%的国内市场份额，在国际市场上的产品销量逐步接近总销量的 1/5。但好景不长，自 2000 年开始，乐凯的主营业务收入开始呈现下滑趋势，企业的资金和技术都遇到了前所未有的瓶颈。为了摆脱企业困境，在充分考虑了各方影响因素之后，乐凯决定和伊堪柯达公司（简称柯达）合作，并于 2003 年 10 月，与柯达签订了一份期限为 20 年的合作协议。协议规定，柯达与乐凯的战略合作伙伴关系正式达成，柯达将以 4500 万美元的现金和一套用于彩色产品生产的乳胶生产线及其相关技术收购乐凯 20%的股份，与此同时，柯达要保证后期将向乐凯提供 5500 万美元资金和技术支持，用于改造乐凯现有的片基和涂布生产线；乐凯会为此而支付一定数量的技术转让费，并支付柯达持有股份的股息。被公认为是硕果仅存的感光行业民族品牌的乐凯，在此次合资协议中成功地坚持了"控股、保留品牌、拥有经营管理权"三项原则而保持了独立性，成为轰动一时的重大跨国"婚姻"。这场本被视为是一场强强联手的双赢合作，仅维持了四年就因为柯达的退出而宣告失败了。

　　2007 年 11 月 8 日，乐凯控股股东中国乐凯胶片集团公司与柯达（中国）股份有限公司（简称柯达（中国））签署股权转让协议，乐凯向柯达（中国）转让 7%的股份。同时，柯达（中国）投资有限公司和柯达（中国）同意将其持有的合计乐凯 6840 万股（占总股本的 20%）股份转让给广州诚信创业投资有限公司，并且该部分股份的股份性质发生变化，转让后为社会法人股，属非流通股。交易完成后，柯达将不再持有乐凯股份。这一协议的公布标志着柯达与乐凯为期四年的合作的终结。在这项合作中，双方都付出了沉重的代价。自合同签订以后，柯达（中国）就开始承担巨大的财务落差，曾承诺以接近 1 亿美元的现金，以及一套用于彩色感光产品生产的设备换取的股份，在合作终结时出售时，仅价值 3700 万美元，而且直到联盟截止，柯达在中国的资金投入已经高达 12 亿美元，不但没有实现回报，相反，不少冲印店都已经入不敷出，陷入亏损。全盛时期的柯达在中国拥有近 1 万家冲印店，但合作终止时只剩 7800 家；从乐凯的角度来看，与柯达的合作也并没有给它打来客观的收益。与柯达合作的四年期间，预料中的财务回报和产业上的升级更新都没有实现，相反，据乐凯的财务报告显示，与柯达合资后，2004 年乐凯净利润 7803 万元，2005 年跌至 2233 万元，2006 年维持在 2757 万元。四年里，乐凯盈利能力下降了接近 90%。另外，与柯达结束合作关系的过程，也使得乐凯付出了惨痛的代价。公告称乐凯胶片将以现金方式向柯达分三次在一年内支付 900 万美元许可费，以获得使用柯达的"许可专利"。为了保障能够把生产继续下去，乐凯与柯达在 2007 年 11 月 8 日签署了《原材料供应与生产线维护协议》，该协议要求柯达在合同期内向乐凯提供一定数量的原材料，同时为生产线提供维护服务，使其达到合同规定的标准。从这些环节来看，柯达与乐凯长达四年的"婚姻"关系并没有让双方互利共赢，乐凯不仅没有获得柯达在感光方面的先进技术，并最终沦为柯达的下游工厂。

第二节　案　例　分　析

深入剖析柯达与乐凯的合作关系，不难发现缺乏信任是两家企业的合作关系最终走向灭亡的最核心因素，双方之间有保留的合作方式使得本该皆大欢喜的两家企业都接受了惨痛的教训。缺乏信任的合作是没有意义的，相互猜疑、互有保留的合作关系终将走向灭亡。信任是双方合作的基础，只有相互信任，联盟内的信息才能充分共享，知识才能有效地转移。如果单纯从自身利益角度出发，实现联盟的企业之间有保留地合作非但不能实现资源贡献，盟友之间的信任度和亲密程度的降低都会影响到知识的有效传递，联盟关系也将由此受到极大的影响。仔细分析柯达和乐凯的合作过程不难发现，柯达在这段关系中表现出了明显的不信任，在技术支持等方面也有所保留。柯达在订立合同时所承诺的向乐凯提供世界一流的技术和一流的生产线技术并没有实现，乐凯没能拿到柯达在感光材料方面的配方。一度承诺要帮助乐凯在河北保定和广东汕头各建一条乳剂生产线的柯达，在真正签署合作协议时，这两条生产线将由柯达设在加拿大和墨西哥的两条彩卷生产线改装，而这两条产线在数年之前就被柯达淘汰停产了。另外，自从 2004 年底柯达派驻的工作组进驻乐凯后，虽然对帮助和改善乐凯当时生产技术和销售管理中存在的一些问题起到了一定作用，但关于 TAC、乳剂和涂布生产线等彩色胶卷方面的核心技术，柯达始终没有透露给乐凯。从股权角度来讲，在双方的合作中，柯达仅持有乐凯 20%的股权，这可能会成为柯达向乐凯提供核心技术的障碍——在一个没有控股的合资企业中，柯达提供一流技术的动力并不充分。这也是柯达一直不能在合作关系中坦诚布公的一方面原因。但合作失败的最关键原因还是柯达考虑到自身未来的发展而采取的有保留的合作策略,即并没有按合作规定真正转让其技术。由于乐凯缺乏技术和产品优势的支撑,在日趋萎靡的胶卷市场,几乎没有与柯达竞争的实力,所以当柯达在技术转让方面表现出不作为时,就促使乐凯做出了近乎机会主义的行为:一方面保护自己的地盘不被抢走;另一方面用这种方式来向柯达表示自己对其有保留的合作的不满。这进一步促成了联盟解体的导火索。

合作关系的稳固必然是要建立在相互信任的基础之上的,两个为了达到互利共赢目的的公司通过互通有无在市场上大显身手,这必然需要双方之间坚实的信任关系。一旦合作关系中的任何一方有所保留,对对方机会主义行为的估计将直接导致联盟关系难以维持。从柯达与乐凯的实际合作过程来看,柯达的不信任和合作的有保留性很明显。柯达并没有像订立合资企业的合约中所写的那样,向乐凯提供世界一流的技术和一流的生产线技术,乐凯也没有真正得到柯达的感光材料的配方。由此可见,单纯考虑自身利益的联盟,或者有保留的合作方式都会使盟友间的亲密度降低,信息传递受阻,联盟难以达成其预期的效果。如果联盟的企业只从自身利益出发,有保留地进行合作,就会导致盟友间的信任度与亲密程度降低,知识有效转移的通道被封闭,使联盟效果受到极大的影响。

本 篇 小 结

    经过对来自不同地区、不同行业、不同时代的两个案例进行分析，可以发现，建立良好信任关系的企业，包括参与合作的企业、个人，都取得了不错的业绩；相反，信任缺失的企业都走向了失败。

    例如，雀巢公司致力于和农户建立合作关系是公司的战略核心，而合作关系建立的前提正是与当地居民、社区、企业建立良好的信任关系。柯达与乐凯联盟的案例则说明缺乏信任的合作是不可能成功的。联盟双方采取有保留式的合作。信任是双方合作的基础，只有相互信任，联盟内的信息才能充分共享，知识才能有效地转移。

    以上案例分析的结果与本书的研究结论基本一致，即信任在合作关系中发挥着不可小觑的作用，有信任的合作企业会达到双赢的结果，而缺乏信任的合作最终将以失败收场。信任是合作关系中的一种润滑剂，更时合作关系的一种稳固剂，在促进合作的同时，更加深了合作双方的感情联系。也可以看出，信任这种特质是国际性的，不分时代，不分国籍，当有信任时，人与人、人与企业、企业与企业的合作是愉快的，而信任缺失将会导致合作的失败。只有合作没有信任，那合作就只是一副空壳，一旦外界出现风吹草动，合作关系将瞬间崩塌。同时信任也促使企业很好地履行社会责任，而履行了社会责任的企业会有更好的社会口碑，受到外界呼声的影响，合作的一方会对另一方产生更大程度的信任，由此往复形成良性循环，于是，信任–合作–合作绩效的路径就建立起来了。

第五篇 结 论 篇

　　本篇对本书进行总结概括，找出研究的不足，同时对后续的研究提出建议，共包括四部分：第一部分，总结和概括主要结论；第二部分，本书的主要贡献；第三部分，本书的不足之处；第四部分，进一步研究的建议。

第九章　全书总结与展望

技术和科技当然重要，但是提升信任，才是这10年来真正重要的议题。
————汤姆·彼得斯

第一节　主要结论

本书主要研究企业间信任与合作问题，通过对企业间信任、企业间合作、企业间信任与合作、企业间信任与合作绩效文献的梳理，立足于中国背景，对近500家企业调研分析，建立企业间信任对合作绩效影响的分析框架，并进行实证检验，从理论和实践解决了以下两个方面的问题。

（一）理论上，回答了什么是信任？什么是企业间的信任？信任动态演化过程是什么？合作是什么？合作绩效是什么？构建了企业间合作的二维模型、构建了企业信任与合作的三层次模型。

1) 本书认为信任是 A（施信方）在依靠 B（受信方）实现其目标的过程中，认为 B 会尽其所能履行承诺，并且不会利用 A 的弱点谋取不当利益的一种信念或者心理状态。而企业间的信任是指，在有风险的前提下，一方企业认为另一方企业在合作过程中会竭尽全力，面对困难、危机时仍能一如既往地完成潜在交易的主观信念。通过企业间信任维度划分的研究，本书把企业间维度划分为情感型、计算型和关系型。基于此，构建了信任的三层次模型。企业间的信任是个动态的发展过程，有着产生、发展、违背、修复的线性规律。

信任的研究是一个动态的过程，包括信任的产生（建立）、消解以及修复。合作和信任关系扮演了重要角色。虽然发展和维持这些关系的呼声很高，却很少有关于发展和保持这些关系的过程研究。如果我们致力于使人们保持强有效的合作关系，就需要对此类关系是如何产生和怎么维持的有进一步的了解。

在企业关系中有多种不同类型的信任，阐述了关系中信任可能被破坏的方式和这些危机因素对保持信任的后果。最后，我们描述了信任破坏的修补过程和当事人在有效地掌控修补过程中的责任。

2) 企业间合作是指两家或两家以上的独立的、治理结构上互不控制的企业，为了实现自身经营目标，超越单纯以价格为衡量标准的市场交易，互相利用彼此的资源或能力，共同完成某一任务或达成长期的业务关系的经营行为。

本书提出了企业间合作二维模型、企业间五力合作模型以及企业间信任与合作三层次模型。

①企业间合作二维模型。企业间合作的二维分析框架从经济学与企业战略两个维度来分析企业间合作问题。从经济学角度，企业间合作与市场、企业层阶两种方式构成了经济交易的三分法，企业间合作是市场与企业层阶的中间状态，威廉姆森用中间组织的概念来描述企业间合作的组织形式，当交易不确定程度低、交易频率低、资产专用性低时，采用市场的手段较为有效；当交易不确定程度高、交易频率高、资产专用性高时，采用企业层阶的方式较为有效；当交易不确定性、交易频率与资产专用性处于中间状态时，采用双边、多边与杂交的中间组织形式，采用企业间合作的方式比较有效。从企业战略维度，企业间合作与多元化、专业化两种公司层战略构成了战略拓展的三分法，企业间合作是多元化与专业化的中间状态，如果业务的规模经济较强，企业致力于发挥核心竞争力，应采用专业化的模式；如果企业的范围经济较明显，可以较好地发挥协同优势，应采用多元化的模式；但处于中间状态，也就是缺乏专业化与多元化的坚实基础时，企业间合作是比较现实、有效的经营模式。

企业间合作是市场与企业、多元化与专业化的两极思维方式的哲学融合。在企业经营的过程中，很难在两极之间划一个清晰界限，更多的是中间过渡、颜色渐变的状态。也可以认为，两分法是理论上为了分析方便造就的理想状态，而在企业实践中，更多的是中间状态。产业之间的融合、交叉、衍生越来越成为现实，外包、战略联盟等企业间合作方式的出现更加剧了这种趋势。市场交易与企业层阶、多元化与专业化的界限也越来越模糊。玛丽·帕克·芙丽特认为"融合统一需要发明创造，其聪明之处正在于认识到这一点，而不要让自己的思维停留在从相互排斥对立的二者当中选择其一的限制之中"。对于市场与层阶、多元化与专业化的认识也需要人们跳出传统的思维框架，用融合统一的思维进行重新认识与思考。

②企业间五力合作模型。借鉴波特的产业分析模型，本书提出五力合作模型，也就是从五种力量来考察企业间合作的方向，这五种力量就是产业内企业间合作、与供应商之间的合作、与客户之间的合作、与潜在进入者之间的合作、与相关产品生产厂商之间的合作。通过与这五种力量构建合理的合作安排，可以实现优势互补、协同效应，降低交易成本、培育核心能力、提高市场反应速度与学习机会和效率，提升企业信誉与建立关系资产。

与本产业企业可以通过合作研发、增加规模、共同制定产品标准、克服进入壁垒、产业合作等方式提高竞争力、降低经营成本；与上游企业可以通过信息系统共享市场信息，提高市场反馈速度，也可以为共同提高质量与运营效率展开合作；与客户合作建立密切的关系，以便缩短交货时间，促进研发活动，建立联合的信息系统，降低库存，甚至作为成员参加新产品的设计等；对于在产业中居于相对弱小地位的企业，通过与潜在进入者合作，改善自身地位，对于潜在进入者来说，通过与产业外的企业合作，实现业务扩张或延伸，实现双赢；与替代品生产厂商合作可以共享产业发展的机会，巩固自身企业在未来产业发展中的地位；与互补品厂商合作可以构建良性循环的正反馈网络，加速本企业产品的市场接受速度，尽快确立本企业产品的市场地位。

③企业间信任与合作三层次模型。本书把企业间的信任归为三个维度。第一个维度是情感类，这一个层次是把交易与价值观、文化背景、社会关系、个人情感等因素相关联产生信任，情感连接的产生基于对对方特征与处境的认知，而了解对方是认同的基础，认知之后才能产生感情连接，如个人型、认知型、了解型、情感型、过程型、善意型、非自利型等，本书把第一层次的信任称为情感型信任，其含义是企业间的关系与企业相关个人之间的关系产生连接，个人之间的信任促进了企业间的信任。第二个维度是理性计算类，这一个层次的特点是根据各种信息，对交易的得益损失进行权衡，来决定是否信任对方。代表经济组织的个人在决定是否信任对方企业的时候，要比个人之间的决策更加理性，通过计算自己信任对方的得失与对方背信的风险来判断对方可信任的程度，包括能力型、动机型、计算型、知识型、特征型，第二个维度沿用其他学者的观点，本书称为计算型信任。第三个维度是关系型，关系的存在使得信任不需要依靠个人特质或历史记录就可以发展，本书把第三维度的信任称为关系型信任。

同时，企业间信任的来源可以分为三个层次：个人因素，由相关个人的特征产生信任；企业因素，由企业自身特征产生信任；社会环境因素，由企业所在的环境产生信任。这三个层次与信任的三个维度相对应，即个人因素产生情感型信任，企业因素产生计算型信任；社会环境因素产生关系型信任。

企业间信任的三个层次来源，通过作为中介变量的三个维度的信任，对因变量合作的效果产生影响。

3）企业合作绩效是合作结果的具体表现。合作绩效是两个企业之间相互合作所带来的成效。关于企业间合作绩效说明了两点：第一，角度是双方的，双方的绩效都得到改善才意味着合作绩效改善了；第二，绩效是两方的——直接的和间接的，直接绩效就是双方目标实现的程度，间接绩效就是双方企业核心竞争力的提高程度。

（二）实践上，回答了以下三个主要问题：第一，信任的形成机制是什么？第二，信任的影响机制是什么？第三，企业间信任影响因素、企业间信任及合作绩效三者的关系是怎样的？

1）根据中国讲究人情、关系的社会特征，本书建立了基于情感的人际因素、基于关系的关系因素和基于计算的组织因素的企业间信任影响因素构成结构，并通过信效度分析、验证性因子分析证明了企业间信任影响因素的构成及测度量表的合理性和有效性。实证研究证明了信任的各影响因素对不同维度的信任产生不同的影响作用。

信任的形成机制可以从三个层面进行分析：人际因素、组织因素、关系因素。合作企业中员工的善良特征、正直特征体现为基于人际产生的信任，企业声誉、企业能力为基于组织特征产生的信任，企业交往经验、企业间相互沟通则体现为基于关系特征产生的信任。通过信任影响因素对信任三维度即情感型信任、计算型信任和关系型信任作用关系的拟合，发现以下规律。

①善良的品质是企业形成信任的重要因素，它对于企业情感型信任、计算型信任、关系型信任都有积极影响。同时该结论也验证了 Jarvenpaa 等（1998）、Mayer 等（1995）的结论：个人的善良品质是双方信任发展的基础。

Jarvenpaa 等（1998）、Mayer 等（1995）提出的在虚拟团队合作中，善良品质对受信方的可信程度的预测能力会随着合作时间的延长而增加，预测系数从初期的 0.149（不显著）到后期的 0.333（显著）。这暗示了个人的善良品质是双方信任发展的基础，证明了企业边界管理人员善良的品质会对企业间信任产生积极的影响。善良的品质可以提高合作方的情感信任，为建立信任关系奠定基础。随着双方沟通的增加，还会进一步加深双方的信任程度。以善良的品质为主线，进一步关心和感受合作方的需求与利益，以实际行动维护对方的利益。企业双方员工要树立乐观、友好、自信、精力充沛的活力水平，建立开放、自主、稳健的人际关系。这有助于培养员工活跃的想象力、对新观念的自发接受能力和发散性思维能力等。网络组织中建立信任的企业双方要在员工中树立起不落俗套、独立自主的开放性观念，保持乐于助人的、可信赖的、富有同情心的工作态度。

②企业边界管理人员正直的品质有利于企业培养情感型信任和计算型信任，但无益于企业间关系型信任的形成。由此作者推断，这和中国传统文化相关，中国的传统文化较多地看重血缘、地缘关系，而正直的品质也许并不利于搞好企业间的关系，并不能产生关系型信任。但正直与行为有一定的关联性，建立信任关系的企业双方是否言行一致对于企业间的长期合作有着举足轻重的作用。企业往往以其过去行为作为决策依据，在做信任判断时，不仅考虑目前的情景，也会参考被信任者过去的行为和声誉。行为具有一致性的被信任者，言行举止一般不会因环境和时间而改变，所以正直的行为对于企业的长期发展有着至关重要的影响。

③企业声誉对企业间信任产生积极的影响。因此要重视建立并完善企业良好的声誉，企业声誉对传递企业信息起到了重要的作用，企业良好的声誉与企业间信任遵循声誉—信任—投入—信任的良性循环，企业信任不断得到提升。建立完善的企业声誉约束机制，不断约束自身的行为，增进长久交易的可能性，以达到

降低交易成本的目的。企业要通过长期的守信行为，在网络组织内外积累起良好的声誉，有了这种声誉，企业就可以赢得更多的客户，从而以更小的成本与顾客、资源供应者、资金供应者等利益相关者进行交易。建立完善的企业声誉约束机制实际上就是建立了一种有效的多渠道的声誉传播机制。

④企业能力对企业间计算型信任和关系型信任的形成有积极作用，但无益于情感型信任的形成。作者由此推断边界管理人员情感的加深和个人能力、企业能力不相关，两者没有什么必然联系。从心理上讲，能力强的企业不会博得别人的同情，自然也就无益于情感型信任的形成和加深。但企业能力是企业间信任的最直接影响因素，也是最明显的影响企业间合作的因素。企业能力本身就是降低风险的因素，在企业合作的初期，把衡量企业的能力作为其是否值得信任、信任的收益能否超过信任的风险的主要因素是显而易见的。企业的能力越强，双方合作后达成目标的可能性越高，合作风险就会越小，风险降低有助于双方信任的建立。本书中企业能力对企业间计算型信任和关系型信任的影响表现为显著，企业能力表现为产品或服务的品质以及双方关系的稳定程度，这两者是企业间信任产生的首要条件。

⑤企业间相互沟通只对关系型信任产生积极影响，对于情感型信任和计算型信任没有作用。针对这一疑问，作者对曾调研过的企业进行回访，并找出如下原因：沟通的实质是相互了解的过程，可以确定的是，沟通可以消除误会与隔阂，增进企业间的信任。然而，并非所有的沟通都能带来理想效果。不当的沟通方式不仅达不到增进相互信任的效果，相反可能会导致相互的猜忌和不满，会导致人们情感损失，同时会使得相互交往过程中的失败记录增加，自然会影响到情感型信任和计算型信任。

⑥经过本书的研究发现，企业间交往经验只对关系型信任产生积极影响，对于情感型信任和计算型信任没有作用。针对这一疑问，作者对曾调研过的企业进行回访，并找出如下原因：随着与合作企业交往经验的增加，对其依赖性也在不断地增加，如果对方违约，企业会有较大的损失，基于这样的情况，建立在双方交往的历史经验基础上的计算型信任及情感型信任自然不会得到加强。而本书的样本来源于河北、天津、北京、辽宁，我国其他省市是否也会如此有待于进一步研究。

本书对企业间信任形成前因的研究结论如表9.1所示。

表9.1　研究结论1

研究问题	序号	假设路径	假设评价
信任的形成机制	H1a	企业员工越善良，则对合作伙伴的情感型信任越高	支持
	H1b	企业员工越善良，则对合作伙伴的计算型信任越高	支持
	H1c	企业员工越善良，则对合作伙伴的关系型信任越高	支持

研究问题	序号	假设路径	假设评价
信任的形成机制	H2a	企业员工越正直，则对合作伙伴的情感型信任越高	支持
	H2b	企业员工越正直，则对合作伙伴的计算型信任越高	支持
	H2c	企业员工越正直，则对合作伙伴的关系型信任越高	不支持
	H3a	企业声誉越好，则对合作伙伴的情感型信任越高	支持
	H3b	企业声誉越好，则对合作伙伴的计算型信任越高	支持
	H3c	企业声誉越好，则对合作伙伴的关系型信任越高	支持
	H4a	企业能力越强，则对合作伙伴的情感型信任越高	不支持
	H4b	企业能力越强，则对合作伙伴的计算型信任越高	支持
	H4c	企业能力越强，则对合作伙伴的关系型信任越高	支持
	H5a	相互沟通越多，则对合作伙伴的情感型信任越高	不支持
	H5b	相互沟通越多，则对合作伙伴的计算型信任越高	不支持
	H5c	相互沟通越多，则对合作伙伴的关系型信任越高	支持
	H6a	双方交往经验越多，则对合作伙伴的情感型信任越高	不支持
	H6b	双方交往经验越多，则对合作伙伴的计算型信任越高	不支持
	H6c	双方交往经验越多，则对合作伙伴的关系型信任越高	支持

2）在深入探讨企业间信任本质特征的基础上，结合中国文化背景建立了以情感型信任、关系型信任、计算型信任为内容的企业间信任分类体系，并通过信效度分析、验证性因子分析证明了企业间信任分类体系及测度量表的合理性和有效性，为研究中国情景下企业间信任提供了分析与测度工具。同时，实证研究表明信任对合作绩效产生积极影响。

经过文献分析和实地调研，本书企业间信任划分为三个维度：基于人际的情感型信任、基于组织的计算型信任和基于关系的关系型信任。通过对情感型信任、计算型信任和关系型信任三者之间关系的拟合及三者对合作绩效作用关系的拟合，发现以下规律。

①基于情感产生的信任与基于良好关系产生的信任具有较高的相关系数，而基于计算产生的信任与基于关系产生的信任的相关系数则相对较低，说明这两者之间的相互作用要小于情感型信任和关系型信任之间的相互作用。

以中国企业文化为背景，经过实地调研和访谈，将企业间信任分为情感型信任、计算型信任、关系型信任。在信度、效度分析的基础上，对信任各维度进行探索性因子分析，进一步运用结构方程模型进行验证性因子分析。情感型信任与关系型信任的相关系数为0.79，情感型信任与计算型信任的相关系数为0.65，计算型信任与关系型信任的相关系数为0.62。

②情感型信任对于合作绩效产生显著影响。企业间合作绩效可以通过加强企业间关系中的情感型信任的方式实现。建立情感，培育信任基础，提高合作绩效。

③计算型信任对于合作绩效产生显著影响。企业间合作绩效可以通过加强企业间关系中的计算型信任的方式实现。完善契约，防范机会主义产生，提高合作绩效。

④关系型信任对于合作绩效产生显著影响。企业间合作绩效可以通过加强企业间关系中的关系型信任的方式实现。维系关系，加强相互了解，提高合作绩效。

本书对企业间信任对合作绩效的研究结论如表 9.2 所示。

表 9.2　研究结论 2

研究问题	序号	假设路径	假设评价
信任的影响机制	H7a	双方情感型信任越高，则彼此合作绩效也会越高	支持
	H7b	双方计算型信任越高，则彼此合作绩效也会越高	支持
	H7c	双方关系型信任越高，则彼此合作绩效也会越高	支持

3）基于本书提出的通用分析框架，用结构方程拟合信任影响因素、企业间信任和合作绩效三者的关系，总结并分析了企业间信任形成机制、企业间信任对合作绩效的影响机制。实证研究表明人际因素、组织因素和关系因素构成中，部分变量对企业间不同类型的信任产生积极影响，进而对合作绩效产生积极的影响。

第二节　主　要　贡　献

1）理论上的贡献。企业间信任作为企业间合作的重要影响因素，直接影响企业间合作的质量和效率，进而影响企业间合作绩效。本书探索了企业间信任的主要影响因素、企业间合作绩效的影响因素以及信任对于企业间合作绩效影响的一般规律，为企业参与合作提供了理论依据，有助于增强企业间信任，增进企业间合作，实现企业间资源协调和配置，进而提升复杂环境下的企业竞争力，从而提高企业间合作绩效。

2）实践上的贡献。本书将普通企业间的信任作为研究对象，拓展了过去学者大都将研究对象确定为供应链企业间信任的做法，作者选择不同行业有代表性的企业作为调研对象，这就使得本书的研究结果相对具有普遍性。本书将研究范围确定为北京、天津、河北、辽宁，对于这些地区的企业间合作具有一定的指导意义。

第三节　不足之处

1) 取样范围。由于本书调查的是企业间的信任与合作绩效的问题，样本取样存在一定的难度，本书尽最大努力进行多地区取样，样本主要来源于北京、天津、河北、辽宁，由于问卷数量样本偏少，样本的代表性还有待进一步验证，所以本书的结论对其他地区的企业是否适用，还有待于进一步的拓展研究和检验。

2) 测量工具与数据收集方法。由于实际操作的难度以及资源有限，本书没有能逐一进行合作双方的配对调查。同时本书中所使用的问卷大多是修订问卷，其信度、效度还有待未来研究的进一步检验。

3) 研究方法。本书使用相关研究范式，用结构方程模型探讨了变量间影响关系，虽然得出一些因果影响，但是如果能进行相应的实验研究来进一步证实本书发现的影响会极大地提高研究结论的效度。

第四节　进一步研究的建议

1) 细化信任影响因素的子维度，研究信任影响因素子维度对合作绩效的影响。在后续的研究中，作者希望能在本书的基础上，对信任影响因素的子维度对信任及合作绩效的关系进行研究，以得到更多有价值的发现。

2) 纵向研究企业间信任对合作绩效的影响。信任不是静止的，而是动态变化的（Rousseau et al.，1998），假如对企业间信任建立、发展的过程进行纵向研究，就可以对信任的发展过程及其对合作绩效的影响有一个更准确的了解。因为纵向研究不仅耗时长，研究的难度也要大得多，目前的研究多是停留在某一时间段的横向研究。本书由于人力、物力及时间的限制，也是采用的横向研究。在这一方向的后续研究中，可以朝纵向研究方面努力，以期有更多的新发现。

3) 跨文化研究信任对合作绩效的影响。学者的研究大多集中于一种文化背景下，尚没有人研究跨文化背景下信任对合作绩效的影响，伴随着经济全球化与技术进步，企业间合作日趋国际化，研究跨文化信任对合作绩效的影响具有较强的现实意义，作者希望未来的研究中关注跨文化信任对合作绩效的影响，以得到更多有价值的新发现。

参 考 文 献

艾克斯罗德 R. 1996. 对策中的制胜之道——合作的进化[M]. 吴坚忠, 译. 上海: 上海人民出版社.

财政部统计评价司. 2002. 2002 年企业绩效评价标准值[M]. 北京: 经济科学出版社.

陈剑, 冯蔚东. 2002. 虚拟企业构建与管理[M]. 北京: 清华大学出版社.

陈昆. 2007. 基于信息的信任——制度的生发机制探讨[J]. 社会科学家, (5): 72-76.

陈祥槐, 宝贡敏. 2002. 基于信誉和"关系"的企业信任机制比较研究[J]. 河北经贸大学学报, 23 (6): 66-72.

陈晓萍, 樊景立. 2008. 组织与管理研究的实证方法[M]. 北京: 北京大学出版社.

陈彦雄. 2009. 组织文化中的信任问题研究[D]. 西安: 西安科技大学.

陈志祥, 罗澜, 赵建军. 2004. 激励策略对供需合作绩效影响的理论与时政研究[J]. 计算机集成制造系统, 10 (6): 677-684.

崔彦韬. 2006. 产业集群内企业间信任建立机制研究[D]. 杭州: 浙江大学.

邓靖松, 刘小平. 2008. 企业高层管理团队的信任过程与信任管理[J]. 科学学与科学技术管理, 29 (3): 174-177.

付亚和, 许玉林. 2003. 绩效管理[M]. 上海: 复旦大学出版社.

高静美, 郭劲光. 2004. 企业网络中的信任机制及信任差异性分析[J]. 南开管理评论, 7 (3): 63-68.

桂萍, 龚胜刚, 彭华涛. 2002. 合作、不完备契约与准租[J]. 武汉理工大学学报 (信息与管理工程版), 24 (6): 87-90.

何晓晴. 2006. 工程项目成功合作及其管理指标体系的构建与研究[D]. 长沙: 湖南大学.

侯杰泰, 温忠麟, 成子娟. 2004. 结构方程模型及其应用[M]. 北京: 教育科学出版社.

贾若祥, 刘毅. 2004. 企业合作问题研究[J]. 北京行政学院学报, (5): 30-35.

贾生华, 吴波. 2004. 基于声誉的私人契约执行机制[J]. 南开经济研究, 6 (6): 16-20.

姜广东. 2004. 信任研究: 理论演进[J]. 财经问题研究, (10): 3-8.

姜文君. 2014. 在线社会网络中个性化信任评价基础与应用研究[D]. 长沙: 中南大学.

金高波, 李新春. 2001. 网络组织中的信任与控制及其在中国转型期的表现[J]. 学术研究, (12): 41-45.

金玉芳, 董大海. 2004. 消费者信任影响因素实证研究——基于过程的观点[J]. 管理世界, (7): 93-99.

李达, 罗玮. 2013. 信任定义的重新界定[J]. 晋阳学刊, (1): 99-105.

李宁, 严进. 2007. 组织信任氛围对任务绩效的作用途径[J]. 心理学报, 39 (6): 1111-1121.

李永锋. 2006. 合作创新战略联盟中企业间相互信任问题的实证研究[D]. 上海: 复旦大学.

李勇军. 2010. 对等网络信任机制研究[J]. 计算机学报, 33 (3): 390-405.

刘军. 2008. 管理研究方法[M]. 北京: 中国人民大学出版社.

刘南，姜成峰. 2008. 第三方物流企业战略联盟信任机制研究[J]. 中国水运：下半月，（5）：60-62.

刘永胜. 2004. 供应链企业之间信任问题研究[J]. 中国流通经济，18（11）：12-15.

卢纹岱. 2002. SPSS For Windows 统计分析[M]. 2 版. 北京：电子工业出版社.

罗家德. 2005. 社会网分析讲义[M]. 北京：社会科学文献出版社.

罗家德. 2007a. 中国人的信任游戏[J]. 商界：评论，（2）：79-82.

罗家德. 2007b. 特殊信任与一般信任——中国组织的社会网分析[A]//郭毅，罗家德. 社会资本与管理学[C]. 上海：华东理工大学出版社.

马庆国. 2002. 管理统计[M]. 北京：科学出版社.

牛飞亮. 2003. 网络理论与企业战略联盟存在的信任基础分析[J]. 西北农林科技大学学报：社会科学版，3（1）：31-36.

潘文安. 2006. 供应链伙伴关系、整合能力与合作绩效的实证研究[J]. 科技管理创新，（5）：105-108.

潘文安，张红. 2006. 供应链伙伴企业间的信任、承诺对合作绩效的影响[J]. 心理科学，29（6）：1502-1506.

潘文燕，余一明. 2006. 集群企业信任问题的研究[J]. 北方经济：综合版，（3）：61-62.

彭泗清. 1999. 信任的建立机制：关系运作与法制手段[J]. 社会学研究，2：53-66.

乔晶，胡兵. 2008. 虚拟企业合作伙伴间信任关系的构建[J]. 企业活力，（1）：80-81.

乔宪木. 2004. 虚拟企业信任机制研究[D]. 重庆：重庆大学.

荣泰生. 2005. 企业研究方法[M]. 北京：中国税务出版社.

史占中. 2001. 企业战略联盟[M]. 上海：上海财经大学出版社.

孙伟. 2007. 渠道中围绕信任的概念模型[D]. 北京：首都经济贸易大学.

田宇，阎琦. 2007. 物流外包关系中物流服务需求方信任的影响因素研究[J]. 国际贸易问题，（5）：29-33.

王承哲. 2006. 企业间合作绩效影响因素实证研究[D]. 杭州：浙江大学.

王静. 2009. 供应链企业间信任及其违约风险的研究[D]. 西安：长安大学.

王敏，高建中. 2014. 农民对专业合作社信任成本的维度关系研究[J]. 世界农业，（9）：30-35.

王蔷. 2000. 战略联盟内部的相互信任及其建立机制[J]. 南开管理评论，（3）：13-17.

王涛. 2007. 基于社会资本的知识链成员间相互信任机制研究[D]. 成都：四川大学.

王晓玉，晁钢令. 2005. 组织间信任与组织间人际信任的作用比较——来自中国家电分销渠道的实证分析[J]. 经济管理，（8）：37-44.

威廉姆森. 2002. 资本主义经济制度——论企业签约和市场签约[M]. 段毅才等，译. 北京：商务印书馆.

吴波，贾生华. 2006. 企业间合作治理模式选择及其绩效研究评述[J]. 软科学，20（5）：20-24.

武志伟，茅宁，陈莹. 2005. 企业间合作绩效影响机制的实证研究——基于 148 家国内企业的分析[J]. 管理世界，9：99-106.

夏若江. 2005. 基于信任的企业学习和创新能力分析[J]. 科技管理研究，12：118-122.

肖渡，沈群红. 2000. 合作网络形成的理论探讨及其意义[J]. 管理工程学报，14（4）：69-73.

谢才凤. 2005. 消费者信任前因、维度和结果的研究：基于电视机购买的理论与经验研究[D]. 杭州：浙江大学.

徐雷. 2007. 组织中信任的产生及其对信任双方绩效的影响[D]. 杭州：浙江大学.

许淑君，马士华. 2002. 我国供应链企业间的信任危机分析[J]. 计算机集成制造系统，8（1）：51-53.

晏钢. 2003. 虚拟企业组织成员间的信任机制研究[J]. 云南财贸学院学报，19（4）：50-53.

杨静. 2006. 供应链内企业间信任的产生机制及其对合作的影响——基于制造业企业的研究[D]. 杭州：浙江大学.

杨柳. 2014. 社员对农民专业合作社信任成本影响因素的实证研究[D]. 咸阳：西北农林科技大学.

杨志蓉. 2006. 团队快速信任、互动行为与团队创造力研究[D]. 杭州：浙江大学.

杨中芳，彭泗清. 1999. 中国人人际信任的概念化：一个人际关系的观点[J]. 社会学研究，（2）：1-21.

尹继佐，恩德勒 G. 2003. 信任与生意：障碍与桥梁[M]. 上海：社会科学院出版社.

于立，孟韬. 2004. 当代企业组织网络化与反垄断研究[J]. 天津社会科学，（1）：84-89.

袁立科，张宗益. 2006. 研发合作形成的信任因素分析[J]. 科学学与科学技术管理，27（10）：23-26.

张东芳. 2004. 供应商网络中的信任分析[D]. 杭州：浙江大学.

张瑾. 2008. 虚拟企业信任机制研究[D]. 兰州：兰州大学.

张景安，刘军. 2009. C2C 商家信任度动态分类机制研究[J].计算机工程与应用，45（19）：217-219.

张平. 2006. 合作——战略管理思想新趋势[J]. 未来与发展，（4）：2-4.

张维迎，柯荣住. 2002. 信任及其解释：来自中国的跨省调查分析[J]. 经济研究，10（5）：59-70.

张喜征. 2003. 基于信任的虚拟企业治理机制研究[J]. 科学学与科学技术管理，24（10）：109-113.

张鑫. 2007. 中小企业网络合作能力影响因素分析[J]. 经济研究，（12）：36.

张延锋. 2003. 战略联盟中信任、控制对合作风险的影响及其组合绩效研究[D]. 西安：西安交通大学.

赵贵华，梁冬梅，王江. 2005. 供应链中的伙伴信任关系分析及建立[J]. 价值工程，24（12）：52-54.

赵学礼. 2008. 企业间合作机理与信任关系构建研究[D]. 上海：复旦大学.

郑也夫. 1999. 信任：溯源与定义[J]. 北京社会科学，4：118-123.

郑也夫. 2003. 介绍中国城市出版社的"信任理论文丛"[J]. 全国新书目，（7）：16.

郑也夫. 2005. 对张维迎信任理论的几点商榷[A]//邓正来. 中国书评[C]. 桂林：广西师范大学出版社.

郑也夫，彭泗清，等. 2003. 中国社会中的信任[M]. 北京：中国城市出版社.

周勇，王耘. 2006. 区域创新网络中企业合作问题探讨[J]. 商业时代，（26）：109-110.

Adler P S. 2001. Market，hierarchy，and trust：The knowledge economy and the future of capitalism[J]. Organization Science，12（2）：215-234.

Ajmal M M. 2015. Cultural effects on trust building in international projects' stakeholders[J]. International Journal of Information Technology Project Management，6（3）：41-57.

Ali H，Birley S. 1998. The role of trust in the marketing activities of entrepreneurs establishing new ventures[J]. Journal of Marketing Management，14（7）：748-763.

Aljazzaf Z M，Perry M，Capretz M A M. 2010. Online trust：Definition and principles[J].Computing in the Global Information Technology（ICCGI），17（10）：163-168.

Amit R，Schoemaker P. 1993. Strategic assets and organizational rent[J]. Strategic Management

Journal, 14: 33-46.

Anand B N, Khanna T. 2000. Do firms to learn to create value? The case of alliance[J]. Strategic Management Journal, 21 (3): 295-315.

Anderlini L, Felli L. 1994. Incomplete written contracts: Undescribable states of nature[J]. The Quarterly Journal of Economics, 109 (4): 1085-1124.

Anderson E, Weitz B A. 1989. Determinants of continuity in conventional industrial channel dyads[J]. Marketing Sciences, 8 (Fall): 310-323.

Anderson E, Weitz B A. 1992. The use of pledges to build and sustain commitment in distribution channels[J]. Journal of Marking Research, 29 (February): 18-34.

Anderson J C, Gerbing D W. 1988. Structural equation modeling in practice: A review and recommended two-step approach[J]. Psychological Bulletin, 103: 411-423.

Anderson J C, Narus J A. 1990. A model of distributor firm and manufacturer firm working parnterships[J]. Journal of Marketing, 54 (1): 42-59.

Aris A, Mustaffa N, Zabarudin N S N M. 2011. Concepts and constructs in online trust[J]. Research and Innovation in Information Systems (ICRIIS), (10): 1-6.

Armstrong R W, Yee S M. 2001. Do Chinese trust Chinese? A study of Chinese buyers and sellers in Malaysia[J]. Journal of International Marketing, 9 (3): 63-86.

Arrow K J. 1972. Gifts and exchanges[J]. Philosophy & Public Affairs, 1 (4): 343-362.

Arrow K J. 1974. General economic equilibrium: Purpose, analytic techniques, collective choice[J]. The American Economic Review, 64 (3): 253-272.

Balliet D, van Lange P A. 2012. Trust, conflict, and cooperation: A meta-analysis[J].Psychological Bulletin, (10): 1-23.

Barber B. 1983. The Logic and Limits of Trust[M]. New Brunswick: Rutgers University Press.

Barney J B, Hansen M H. 1994. Trustworthiness as a source of competitive advantage[J]. Strategic Management Journal, 15: 175-190.

Batt P J. 2003. Building trust between growers and market agents[J]. Supply Chain Management, 8 (1): 65-78.

Baum J A C. 1991. Institutional linkages and organizational mortality[J]. Administrative Science Quarterly, 36 (2): 187-218.

Beccerra M, Gupta A K. 1999. Trust within the organization: Integrating the trust literature with agency theory and transaction costs economics[J]. Public Administration Quarterly, 23 (2): 177-203.

Bell J, den Ouden B, Ziggers G W. 2006. Dynamics of cooperation: At the brink of irrelevance[J]. Journal of Management Studies, 43 (7): 1607-1619.

Bensaou M. 1999. Portfolios of buyer-supplier relationships[J]. MIT Sloan Management Review, 40 (4): 35.

Bhattacharva R, Devinney T M, Pillutla M M. 1998. A formal model of trust based on outcomes[J]. Academy of Management Review, 23 (3): 459-472.

Bidault F, Jarillo C J. 1997. Trust: Firm and Society[M]. London: Palgrave Macmillan Press.

Biele G, Rieskamp J, Czienskowski U. 2008. Explaining cooperation in groups: Testing models of reciprocity and learning[J]. Organizational Behavior and Human Decision Processes，106（2）：89-105.

Bies R J. 1987. The predicament of injustice：The management of moral outrage[J]. Research in Organizational Behavior，9（4）：289-319.

Blau P M. 1964. Power and Exchange in Social Life[M]. New York：John Wiley & Sons Ltd.

Blomqvist K. 2002. Partnering in the dynamic environment：The role of trust in asymmetric technology partnership formation[D]. Lappeenranta：Lappeenranta University of Technology.

Boon S D，Holmes J D. 1991. Cooperation and Prosocial Behavior[M]. Cambridge：Cambridge University Press.

Booth B E. 1998. Processes and the evolution of trust in interfirm collaborative relationships：A longitudinal study[D]. Evanston：Northwestern University.

Bradach J L，Eccles R G. 1989. Price authority，and trust：From ideal types to plural forms[J]. Annual Review of Sociology，15：97-118.

Bromiley P，Cummings L L. 1995. Organizations with trust：A theoretical perspective[A]//Bies R，Lewicki R，Shrppard B. Research in Negotiations[C]. Greenwich：JAI Press.

Bucklin L P，Sengupta S. 1993. The co-diffusion of complementary innovations：Supermarket scanners and UPC symbols[J]. Journal of Product Innovation Management，10（2）：148-160.

Burt R S. 1992. Structural Holes：The Social Structure of Competition. Cambridge：Harvard University Press.

Burt R S，Knez M. 1995. Kinds of third-party effects on trust[J]. Rationality and Society，7：255-292.

Butler J K. 1991. Toward understanding and measuring conditions of trust：Evolution of a conditions of trust inventory[J]. Journal of Management，17：643-663.

Byrne J A. 1993. The horizontal corporation[J]. Business Week，20（1993）：76-81.

Camerer C，Weigelt K. 1988. Experimental tests of a sequential equilibrium reputation model[J]. Econometrica：Journal of the Econometric Society，56（1）：1-36.

Canegallo C，Ortona G，Ottone S，et al. 2008. Competition versus cooperation：Some experimental evidence[J]. The Journal of Socio-economics，37（1）：18-30.

Chen T Y，Chen Y M，Lin C J，et al. 2010. A fuzzy trust evaluation method for knowledge sharing in virtual enterprises[J]. Computers & Industrial Engineering，59（4）：853-864.

Chen Z X，Aryee S，Lee C. 2005. Test of a mediation model of perceived organizational support[J]. Journal of Vocational Behavior，66：457-470.

Child J. 2001. Trust-the fundamental bond in global collaboration[J]. Organizational Dynamics，29（4）：274-288.

Chiles T H，McMackin J F. 1996. Integrating variable risk preference，trust，and transaction cost economics[J]. Academy of Management Review，21：73-99.

Chowdhury S. 2005. The role of affect-and cognition-based trust in complex knowledge sharing[J]. Journal of Management Issues，17（3）：310-323.

Chu S Y，Fang W C. 2006. Exploring the relationships of trust and commitment in supply chain management[J]. Journal of American Academy of Business，9（1）：224-228.

Coleman J S. 1984. Introducing social structure into economic analysis[J]. American Economic

Review，72（2）：84-88.

Coleman J S. 1988. Social capital in the creation of human capital[J]. American Journal of Sociology，94（Supplement）：95-120.

Coleman J S. 1990. Foundations of Social Theory[M]. Cambridge：Harvard University Press.

Coleman J S. 1998. The nature and location of religious social capital[C]. The Religion，Social Capital and Democratic Life Conference，Grand Rapids.

Cook J，Wall T. 1980. New work attitude measure of trust，organizational commitment，and personal need nonfulfillment[J]. Journal of Occupational Psychology，53：39-52.

Cook K S，Hardin R，Levi M. 2005. Cooperation without Trust? [M]. New York：Russell Sage Foundation.

Cox A. 2001. Understanding buyer and supplier power：A framework for procurement and supply competence[J]. Journal of Supply Chain Management，37（1）：8-15.

Cravens D W，Grant K，Ingram T N，et al. 1992. In search of excellent sales organizations[J]. European Journal of Marketing，26（1）：6-23.

Creed W D，Miles R E，Kramer R M，et al. 1996. Trust in Organizations：Frontiers of Theory and Research[M]. Los Angeles：Sage Publications Inc.

Cunningham M T，White J G. 1973. The determinants of choice of supplier：A study of purchase behaviour for capital goods[J]. European Journal of Marketing，7（3）：189-202.

Das T K，Teng B S. 1998. Between trust and control: Developing confidence in partner cooperation in alliances[J]. The Academy of Management Review，23（3）：491-512.

Das T K，Teng B S. 2000. A resources-based theory of strategic alliances[J].Journal of Management，26（1）：31-61.

Dasgupta P. 1988. Trust as a commodity[A]//Gambetta D G. Trust: Marketing and Breaking Cooperative Relationships[C]. New York：Basil Blackwell.

Davenport T H. 1998. Putting the enterprise into the enterprise system[J]. Harvard Business Review，76（4）：121.

Davidow W H，Malone M S. 1992. The Virtual Corporation：Structuring and Revitalising the Corporation for the 21st Century[M]. New York：New York Harper Collins Publishers.

Deutsch E. 1973. Advaita Vedanta：A philosophical Reconstruction[M]. Honolulu：University of Hawaii Press.

Deutsch M. 1958. Trust and suspicion[J]. Journal of Conflict Resolution，2（4）：265-279.

DeVellis R F. 1991. Scale Development：Theory and Applications Sage[M]. Los Angeles：Newbury Park.

Dodgson M. 1993. Learning，trust and technological collaboration[J]. Human Relations，46（1）：77-95.

Doney P M，Cannon J P. 1997. An examination of the nature of trust in buyer-seller relationships[J]. Journal of Marketing，61：35-51.

Doney P M，Cannon J P，Mullen M P. 1998. Understanding the influence of national culture on the development of trust[J]. Academy of Management Review，23：601-620.

Doz Y L. 1996. The evolution of cooperation in strategic alliances：Initial conditions or learning processes[J]. Strategic Management Journal，17：55-83.

Dwyer R F, Schurr P H, Oh S. 1987. Developing buyer-seller relationships[J]. Journal of Marketing, 51 (2): 11-27.

Dyer J H. 1996. Specialized supplier networks as a source of competitive advantage: Evidence from the auto industry[J]. Strategic Management Journal, 17 (4): 271-291.

Dyer J H. 1997. Effective interim collaboration: How firms minimize transaction costs and maximize transaction value[J]. Strategic Management Journal, (18): 535-556.

Dyer J H, Singh H. 1998. The relational view: Cooperative strategy and sources of interorganizational competitive advantage[J]. Academy of Management Review, (23): 660-679.

Dyer J H, Nobeoka K. 2000. Creaking and management a high-performance knowledge-sharing network: The Toyota case. Strategic Management Journal, (21): 345-367.

Dyer J H, Chu W J. 2003. The role of trustworthiness in reducing transaction costs and improving performance: Empirical evidence from the United States, Japan, and Korea[J]. Organization Science, 14 (1): 57-68.

Eccles J S, Wigfield A. 2002. Motivational beliefs, values, and goals[J]. Annual Review of Psychology, 53 (1): 109-132.

Ellis K, Shockley-Zalabak P. 2001. Trust in top management and immediate supervisor: The relationship to satisfaction, perceived organizational effectiveness, and information receiving[J]. Communication Quarterly, 49 (4): 382-398.

Fisher R, Ury W, Patton B. 1991. Getting to Yes: Negotiating Agreement Without Giving In[M]. New York: Penguin Group.

Friar J, Horwitch M. 1985. The emergence of technology strategy: A new dimension of strategic management[J]. Technology in Society, 7 (2-3): 143-178.

Fukuyama F. 1995. Trust: The Social Virtues and the Creation of Prosperity[M]. New York: Free Press Paperbacks.

Gambetta D. 1988. Can we trust trust? [A]//Gsmbetta D. Trust: Making and Breaking Cooperative Relation[C]. Oxford: Blackwell.

Ganesan S. 1994. Determinants of long-term orientation in buyer-sellers relationships[J]. Journal of Marketing, 58: 1-19.

Gefen D. 2000. E-commerce: the role of familiarity and trust[J]. Omega, 28 (6): 725-737.

Geringer J M. 1998. Assessing replication and extension. A commentary on Glaister and Buckley: Measures of performance in UK international alliances[J]. Organization Studies, 19 (1): 119-138.

Gersick C J. 1989. Marking time: Predictable transitions in task groups[J]. Academy of Management Journal, 32 (2): 274-309.

Gidden C. 1990. On abbreviations and communications[J]. EDN, 35 (16): 32.

Giddens A. 1991. Modernity and Self-identity: Self and Society in the Late Modern Age[M]. Palo Alto: Stanford University Press.

Golembiewski R T, McConkie M. 1975. The centrality of interpersonal trust in group processes[A]// Cooper C L. Theories of Group Processes[C]. London: John Wiley & Sons Ltd.

Good D. 1988. Individuals, interpersonal relations, and trust[A]//Gambetta D G. Trust[C]. New York:

Basil Blackwell.

Gorsuch R L，Venable G D. 1983. Development of an "Age Universal" IE scale[J]. Journal for the Scientific Study of Religion，22（2）：181-187.

Granovetter M. 1985. Economic action and social structure: The problem of embeddedness[J]. American Journal of Sociology，91：481-510.

Griffin A，Hauser J R. 1996. Integrating R&D and marketing: A review and analysis of the literature[J]. Journal of Product Innovation Management，13（3）：191-215.

Grossman S J，Hart O D. 1986. The costs and benefits of ownership: A theory of vertical and lateral integration[J]. Journal of Political Economy，94（4）：691-719.

Guha S，Rastogi R，Shim K. 1998. CURE: an efficient clustering algorithm for large databases[J]. ACM SIGMOD Record，27（2）：73-84.

Gulati R. 1995a. Social structure and alliance formation pattern: A longitudinal analysis[J]. Administrative Science Quarterly，40：619-652.

Gulati R. 1995b. Does familiarity breed trust? The implications of repeated ties for contractual choice in alliances[J]. Academy of Management Journal，38：85-112.

Gulati R，Gargiulo M. 1999. Where do interorganizational networks come from? [J]. American Journal of Sociology，104（5）：1439-1493.

Gundlach G T，Achrol R S，Mentzer J T. 1995. The structure of commitment in exchange[J]. The Journal of Marketing，59（1）：78-92.

Hair J F，Anderson R E，Tatham R L，et al. 1998. Multivariate Data Analysis[M]. 5th ed. Upper Saddle River: Prentice Hall International.

Hamel G. 1991. Competition for competence and inter-partner learning within international strategic alliance[J]. Strategic Management Journal，12：83-103.

Handfield R B，Bechtel C. 2002. The role of trust and relationship structure in improving supply chain responsiveness[J]. Industrial Marking Management，31（4）：367-382.

Hart S L，Milstein M B. 2003. Creating sustainable value[J]. The Academy of Management Executive，17（2）：56-67.

Hechter M. 1987. Nationalism as group solidarity[J]. Ethnic and Racial Studies，10（4）：415-426.

Heide J B，John G. 1988. The role of dependence balancing in safeguarding transaction-specific assets in conventional channels[J]. Joural of Marketing，52（January）：20-35.

Heide J B，John G. 1990. Alliances in industrial purchasing: The determinants of joint action in buyer-supplier relationships[J]. Journal of Marketing Research，27（1）：24-36.

Henderson J. 2003. Marshall's scale economies[J]. Journal of Urban Economics，53（1）：1-28.

Hennart J F. 1988. A transaction costs theory of equity joint ventures[J]. Strategic Management Journal，9（4）：361-374.

Hennart J F. 1993. Explaining the swollen middle: Why most transactions are a mix of "market" and "hierarchy" [J]. Organization Science，4（4）：529-574.

Hirschman A O. 1984. Against parsimony: Three easy ways of complicating some categories of economic discourse[J]. Bulletin of the American Academy of Arts and Sciences，37（8）：11-28.

Hoang H，Kothaermel F T. 2005. The effect of general and partner-specific alliance experience on joint R & D project performance[J]. Academy of Management Journal, 48 (2): 332-345.

Holm D B, Eriksson K, Johanson J. 1999. Creating value through mutual commitment to business network relationships[J]. Strategic Management Journal, 20: 467-486.

Holste J. 2003. A study of the effects of affect-based trust and cognition-based trust on intra-organizational knowledge sharing and use[D]. Virginia: Regent University.

Hosmer L T. 1995. Trust: The connecting link between organizational theory and philosophical ethics[J]. Academy of Management Review, 20: 379-403.

Houston M B, Johnson S A. 2003. Buyer-supplier contracts versus joint ventures: Determinants and consequences of transaction structure[J]. Journal of Marketing Research, 37 (1): 1-15.

Humphrey J, Chmitz H. 1998. Trust and inter-firm relations in developing and transition economies[J]. The Journal of Development Studies, 34 (4): 32-61.

Ingram P, Roberts P. 2000. Friendships among competitors in the Sydney Hotel Industry[J]. American Journal of Sociology, 106: 387-423.

Inkpen A C. 1998. Learning and knowledge acquisition through international strategic alliances[J]. The Academy of Management Executive, 12 (4): 69-80.

Jarvenpaa L, Knoll K, Leidner E. 1998. Is anybody out there? Antecedents of trust in global virtual teams[J]. Journal of Management Information Systems, 14 (4): 29-64.

Jiang W J. 2014. Generating trusted graphs for trust evaluation in online social networks[J].Future Generation Computer Systems, (31): 48-58.

Johnston D A, McCutcheon D M, Stuart F I, et al. 2004. Effects of supplier trust on performance of cooperative supplier relationships[J]. Journal of Operations Management, 22 (1): 23-38.

Jones A P, James L R, Bruni J R. 1975. Perceived leadership behavior and employee confidence in the leader as moderated by job involvement[J]. Journal of Applied Psychology, 60: 146-149.

Jones G R, George J M. 1998. The experience and evolution of trust: Implications for cooperation and teamwork[J]. Academy of Management Review, 23 (3): 531-546.

Kale P, Dyer J H, Singh H. 2002. Alliance capability, stock market response, and long-term alliance success: The role of the alliance function[J]. Strategic Management Journal, 3: 747-767.

Kee H W, Knox R E. 1970. Conceptual and methodological considerations in the study of trust[J]. Journal of Conflict Resolution, 14: 357-366.

Kerlinger F N. 1986. Foundations of Educational Research[M]. New York: Holt, Rinehart & Winston.

Kogut B. 1988. Joint ventures: Theoretical and empirical perspectives[J]. Strategic Management Journal, 9 (4): 319-332.

Kozak R A, Cohen D H. 1997. Distributor-supplier partnering relationships: A case in trust[J]. Journal of Business Research, 39 (1): 33-38.

Kramer R M, Tyler T R. 1996. Trust in Organizations: Frontiers of Theory and Research[M]. Los Angeles: Sage Publications Inc.

Kreps D M. 1990. Game Theory and Economic Modelling[M]. Oxford: Oxford University Press.

Kreps D M, Wilson R. 1982. Reputation and imperfect information[J]. Journal of Economic Theory, 27 (2): 253-279.

Kumar N. 1996. The power of trust in manufacturer-relationships[J]. Harvard Business Review,

74（6）：92-105.

Kwon I W G，Suh T. 2004. Factors affecting the level of trust and commitment in supply chain relationships[J]. Journal of Supply Chain Management，40（2）：4-14.

Kwon I W G，Suh T. 2005. Trust，commitment and relationship in supply chain management：A path analysis[J]. Supply Chain Management，10（1）：26-33.

Lane C，Bachmann R. 1998. Trust Within and Between Organizations：Conceptual Issues and Empirical Applications[M]. New York：Oxford University Press.

Larson A. 1992. Network dyads in entrepreneurial settings：A study of governance of exchange relationships[J]. Administrative Science Quarterly，（37）：76-104.

Larsson R. 1993. The handshake between invisible and visible hands：Toward a tripolar institutional framework[J]. International Studies of Management & Organization，23（1）：87-106.

Lee H L，Padmanabhan V，Whang S. 1997. Information distortion in a supply chain：The bullwhip effect[J].Management Science，43（4）：546-558.

Lehman M M. 1979. On understanding laws，evolution，and conservation in the large-program life cycle[J]. Journal of Systems and Software，1：213-221.

Levin D，Cross R. 2003. The strength of weak ties you can trust：The mediating role of trust in effective knowledge transfer[J]. Management Science，50（11）：1477-1490.

Lewicki R J，Bunker B B. 1995. Trust in relationships：A model of trust development and decline[A]//Bunker B B. Rubin J Z. Conflict，Cooperation and Justice：Essays Inspired by the Work of Morton Deutsch[C]. San Francisco：Jossey-Bass.

Lewicki R J，Litterer J，Minton J，et al. 1994. Negotiation[M]. New York：Mc Graw Hill Education.

Lewicki R J，McAllister D J，Bies R J. 1998. Trust and distrust：New relationships and realities[J]. Academy of Management Review，23（3）：438-458.

Lewis J D，Weigert A. 1985. Trust as a social reality[J]. Social Forces，63（4）：967-985.

Li S. 2002. An integrated model for supply chain management practice，performance and competitive advantage[D]. Toledo：The University of Toledo.

Lieberman J K. 1981. The Litigious Society[M]. New York：Basic Books.

Lissitz R W，Green S B. 1975. Effect of the number of scale points on reliability：A Monte Carlo approach[J]. Journal of Applied Psychology，60（1）：10.

Lorenz N. 1988. Trust and flexibility：International comparisons[C]. Allied Social Science Associations Meetings，New York.

Luhmann N. 1979. Trust and Power[M]. Chichester：John Wiley & Sons Ltd.

Luhmann N. 1988. Familiarity，confidence，trust：Problems and alternatives[A]//Gambetta D. Trust：Making and Breaking Cooperative Relations[C]. Oxford：Basil Blackwell.

Luhmann N. 1994. Politicians，honesty and the higher amorality of politics[J]. Theory，Culture & Society，11（2）：25-36.

Lundvall B Å. 1988. Innovation as an Interactive Process：From User-producer Interaction to the National Innovation Systems，in Technical Change and Economic Theory[M]. London：Anthem Press.

Lusch R C，Brown J R. 1996. Interdependency，contracting，and relational behavior in marketing channels[J]. Journal of Marketing，60：19-38.

MacCrimmon K R, Wehrung D A. 1986. Taking Risks: The Management of Uncertainty[M]. Newark: The Free Press.

Macneil I R. 1980. The New Social Contract: An Inquiry into Modern Contractual Relations[M]. New Haven: Yale University Press.

Mayer R C, Davis J H, Schoorman F D. 1995. An integrative model of organizational trust[J]. Academy of Management Review, 20 (3): 709-734.

McAllister D J. 1995. After and cognition-based trust as foundation for interpersonal cooperation in organizations[J]. Academy of Management Journal, 38: 24-59.

McGee J E, Dowling M J, Megginson W L. 1995. Cooperative strategy and venture performance: The role of business strategy and management experience[J]. Strategic Management Journal, 16 (7): 565-580.

McKnight D H, Cummings L L, Chervany N L. 1998. Initial trust formation in new organizational relationships[J]. Academy of Management Review, 23 (3): 473-490.

McKnight H, Carter M, Clay P. 2009. Trust in technology: Development of a set of constructs and measures[C]. Digit 2009 Proceedings, Berkeley.

McQuiston D H. 2001. A conceptual model for building and maintaining relationships between manufactures' representatives and their principals[J]. Industrial Marketing Management, 30 (2): 165-181.

Meyer J W. 1977. Institutionalized organizations: Formal structure as myth and ceremony[J]. American Journal of Sociology, 83: 340-363.

Meyerson D, Weick K E, Kramer R M. 1994. Swift trust & temporary system[J]. Trust in Organization, 13 (2): 221-264.

Miles R E, Snow C C. 1992. Causes of failure in network organizations[J]. California Management Review, 34 (4): 53-72.

Miles R E, Creed W E D. 1995. Organizational forms and managerial philosophies: A descriptive and analytical review[A]//Staw B M, Cummings L L. Research in Organizational Behavior[C]. Greenwich: JAI Press.

Mishra A K. 1996. Organizational responses to crisis: The centrality of trust[A]//Kramer R M, Tyler T R. Trust in Organizations: Frontiers of Theory and Research[C]. Thousand Oaks: Sage.

Moorman C, Zaltman G, Deshpande R. 1992. Relationships between providers and users of market research: The dynamics of trust within and between organizations[J]. Journal of Marketing Research, 29 (3): 314-328.

Morgan R M, Hunt S D. 1994. The commitment-trust theory of relationship marketing[J]. Journal of Marketing, 58 (3): 20-38.

Mu B, Yuan S J. 2012. A method for evaluating initial trust value of direct trust and recommender trust[J]. Computer Design and Applications (ICCDA), 2 (10): 185-190.

Nahapiet J, Ghoshal S. 1998. Social capital, intellectual capital, and the organizational advantage[J]. Academy of Management Review, 23 (2): 242-266.

Nelson R R, Winter S G. 1982. An Evolutionary Theory of Economic Change[M]. Cambridge: Harvard University Press.

Nguyen M, Chung E P. 2005. Telithromycin: The first ketolide antimicrobial[J]. Clinical Therapeutics, 27 (8): 1144-1163.

Nicholson C Y, Compeau L D, Sethi R. 2001. The role of interpersonal liking in building trust in long-term channel relationships[J]. Journal of the Academy of Marketing Science, 29 (1): 3.

Nooteboom B. 1993. An analysis of specificity in transaction cost economics[J]. Organization Studies, 14: 443-451.

Nooteboom B, Berger H, Noorderhaven N G. 1997. Effects of trust and governance on relational risk[J].Academy of Management Journal, 40 (2): 308-338.

Ohbuchi K. 1994. The role of apology in accounts to victims of destructive action[D]. Buffalo: State University of New York.

Ohbuchi K, Kameda M, Agarie N. 1989. Apology as aggression control: Its role in mediating appraisal of and response to harm[J]. Journal of Personality and Social Psychology, 56 (2): 219.

Ouchi W G. 1980. A framework for understanding organizational failure[A]//Kimberly J R, Miles R H. The Organizational Life Cycle[C]. San Francisco: Jossey-Bass Publishers.

Palmer J W, Bailey J P, Farajs S. 2000. The role of intermediaries in the development of trust on the use and prominence of trusted third parties and privacy statements[J]. Journal of Computer Mediated Communication, 5 (3): 0.

Parkhe A. 1993. Strategic alliance structuring: A game theoretic and transaction cost examination of interfirm cooperation[J]. Academy of Management Journal, 36 (4): 794-829.

Patterson O, Warren M E. 1999. Democracy and Trust[M]. Cambridge: Cambridge University Press.

Payan J M. 2007. A review and delineation of cooperation and coordination in marketing channels[J]. European Business Review, 19 (3): 216-233.

Penrose E. 1959. The Theory of the Growth of the Firm[M]. Cambridge: Basil Blackwell.

Poppo L, Zenger T. 2002. Do formal contracts and relational governance function as substitutes or complements? [J]. Strategic Management Journal, 23 (8): 707-725.

Portes A, Sensenbrenner J. 1993. Embeddedness and immigration: Notes on the social determinants of economic action[J]. American Journal of Sociology, 98 (6): 1320-1350.

Powell R. 1990. Nuclear Deterrence Theory: The Search for Credibility[M]. Cambridge: Cambridge University Press.

Prahalad C K, Hamel G. 1990. The core competence of the cooperation[J]. Harvard Business Review, 68 (3): 79-91.

Rackham L F, Ruff R. 1996. Getting Partnering Right: How Market Leaders are Creating Long-term Competitive Advantage[M]. New York: McGraw-Hill.

Remple J K, Holmes J G, Zanna M D. 1985. Trust in close relationships[J]. Journal of Personality and Social Personality and Social Psychology, 49: 95-112.

Riddalls C E, Icasati-Johanson B, Axtell C M, et al. 2002. Quantifying the effects of trust in supply chains during promotional periods[J]. International Journal of Logistics: Research and Applications, 5 (3): 257-274.

Ring P S, van de Ven A H. 1994. Developmental processes of cooperative interorganizational relationships[J]. Academy of Management Review, 19 (1): 90-118.

Rose S D. 1977. Group Therapy: A Behavioral Approach[M]. Bergen: Prentice-Hall.

Rosen B, Jerdee T H. 1977. Influence of subordinate characteristics on trust and use of participative decision strategies in a management simulation[J]. Journal of Applied Psychology, 62: 628-631.

Rotter J B. 1967. A new scale for the measurement of trust[J]. Journal of Personality, 35: 651-665.

Rotter J B. 1980. Interpersonal trust, trustworthiness, and gullibility[J]. American Psychologist, 35: 1-7.

Rousseau D M, Sitkin S B, Burt R S, et al. 1998. Not so different after all: A cross-discipline view of trust[J]. Academy of Management Review, 23: 393-404.

Ryans A, More R, Barclay D, et al. 2000. Winning Market Leadership. Strategic Market Planning for Technology-Driven Businesses[M]. Attleborough: Tri-Graphic Design Inc.

Sabel C F. 1993. Studied trust: Building new forms of cooperation in a volatile economy[J]. Human Relations, 46 (9): 1133-1170.

Sako M. 1992. Prices, Quality and Trust: Interfirm Relations in Britain and Japan[M]. Cambridge: Cambridge University Press.

Sako M. 1994. Supplier relationships and innovation[J]. The Handbook of Industrial Innovation, 12 (3): 268-242.

Sako M, Helper H. 1998. Determinants of trust in supplier relations: Evidence from the automotive industry in Japan and the United States[J]. Journal of Economic Behavior & Organization, (34): 387-417.

Saxenian A L. 1996. Inside-out: Regional networks and industrial adaptation in Silicon Valley and Route 128[J]. Cityscape, 2 (2): 41-60.

Schoorman F D, Mayer R C, Davis J H. 1996. Organizational trust: Philosophical perspectives and conceptual definitions[J]. Academy of Management Review, 21 (2): 337-340.

Selnes F. 1998. Antecedents and consequences of trust and satisfaction in buyer-seller relationships[J]. European Journal of Marketing, 32: 305-322.

Shapiro D L, Sheppard B H, Cheraskin L. 1992. Business on a handshake[J]. Negotiation Journal, 8 (4): 365-377.

Sheppard B H, Sherman D M. 1998. The grammars of trust: A model and general implication[J]. Academy of Management Review, 23 (3): 422-437.

Simmel G. 1964. The Sociology of Georg Simmel[M]. London: Collier-Macmillan.

Simonin B L. 1997. The Importance of collaborative know-how: An empirical test of the learning organization[J]. Academy of Management Journal, 40 (5): 1150-1174.

Sitkin S B, Roth N L. 1993. Explaining the limited effectiveness of legalistic "remedies" for trust/distrust[J]. Organization Science, 4: 367-392.

Smeltzer L R. 1997. The meaning and origin of trust in buyer-supplier relationships[J]. Journal of Supply Chain Management, 33 (4): 40-48.

Smith J B, Barclay D W. 1997. The effects of organizational differences and trust on the effectiveness of selling partner relationships[J]. Journal of Marketing, 61 (1): 3-21.

Smith K G, Carroll S J, Ashford S J. 1995. Intra-and interorganizational cooperation: Toward a research agenda[J]. Academy of Management Journal, 38 (1): 7-23.

Swinth R L. 1967. The establishment of the trust relationship[J]. The Journal of Conflict Resolution，11（3）：335-344.

Sztompka P. 1999. Trust：A Sociological Theory[M]. Cambridge：Cambridge University Press.

Teece D J. 1986. Transactions cost economics and the multinational enterprise an assessment[J]. Journal of Economic Behavior & Organization，7（1）：21-45.

Thibaut J W，Kelley H H. 1959. Power and dependence[J]. The Social Psychology of Groups，7：100-125.

Trapido D. 2007. Competitive embeddedness and the emergence of interfirm cooperation[J]. Social Forces，86（1）：165-191.

Tsai W. 2000. Social capital，strategic relatedness and the formation of intraorganizational linkages[J]. Strategic Management Journal，21（9）：925-939.

Tuchinsky M，Escalas J E，Moore M C，et al. 1994. Beyond name，rank and function：Construals of relationships in business[J]. In Academy of Management Proceedings，（1）：79-83.

Turner K. 1995. The principal principles of pragmatic inference：Cooperation[J]. Language Teaching，28（2）：67-76.

Valenzuela J L D，Villacorta F S. 1999. The relationships between the companies and their suppliers[J]. Journal of Business Ethics，22（3）：273-280.

Walker G，Devine-Wright P，Hunter S，et al. 2010. Trust and community：Exploring the meanings，contexts and dynamics of community renewable energy[J].Energy Policy，38（6）：2655-2663.

Wicks A C，Berman S L，Jones T M. 1999. The structure of optimal trust：Moral and strategic implications[J]. Academy of Management Review，24（1）：99-116.

Wilkins A L，Ouchi W G. 1983. Efficient cultures：Exploring the relationship between culture and organizational performance[J]. Administrative Science Quarterly，28（3）：468-481.

Williams B. 2003. 形式结构与社会现实[A]//郑也夫. 信任：合作关系的建立与破坏[C]. 北京：中国城市出版社.

Williamson O E. 1985. The Economic Institute of Capitalism [M]. New York：Free Press.

Williamson O E. 1993. Calculativeness，trust，and economic organization[J]. The Journal of Law and Economics，36（1，Part 2）：453-486.

Xavier F C，Luiz A. 2011. Action and Reaction[M]. Miami：EDICEI of America.

Yamagishi T，Yamagishi M. 1994. Trust and commitment in the United States and Japan[J]. Motivation and Emotion，18（2）：129-166.

Young L C，Wilkinson I F. 1989. The role of trust and co-operation in marketing channels：A preliminary study[J]. European Journal of Marketing，23（2）：109-122.

Zaheer A，Venkatraman N. 1995. Relational governance as an interorganizational strategy：An empirical test of the role of trust in economic exchange[J]. Strategic Management Journal，16（5）：373-392.

Zaheer A，McEvily B，Perrone V. 1998. Does trust matter？Exploring the effects of interorganizational and interpersonal trust on performance[J]. Organization Science，9（2）：141-159.

Zand D E. 1972. Trust and managerial problem solving[J]. Administrative Science Quarterly，17：229-239.

Zhang J，Thalmann D. 2014. ETAF：An extended trust antecedents framework for trust prediction[C]. International Conference on Advances in Social Networks Analysis and Mining，Sydney.

Zollo Z，Reuer J J，Singh H. 2002. Interorganizational routines and performance in strategic alliances[J]. Organization Science，13（6）：701-713.

Zucker L G. 1986. Production of trust: Institutional sources of economic structure，1840-1920[A]//Straw B M，Cummings L L. Research in Organizational Behavior[C]. Greenwich：JAI Press.

附　录　A

表 A.1　基于市场份额的关系型信任方差分析多重比较结果

检验类型	（I）市场份额类型	（J）市场份额类型	平均差（I-J）	标准误差	Sig.	95%置信区间 下界	95%置信区间 上界
Tamhane	1	2	0.355 56	0.733 80	0.523	−2.945 4	3.656 5
		3	−0.303 42	0.677 89	0.535	−3.860 1	3.253 3
		4	−0.449 59	0.671 49	0.325	−4.059 9	3.160 7
		5	−0.515 12	0.672 00	0.260	−4.120 9	3.090 7
		6	−0.482 32	0.683 36	0.304	−3.996 5	3.031 8
		7	−0.148 15	0.681 62	0.771	−3.676 9	3.380 6
	2	1	−0.355 56	0.733 80	1.000	−3.656 5	2.945 4
		3	−0.658 97	0.355 08	0.848	−1.981 4	0.663 4
		4	−0.805 14	0.342 70	0.548	−2.120 2	0.509 9
		5	−0.870 68	0.343 69	0.429	−2.185 8	0.444 4
		6	−0.837 88	0.365 40	0.544	−2.166 7	0.490 9
		7	−0.503 70	0.362 15	0.987	−1.836 0	0.828 6
	3	1	0.303 42	0.677 89	1.000	−3.253 3	3.860 1
		2	0.658 97	0.355 08	0.848	−0.663 4	1.981 4
		4	−0.146 17	0.196 29	1.000	−0.767 7	0.475 3
		5	−0.211 70	0.198 01	0.999	−0.838 0	0.414 6
		6	−0.178 90	0.233 67	1.000	−0.915 1	0.557 3
		7	0.155 27	0.228 55	1.000	−0.585 9	0.896 4
	4	1	0.449 59	0.671 49	1.000	−3.160 7	4.059 9
		2	0.805 14	0.342 70	0.548	−0.509 9	2.120 2
		3	0.146 17	0.196 29	1.000	−0.475 3	0.767 7
		5	−0.065 53	0.174 83	1.000	−0.604 1	0.473 0
		6	−0.032 73	0.214 39	1.000	−0.702 8	0.637 3
		7	0.301 44	0.208 79	0.972	−0.377 5	0.980 4
	5	1	0.515 12	0.672 00	1.000	−3.090 7	4.120 9
		2	0.870 68	0.343 69	0.429	−0.444 4	2.185 8
		3	0.211 70	0.198 01	0.999	−0.414 6	0.838 0
		4	0.065 53	0.174 83	1.000	−0.473 0	0.604 1

续表

检验类型	(I) 市场份额类型	(J) 市场份额类型	平均差 (I-J)	标准误差	Sig.	95%置信区间	
						下界	下界
Tamhane	5	6	0.032 80	0.215 96	1.000	−0.641 8	0.707 4
		7	0.366 97	0.210 41	0.859	−0.316 1	1.050 0
	6	1	0.482 32	0.683 36	1.000	−3.031 8	3.996 5
		2	0.837 88	0.365 40	0.544	−0.490 9	2.166 7
		3	0.178 90	0.233 67	1.000	−0.557 3	0.915 1
		4	0.032 73	0.214 39	1.000	−0.637 3	0.702 8
		5	−0.032 80	0.215 96	1.000	−0.707 4	0.641 8
		7	0.334 18	0.244 27	0.983	−0.445 4	1.113 7
	7	1	0.148 15	0.681 62	1.000	−3.380 6	3.676 9
		2	0.503 70	0.362 15	0.987	−0.828 6	1.836 0
		3	−0.155 27	0.228 55	1.000	−0.896 4	0.585 9
		4	−0.301 44	0.208 79	0.972	−0.980 4	0.377 5
		5	−0.366 97	0.210 41	0.859	−1.050 0	0.316 1
		6	−0.334 18	0.244 27	0.983	−1.113 7	0.445 4

注：1 表示非常小；2 表示很小；3 表示有点小；4 表示中等；5 表示有点大；6 表示很大；7 表示非常大。

表 A.2　基于市场份额的情感型信任和计算型信任方差分析多重比较结果

自变量	(I) 市场份额类型	(J) 市场份额类型	平均差 (I-J)	标准误差	Sig.	95%置信区间	
						下界	上界
情感型信任	1	2	−0.122 22	0.562 24	0.828	−1.229 4	0.985 0
		3	−0.705 56	0.493 12	0.154	−1.676 6	0.265 5
		4	−0.809 67	0.460 66	0.080	−1.716 8	0.097 5
		5	−0.849 86	0.461 06	0.066	−1.757 8	0.058 1
		6	−0.877 53	0.473 83	0.065	−1.810 6	0.055 6
		7	−0.245 37	0.513 26	0.633	−1.256 1	0.765 4
	2	1	0.122 22	0.562 24	0.828	−0.985 0	1.229 4
		3	−0.583 33	0.405 14	0.151	−1.381 1	0.214 5
		4	−0.687 45	0.364 94	0.061	−1.406 1	0.031 2
		5	−0.727 64*	0.365 44	0.048	−1.447 3	−0.008 0
		6	−0.755 30*	0.381 43	0.049	−1.506 4	−0.004 2
		7	−0.123 15	0.429 42	0.775	−0.968 8	0.722 5

自变量	（I）市场份额类型	（J）市场份额类型	平均差（I-J）	标准误差	Sig.	95%置信区间	
						下界	下界
情感型信任	3	1	0.705 56	0.493 12	0.154	−0.265 5	1.676 6
		2	0.583 33	0.405 14	0.151	−0.214 5	1.381 1
		4	−0.104 12	0.245 42	0.672	−0.587 4	0.379 2
		5	−0.144 30	0.246 17	0.558	−0.629 1	0.340 5
		6	−0.171 97	0.269 32	0.524	−0.702 3	0.358 4
		7	0.460 19	0.333 84	0.169	−0.197 2	1.117 6
	4	1	0.809 67	0.460 66	0.080	−0.097 5	1.716 8
		2	0.687 45	0.364 94	0.061	−0.031 2	1.406 1
		3	0.104 12	0.245 42	0.672	−0.379 2	0.587 4
		5	−0.040 19	0.172 16	0.816	−0.379 2	0.298 8
		6	−0.067 85	0.203 90	0.740	−0.469 4	0.333 7
		7	0.564 30*	0.283 71	0.048	0.005 6	1.123 0
	5	1	0.849 86	0.461 06	0.066	−0.058 1	1.757 8
		2	0.727 64*	0.365 44	0.048	0.008 0	1.447 3
		3	0.144 30	0.246 17	0.558	−0.340 5	0.629 1
		4	0.040 19	0.172 16	0.816	−0.298 8	0.379 2
		6	−0.027 67	0.204 81	0.893	−0.431 0	0.375 7
		7	0.604 49*	0.284 36	0.034	0.044 5	1.164 5
	6	1	0.877 53	0.473 83	0.065	−0.055 6	1.810 6
		2	0.755 30*	0.381 43	0.049	0.004 2	1.506 4
		3	0.171 97	0.269 32	0.524	−0.358 4	0.702 3
		4	0.067 85	0.203 90	0.740	−0.333 7	0.469 4
		5	0.027 67	0.204 81	0.893	−0.375 7	0.431 0
		7	0.632 15*	0.304 63	0.039	0.032 3	1.232 0
	7	1	0.245 37	0.513 26	0.633	−0.765 4	1.256 1
		2	0.123 15	0.429 42	0.775	−0.722 5	0.968 8
		3	−0.460 19	0.333 84	0.169	−1.117 6	0.197 2
		4	−0.564 30*	0.283 71	0.048	−1.123 0	−0.005 6
		5	−0.604 49*	0.284 36	0.034	−1.164 5	−0.044 5
		6	−0.632 15*	0.304 63	0.039	−1.232 0	−0.032 3
计算型信任	1	2	0.555 56	0.510 87	0.278	−0.450 5	1.561 6
		3	−0.008 55	0.448 07	0.985	−0.890 9	0.873 8
		4	−0.226 34	0.418 57	0.589	−1.050 6	0.597 9

续表

自变量	（I）市场份额类型	（J）市场份额类型	平均差（I-J）	标准误差	Sig.	95%置信区间	
						下界	下界
计算型信任	1	5	−0.209 00	0.418 94	0.618	−1.034 0	0.616 0
		6	−0.228 54	0.430 54	0.596	−1.076 4	0.619 3
		7	−0.070 37	0.466 36	0.880	−0.988 7	0.848 0
	2	1	−0.555 56	0.510 87	0.278	−1.561 6	0.450 5
		3	−0.564 10	0.368 12	0.127	−1.289 0	0.160 8
		4	−0.781 89*	0.331 59	0.019	−1.434 9	−0.128 9
		5	−0.764 56*	0.332 06	0.022	−1.418 5	−0.110 7
		6	−0.784 09*	0.346 58	0.025	−1.466 6	−0.101 6
		7	−0.625 93	0.390 19	0.110	−1.394 3	0.142 4
	3	1	0.008 55	0.448 07	0.985	−0.873 8	0.890 9
		2	0.564 10	0.368 12	0.127	−0.160 8	1.289 0
		4	−0.217 79	0.222 99	0.330	−0.656 9	0.221 3
		5	−0.200 45	0.223 68	0.371	−0.640 9	0.240 0
		6	−0.219 99	0.244 72	0.370	−0.701 9	0.261 9
		7	−0.061 82	0.303 34	0.839	−0.659 2	0.535 5
	4	1	0.226 34	0.418 57	0.589	−0.597 9	1.050 6
		2	0.781 89*	0.331 59	0.019	0.128 9	1.434 9
		3	0.217 79	0.222 99	0.330	−0.221 3	0.656 9
		5	0.017 34	0.156 43	0.912	−0.290 7	0.325 4
		6	−0.002 20	0.185 27	0.991	−0.367 0	0.362 7
		7	0.155 97	0.257 79	0.546	−0.351 7	0.663 6
	5	1	0.209 00	0.418 94	0.618	−0.616 0	1.034 0
		2	0.764 56*	0.332 06	0.022	0.110 7	1.418 5
		3	0.200 45	0.223 68	0.371	−0.240 0	0.640 9
		4	−0.017 34	0.156 43	0.912	−0.325 4	0.290 7
		6	−0.019 53	0.186 10	0.916	−0.386 0	0.346 9
		7	0.138 63	0.258 38	0.592	−0.370 2	0.647 5
	6	1	0.228 54	0.430 54	0.596	−0.619 3	1.076 4
		2	0.784 09*	0.346 58	0.025	0.101 6	1.466 6
		3	0.219 99	0.244 72	0.370	−0.261 9	0.701 9
		4	0.002 20	0.185 27	0.991	−0.362 7	0.367 0
		5	0.019 53	0.186 10	0.916	−0.346 9	0.386 0
		7	0.158 16	0.276 80	0.568	−0.386 9	0.703 2

自变量	（I）市场份额类型	（J）市场份额类型	平均差（I-J）	标准误差	Sig.	95%置信区间	
						下界	下界
计算型信任	7	1	0.070 37	0.466 36	0.880	−0.848 0	0.988 7
		2	0.625 93	0.390 19	0.110	−0.142 4	1.394 3
		3	0.061 82	0.303 34	0.839	−0.535 5	0.659 2
		4	−0.155 97	0.257 79	0.546	−0.663 6	0.351 7
		5	−0.138 63	0.258 38	0.592	−0.647 5	0.370 2
		6	−0.158 16	0.276 80	0.568	−0.703 2	0.386 9

* 平均差在 0.05 显著水平下显著。

注：1 表示非常小；2 表示很小；3 表示有点小；4 表示中等；5 表示有点大；6 表示很大；7 表示非常大。

附　录　B

表 B.1　基于交往时间的企业间信任方差分析多重比较结果

自变量	（I）交往时间	（J）交往时间	平均差（I-J）	标准误差	Sig.	95%置信区间	
						下界	上界
情感型信任	1	2	−0.253 76	0.272 34	0.352	−0.790 1	0.282 6
		3	−0.748 68*	0.268 83	0.006	−1.278 1	−0.219 3
		4	−0.810 38*	0.263 78	0.002	−1.329 9	−0.290 9
		5	0.169 89	0.173 06	0.352	−1.321 5	−0.241 5
		6	−0.465 02	0.290 09	0.110	−1.036 3	0.106 3
		7	−0.100 79	0.465 62	0.829	−1.017 8	0.816 2
	2	1	0.253 76	0.272 34	0.352	−0.282 6	0.790 1
		3	−0.494 92*	0.195 03	0.012	−0.879 0	−0.110 8
		4	−0.556 62*	0.188 02	0.003	−0.926 9	−0.186 4
		5	0.216 05	0.356 23	0.312	−0.451 3	0.151 3
		6	−0.211 26	0.223 43	0.345	−0.651 3	0.228 8
		7	0.152 97	0.427 28	0.721	−0.688 5	0.994 4
	3	1	0.748 68*	0.268 83	0.006	0.219 3	1.278 1
		2	0.494 92*	0.195 03	0.012	0.110 8	0.879 0
		4	−0.061 70	0.182 89	0.736	−0.421 9	0.298 5
		5	0.251 56	0.143 36	0.366	−0.346 1	0.731 7
		6	0.283 66	0.219 13	0.197	−0.147 9	0.715 2
		7	0.647 88	0.425 05	0.129	−0.189 2	1.485 0
	4	1	0.810 38*	0.263 78	0.002	0.290 9	1.329 9
		2	0.556 62*	0.188 02	0.003	0.186 4	0.926 9
		3	0.061 70	0.182 89	0.736	−0.298 5	0.421 9
		5	0.316 16	0.216 46	0.415	−0.331 5	0.638
		6	0.345 37	0.212 92	0.106	−0.073 9	0.764 7
		7	0.709 59	0.421 88	0.094	−0.121 2	1.540 4
	5	1	0.316 44	0.297 57	0.999	−0.594 6	1.227 4
		2	0.188 36	0.228 81	0.631	−0.512 2	0.888 9
		3	−0.318 12	0.223 41	0.971	−1.002 1	0.365 9
		4	−0.264 04	0.216 37	0.995	−0.926 5	0.398 4

续表

自变量	（I）交往时间	（J）交往时间	平均差（I-J）	标准误差	Sig.	95%置信区间 下界	下界
情感型信任	5	6	0.089 59	0.398 49	0.315	−1.130 4	1.309 6
		7	−0.114 11	0.471 87	0.421	−1.558 7	1.330 5
	6	1	0.465 02	0.290 09	0.110	−0.106 3	1.036 3
		2	0.211 26	0.223 43	0.345	−0.228 8	0.651 3
		3	−0.283 66	0.219 13	0.197	−0.715 2	0.147 9
		4	−0.345 37	0.212 92	0.106	−0.764 7	0.073 9
		5	0.247 72	0.326 67	0.361	−0.472 2	0.563 7
		7	0.364 22	0.438 81	0.407	−0.499 9	1.228 4
	7	1	0.100 79	0.465 62	0.829	−0.816 2	1.017 8
		2	−0.152 97	0.427 28	0.721	−0.994 4	0.688 5
		3	−0.647 88	0.425 05	0.129	−1.485 0	0.189 2
		4	−0.709 59	0.421 88	0.094	−1.540 4	0.121 2
		5	−0.235 66	−346 16	0.253	−1.356 6	0.245 5
		6	−0.364 22	0.438 81	0.407	−1.228 4	0.499 9
计算型信任	1	2	0.061 99	0.253 88	0.807	−0.438 0	0.562 0
		3	−0.268 78	0.250 61	0.284	−0.762 3	0.224 7
		4	−0.195 05	0.245 91	0.428	−0.679 3	0.289 2
		5	−0.354 67	0.447 2	0.748	−0.462 6	0.452 1
		6	−0.014 04	0.270 43	0.959	−0.546 6	0.518 5
		7	0.266 67	0.434 06	0.540	−0.588 2	1.121 5
	2	1	−0.061 99	0.253 88	0.807	−0.562 0	0.438 0
		3	−0.330 77	0.181 81	0.070	−0.688 8	0.027 3
		4	−0.257 03	0.175 27	0.144	−0.602 2	0.088 1
		5	−0.255 11	0.135 67	0.315	−0.315 6	0.466 2
		6	−0.076 02	0.208 29	0.715	−0.486 2	0.334 2
		7	0.204 68	0.398 32	0.608	−0.579 8	0.989 1
	3	1	0.268 78	0.250 61	0.284	−0.224 7	0.762 3
		2	0.330 77	0.181 81	0.070	−0.027 3	0.688 8
		4	0.073 74	0.170 49	0.666	−0.262 0	0.409 5
		5	0.247 62	0.345 08	0.474	−0.432 0	0.527 2
		6	0.254 75	0.204 28	0.214	−0.147 6	0.657 1
		7	0.535 45	0.396 24	0.178	−0.244 9	1.315 8
	4	1	0.195 05	0.245 91	0.428	−0.289 2	0.679 3
		2	0.257 03	0.175 27	0.144	−0.088 1	0.602 2

自变量	（I）交往时间	（J）交往时间	平均差（I-J）	标准误差	Sig.	95%置信区间	
						下界	下界
计算型信任	4	3	−0.073 74	0.170 49	0.666	−0.409 5	0.262 0
		5	−0.084 62	0.283 43	0.766	−0.642 8	0.473 6
		6	0.181 01	0.198 49	0.363	−0.209 9	0.571 9
		7	0.461 71	0.393 29	0.242	−0.312 8	1.236 2
	5	1	−0.226 85	0.430 35	0.599	−1.074 4	0.620 7
		2	−0.316 44	0.297 57	0.289	−0.902 5	0.269 6
		3	−0.430 56	0.499 07	0.389	−1.413 4	0.552 3
		4	0.128 09	0.280 65	0.648	−0.424 6	0.680 8
		6	−0.506 48	0.200 33	0.384	−1.223 4	0.210 4
		7	−0.452 39	0.192 44	0.480	−1.141 1	0.236 3
	6	1	0.014 04	0.270 43	0.959	−0.518 5	0.546 6
		2	0.076 02	0.208 29	0.715	−0.334 2	0.486 2
		3	−0.254 75	0.204 28	0.214	−0.657 1	0.147 6
		4	−0.181 01	0.198 49	0.363	−0.571 9	0.209 9
		5	0.341 44	0.304 6	0.376	0.361 4	0.504 6
		7	0.280 70	0.409 07	0.493	−0.524 9	0.686 3
	7	1	−0.266 67	0.434 06	0.540	−1.121 5	0.588 2
		2	−0.204 68	0.398 32	0.608	−0.989 1	0.579 8
		3	−0.535 45	0.396 24	0.178	−1.315 8	0.244 9
		4	−0.461 71	0.393 29	0.242	−1.236 2	0.312 8
		6	−0.280 70	0.409 07	0.493	−1.086 3	0.524 9
关系型信任	1	2	−0.123 64	0.272 54	0.650	−0.660 4	0.413 1
		3	−0.666 67*	0.269 02	0.014	−1.196 5	−0.136 9
		4	−0.574 65*	0.263 98	0.030	−1.094 5	−0.054 8
		5	0.358 79	0.228 44	0.183	−0.763 5	0.213 7
		6	−0.328 32	0.290 30	0.259	−0.900 0	0.243 4
		7	−0.261 90	0.465 96	0.575	−1.179 5	0.655 7
	2	1	0.123 64	0.272 54	0.650	−0.413 1	0.660 4
		3	−0.543 02*	0.195 17	0.006	−0.927 4	−0.158 7
		4'	−0.451 00*	0.188 15	0.017	−0.821 5	−0.080 5
		5	−0.351 66	0.264 64	0.231	−0.321 5	−0.383 1
		6	−0.204 68	0.223 59	0.361	−0.645 0	0.235 7
		7	−0.138 26	0.427 59	0.747	−0.980 3	0.703 8

自变量	（I）交往时间	（J）交往时间	平均差（I-J）	标准误差	Sig.	95%置信区间	
						下界	下界
	3	1	0.666 67*	0.269 02	0.014	0.136 9	1.196 5
		2	0.543 02*	0.195 17	0.006	0.158 7	0.927 4
		4	0.092 02	0.183 02	0.616	−0.268 4	0.452 5
		5	0.461 66	0.321 53	0.315	−0.231 5	0.315 6
		6	0.338 35	0.219 29	0.124	−0.093 5	0.770 2
		7	0.404 76	0.425 36	0.342	−0.432 9	1.242 4
	4	1	0.574 65*	0.263 98	0.030	0.054 8	1.094 5
		2	0.451 00*	0.188 15	0.017	0.080 5	0.821 5
		3	−0.092 02	0.183 02	0.616	−0.452 5	0.268 4
		5	0.225 56	0.451 11	0.315	−0.351 1	0.572 2
		6	0.246 33	0.213 07	0.249	−0.173 3	0.665 9
		7	0.312 74	0.422 19	0.460	−0.518 7	1.144 2
关系型信任	5	1	0.149 92	0.455 34	0.742	−0.746 8	1.046 7
		2	0.226 85	0.430 35	0.599	−0.620 7	1.074 4
		3	0.098 77	0.386 02	0.798	−0.661 5	0.859 0
		4	−0.407 71	0.382 85	0.288	−1.161 7	0.346 3
		6	−0.353 63	0.378 78	0.351	−1.099 6	0.392 3
		7	−0.089 59	0.398 49	0.822	−0.874 4	0.695 2
	6	1	0.328 32	0.290 30	0.259	−0.243 4	0.900 0
		2	0.204 68	0.223 59	0.361	−0.235 7	0.645 0
		3	−0.338 35	0.219 29	0.124	−0.770 2	0.093 5
		4	−0.246 33	0.213 07	0.249	−0.665 9	0.173 3
		5	0.031 56	0.315 11	0.211	−0.411 5	0.256 6
		7	0.066 42	0.439 13	0.880	−0.798 4	0.931 2
	7	1	0.261 90	0.465 96	0.575	−0.655 7	1.179 5
		2	0.138 26	0.427 59	0.747	−0.703 8	0.980 3
		3	−0.404 76	0.425 36	0.342	−1.242 4	0.432 9
		4	−0.312 74	0.422 19	0.460	−1.144 2	0.518 7
		5	−0.255 66	0.432 56	0.462	−1.565 6	0.625 2
		6	−0.066 42	0.439 13	0.880	−0.931 2	0.798 4

* 平均差在 0.05 显著水平下显著。

注：1 表示 1 年以下；2 表示 1~2 年；3 表示 2~3 年；4 表示 3~5 年；5 表示 5~7 年；6 表示 7~10 年；7 表示 10 年以上。

附 录 C

表 C.1 基于企业规模的企业间信任方差分析多重比较结果

自变量	（I）企业规模	（J）企业规模	平均差（I-J）	标准误差	Sig.	95%置信区间	
						下界	上界
情感型信任	1	2	0.300 23	0.280 19	0.297	0.174 0	0.257 1
		3	0.594 98	0.200 00	0.368	0.318 1	−0.118 1
		4	0.383 02	0.192 13	0.148	−0.448 7	−0.216 6
		5	0.355 78	0.385 39	0.799	−0.480 0	0.519 8
		6	0.358 79	0.228 44	0.983	−0.163 5	0.213 7
		7	0.594 67	0.460 63	0.238	−0.390 3	0.906 9
	2	1	−0.205 25	0.379 75	0.525	0.797 5	0.252 5
		3	−0.111 59	0.357 92	0.755	−0.816 5	0.593 3
		4	−0.259 37	0.297 68	0.384	−0.845 6	0.326 9
		5	−0.125 64	0.308 92	0.685	−0.734 0	0.482 7
		6	0.247 62	0.345 08	0.474	−0.432 0	0.927 2
		7	0.502 08	0.354 97	0.158	−0.197 0	1.201 1
	3	1	0.205 25	0.322 80	0.997	−0.379 7	0.708 2
		2	0.111 59	0.357 92	0.755	−0.593 3	0.816 5
		4	−0.147 77	0.248 29	0.552	−0.636 7	0.341 2
		5	−0.014 05	0.261 65	0.957	−0.529 3	0.501 2
		6	0.359 21	0.303 49	0.238	−0.238 5	0.956 9
		7	0.613 68	0.314 69	0.052	−0.006 1	1.233 4
	4	1	0.278 35	0.324 51	0.212	−0.345 1	0.536 7
		2	0.259 37	0.297 68	0.384	−0.326 9	0.845 6
		3	0.147 77	0.248 29	0.552	−0.341 2	0.636 7
		5	0.133 72	0.170 21	0.433	−0.201 5	0.468 9
		6	0.506 98*	0.229 38	0.028	0.055 3	0.958 7
		7	0.761 45*	0.244 01	0.002	0.280 9	1.242 0
	5	1	0.234 13	0.245 37	0.543	−0.456 2	0.672 3
		2	0.125 64	0.308 92	0.685	−0.482 7	0.734 0
		3	0.014 05	0.261 65	0.957	−0.501 2	0.529 3
		4	−0.133 72	0.170 21	0.433	−0.468 9	0.201 5

续表

自变量	（I）企业规模	（J）企业规模	平均差（I-J）	标准误差	Sig.	95%置信区间	
						下界	下界
情感型信任	5	6	0.373 26	0.243 79	0.127	−0.106 8	0.853 4
		7	0.627 72*	0.257 60	0.016	0.120 4	1.135 0
	6	1	−0.243 11	0.431 56	0.374	0.143 2	0.264 3
		2	−0.247 62	0.345 08	0.474	−0.927 2	0.432 0
		3	−0.359 21	0.303 49	0.238	−0.956 9	0.238 5
		4	−0.506 98*	0.229 38	0.028	−0.958 7	−0.055 3
		5	−0.373 26	0.243 79	0.127	−0.853 4	0.106 8
		7	0.254 46	0.300 00	0.397	−0.336 3	0.845 3
	7	1	−0.389 42	0.365 32	0.275	−1.352 6	0.176 0
		2	−0.502 08	0.354 97	0.158	−1.201 1	0.197 0
		3	−0.613 68	0.314 69	0.052	−1.233 4	0.006 1
		4	−0.761 45*	0.244 01	0.002	−1.242 0	−0.280 9
		5	−0.627 72*	0.257 60	0.016	−1.135 0	−0.120 4
		6	−0.254 46	0.300 00	0.397	−0.845 3	0.336 3
计算型信任	1	2	0.205 25	0.208 0	0.431	0.205 25	0.208 0
		3	0.717 21	0.704 3	0.265	0.717 21	0.704 3
		4	0.800 23	0.767 0	0.276	0.800 23	0.767 0
		5	0.444 44	0.982 0	0.532	0.444 44	0.982 0
		6	0.441 44	0.504 6	0.376	0.441 44	0.504 6
		7	0.205 56	0.988 6	0.387	0.205 56	0.988 6
	2	1	0.345 23	0.286 19	0.377	0.374 0	0.657 1
		3	−0.084 06	0.328 39	0.798	−0.730 8	0.562 7
		4	−0.233 97	0.273 12	0.392	−0.771 8	0.303 9
		5	0.084 62	0.283 43	0.766	−0.473 6	0.642 8
		6	−0.039 29	0.316 61	0.901	−0.662 8	0.584 2
		7	0.156 94	0.325 68	0.630	−0.484 4	0.798 3
	3	1	0.143 66	0.245 32	0.512	−0.431 5	0.783 2
		2	0.084 06	0.328 39	0.798	−0.562 7	0.730 8
		4	−0.149 91	0.227 80	0.511	−0.598 5	0.298 7
		5	0.168 67	0.240 07	0.483	−0.304 1	0.641 4
		6	0.044 77	0.278 45	0.872	−0.503 6	0.593 1
		7	0.241 00	0.288 73	0.405	−0.327 6	0.809 6
	4	1	0.235 11	0.264 21	0.378	−0.356 1	0.790 4
		2	0.233 97	0.273 12	0.392	−0.303 9	0.771 8

自变量	（I）企业规模	（J）企业规模	平均差（I-J）	标准误差	Sig.	95%置信区间	
						下界	下界
计算型信任	4	3	0.149 91	0.227 80	0.511	−0.298 7	0.598 5
		5	0.318 58*	0.156 16	0.042	0.011 0	0.626 1
		6	0.194 68	0.210 46	0.356	−0.219 8	0.609 1
		7	0.390 91	0.223 87	0.082	−0.050 0	0.831 8
	5	1	−0.124 12	0.243 15	0.235	−0.634 2	0.472 4
		2	−0.084 62	0.283 43	0.766	−0.642 8	0.473 6
		3	−0.168 67	0.240 07	0.483	−0.641 4	0.304 1
		4	−0.318 58*	0.156 16	0.042	−0.626 1	−0.011 0
		6	−0.123 90	0.223 67	0.580	−0.564 4	0.316 6
		7	0.072 33	0.236 34	0.760	−0.393 1	0.537 8
	6	1	0.012 45	0.321 53	0.543	−0.345 1	0.673 2
		2	0.039 29	0.316 61	0.901	−0.584 2	0.662 8
		3	−0.044 77	0.278 45	0.872	−0.593 1	0.503 6
		4	−0.194 68	0.210 46	0.356	−0.609 1	0.219 8
		5	0.123 90	0.223 67	0.580	−0.316 6	0.564 4
		7	0.196 23	0.275 25	0.477	−0.345 8	0.738 3
	7	1	−0.265 91	0.389 04	0.589	−0.873 4	0.435 2
		2	−0.156 94	0.325 68	0.630	−0.798 3	0.484 4
		3	−0.241 00	0.288 73	0.405	−0.809 6	0.327 6
		4	−0.390 91	0.223 87	0.082	−0.831 8	0.050 0
		5	−0.072 33	0.236 34	0.760	−0.537 8	0.393 1
		6	−0.196 23	0.275 25	0.477	−0.738 3	0.345 8
关系型信任	1	2	0.300 23	0.366 62	0.401	−0.166 6	0.702 3
		3	0.394 98	0.292 69	0.594	−0.092 6	0.549 8
		4	0.383 02	0.581 56	0.383	−0.581 5	0.830 2
		5	0.355 78	0.997 55	0.355	−0.997 5	0.557 8
		6	0.358 79	0.414 34	0.358	−0.414 3	0.587 9
		7	0.594 67	1.032 2	0.594	1.032 2	0.594 7
	2	1	−0.231 53	0.364 11	0.523	−0.678 1	0.536 5
		3	−0.240 10	0.352 46	0.496	−0.934 2	0.454 0
		4	−0.501 59	0.293 14	0.088	−1.078 9	0.075 7
		5	−0.175 21	0.304 21	0.565	−0.774 3	0.423 9
		6	0.050 79	0.339 81	0.881	−0.618 4	0.720 0
		7	0.240 28	0.349 55	0.492	−0.448 1	0.928 7

续表

自变量	（I）企业规模	（J）企业规模	平均差（I-J）	标准误差	Sig.	95%置信区间	
						下界	下界
关系型信任	3	1	0.267 48	0.278 19	0.462	−0.613 3	0.780 1
		2	0.240 10	0.352 46	0.496	−0.454 0	0.934 2
		4	−0.261 49	0.244 50	0.286	−0.743 0	0.220 0
		5	0.064 88	0.257 66	0.801	−0.442 5	0.572 3
		6	0.290 89	0.298 86	0.331	−0.297 7	0.879 5
		7	0.480 37	0.309 89	0.122	−0.129 9	1.090 7
	4	1	0.364 21	0.346 21	0.041	−0.085 6	0.876 2
		2	0.501 59	0.293 14	0.088	−0.075 7	1.078 9
		3	0.261 49	0.244 50	0.286	−0.220 0	0.743 0
		5	0.326 37	0.167 61	0.053	−0.003 7	0.656 5
		6	0.552 38*	0.225 88	0.015	0.107 5	0.997 2
		7	0.741 87*	0.240 28	0.002	0.268 7	1.215 1
	5	1	0.154 13	0.264 32	0.425	−0.381 4	0.870 3
		2	0.175 21	0.304 21	0.565	−0.423 9	0.774 3
		3	−0.064 88	0.257 66	0.801	−0.572 3	0.442 5
		4	−0.326 37	0.167 61	0.053	−0.656 5	0.003 7
		6	0.226 01	0.240 07	0.347	−0.246 8	0.698 8
		7	0.415 49	0.253 66	0.103	−0.084 1	0.915 0
	6	1	−0.532 73	0.332 61	0.634	−0.679 1	0.562 1
		2	−0.050 79	0.339 81	0.881	−0.720 0	0.618 4
		3	−0.290 89	0.298 86	0.331	−0.879 5	0.297 7
		4	−0.552 38*	0.225 88	0.015	−0.997 2	−0.107 5
		5	−0.226 01	0.240 07	0.347	−0.698 8	0.246 8
		7	0.189 48	0.295 42	0.522	−0.392 3	0.771 3
	7	1	−0.251 35	0.351 98	0.362	−0.566 1	0.462 7
		2	−0.240 28	0.349 55	0.492	−0.928 7	0.448 1
		3	−0.480 37	0.309 89	0.122	−1.090 7	0.129 9
		4	−0.741 87*	0.240 28	0.002	−1.215 1	−0.268 7
		5	−0.415 49	0.253 66	0.103	−0.915 0	0.084 1
		6	−0.189 48	0.295 42	0.522	−0.771 3	0.392 3

＊ 平均差在 0.05 显著水平下显著。

注：1 表示非常小；2 表示很小；3 表示有点小；4 表示中等；5 表示有点大；6 表示很大；7 表示非常大。

附　录　D

调 查 问 卷

尊敬的小姐/女士/先生：

您好!万分感谢您在百忙之中接受我们的问卷调查,本问卷采用匿名的方式作答,您所提供的所有信息仅供此次学术研究之用,对于所回收资料保证绝对保密。您的参与对我们的研究非常重要,非常感谢您的支持和帮助。

1. 填表时凡涉及合作企业、合作企业员工时,请选择自己最熟悉、联系最多的合作企业、合作企业员工作为分析对象填写。

2. 如果您回答的是电子版问卷,直接用鼠标在相应的框内点击即可;如果您回答的是打印版问卷,需要用笔在相应的框内打"×"。

一、您及所在企业的基本情况调查

1. 性别：□男　□女

2. 年龄：□≤30 岁　□31～40 岁　□41～50 岁　□>50 岁

3. 学历：□大专及以下　□本科　□硕士　□博士

4. 参加工作年限：□≤1 年　□1～3 年　□3～5 年　□5～10 年　□>10 年

5. 您的职位：□企业高层　□部门中层　□业务主管　□其他

6. 您所在行业：
□制造业　□采矿业　□建筑业　□交通运输、仓储、邮政业　□信息服务与软件业　□批发、零售业　□住宿餐饮　□金融业　□房地产业　□租赁与商务服务业　□科学研究、技术服务业　□教育/卫生/文化产业　□其他

7. 您所在企业在行业内的影响力：
□非常小　□很小　□有点小　□中等　□有点大　□很大　□非常大

8. 您所在企业在行业属于什么规模的公司：
□非常小　□很小　□有点小　□中等　□有点大　□很大　□非常大

9. 您所在企业在该行业的市场份额：
□非常小　□很小　□有点小　□中等　□有点大　□很大　□非常大

10. 您对选定的合作企业的了解程度：

□完全不了解　□很不了解　□有点不了解　□不确定　□有点了解　□很了解　□完全了解

11. 在与选定的合作企业的合作过程中，您的参与程度：

□完全不参与　□基本不参与　□有点不参与　□不确定　□有点参与□基本参与　□完全参与

12. 您与选定的合作企业的交往时间：

□1 年以下　□1～2 年　□2～3 年　□3～5 年　□5～7 年　□7～10 年□10 年以上

13. 您所在企业地点：_____

二、信任前因、维度及合作绩效调查（请选择一个自己最熟悉、联系最多的合作企业或合作企业员工作为分析对象填写）

编号	描述	完全不同意	很不同意	有点不同意	不确定	有点同意	很同意	完全同意
1. 合作企业员工善良特征测量项目								
1.1	合作企业员工非常关心他人利益	1□	2□	3□	4□	5□	6□	7□
1.2	合作企业员工从来不损人利己	1□	2□	3□	4□	5□	6□	7□
1.3	合作企业员工乐于助人	1□	2□	3□	4□	5□	6□	7□
1.4	合作企业员工富有爱心	1□	2□	3□	4□	5□	6□	7□
2. 合作企业员工正直特征测量项目								
2.1	合作企业员工待人接物非常公平	1□	2□	3□	4□	5□	6□	7□
2.2	合作企业员工非常信守承诺	1□	2□	3□	4□	5□	6□	7□
2.3	合作企业员工言行一致，表里如一	1□	2□	3□	4□	5□	6□	7□
2.4	合作企业员工很讲究个人道德和伦理	1□	2□	3□	4□	5□	6□	7□
2.5	合作企业员工富有正义感	1□	2□	3□	4□	5□	6□	7□
3. 合作企业声誉测量项目								
3.1	合作企业在行业内有很好的信誉	1□	2□	3□	4□	5□	6□	7□
3.2	合作企业具有很强的社会责任感	1□	2□	3□	4□	5□	6□	7□
3.3	合作企业能够很好地履行订单或承诺	1□	2□	3□	4□	5□	6□	7□
3.4	合作企业被大多数顾客所认可	1□	2□	3□	4□	5□	6□	7□
3.5	合作企业非常关心客户利益	1□	2□	3□	4□	5□	6□	7□

编号	描述	完全不同意	很不同意	有点不同意	不确定	有点同意	很同意	完全同意
4. 合作企业能力测量项目								
4.1	合作企业应对市场风险的能力很强	1□	2□	3□	4□	5□	6□	7□
4.2	合作企业的产品质量很好	1□	2□	3□	4□	5□	6□	7□
4.3	合作企业的服务很好	1□	2□	3□	4□	5□	6□	7□
5. 与合作企业交往经验测量项目								
5.1	彼此合作的历史悠久	1□	2□	3□	4□	5□	6□	7□
5.2	彼此看待市场机遇的方法是同样的	1□	2□	3□	4□	5□	6□	7□
5.3	彼此的目标是一致的	1□	2□	3□	4□	5□	6□	7□
5.4	彼此的企业文化有相融的地方	1□	2□	3□	4□	5□	6□	7□
6. 与合作企业沟通测量项目								
6.1	彼此会分享各自的机密信息	1□	2□	3□	4□	5□	6□	7□
6.2	当冲突发生时，彼此可以很好地沟通解决	1□	2□	3□	4□	5□	6□	7□
6.3	彼此之间经常相互往来	1□	2□	3□	4□	5□	6□	7□
6.4	彼此之间出现任何问题会及时相互通知	1□	2□	3□	4□	5□	6□	7□
6.5	彼此信息交换是及时的	1□	2□	3□	4□	5□	6□	7□
6.6	彼此信息交换是准确的	1□	2□	3□	4□	5□	6□	7□
7. 情感型信任测量项目								
7.1	我和合作企业员工可以自由分享我们的观念、看法、感觉	1□	2□	3□	4□	5□	6□	7□
7.2	合作企业员工会认真地听我诉说工作中的困难	1□	2□	3□	4□	5□	6□	7□
7.3	如果彼此不合作，我们会有一种失落感	1□	2□	3□	4□	5□	6□	7□
7.4	如果我工作中有了问题，合作企业员工也会给我关心和建议	1□	2□	3□	4□	5□	6□	7□
7.5	我们都为建立良好的合作关系而努力进行情感方面的投入	1□	2□	3□	4□	5□	6□	7□
7.6	我们总是关心对方的利益不受到损害	1□	2□	3□	4□	5□	6□	7□
8. 计算型信任测量项目								
8.1	我们相信对合作企业行业的监控是有效的	1□	2□	3□	4□	5□	6□	7□

续表

编号	描述	完全不同意	很不同意	有点不同意	不确定	有点同意	很同意	完全同意
8.2	我们相信合作企业有能力履行义务	1□	2□	3□	4□	5□	6□	7□
8.3	我们相信合作企业的违约行为成本很高	1□	2□	3□	4□	5□	6□	7□
8.4	我们相信对合作企业的评价体系很规范	1□	2□	3□	4□	5□	6□	7□
8.5	我们相信与合作企业的契约很完备	1□	2□	3□	4□	5□	6□	7□
8.6	我们相信对合作企业的行为规范很明确	1□	2□	3□	4□	5□	6□	7□
9. 关系型信任测量项目								
9.1	我们觉得合作企业在谈判中很公平	1□	2□	3□	4□	5□	6□	7□
9.2	我们觉得合作企业是可以依赖的	1□	2□	3□	4□	5□	6□	7□
9.3	我们觉得合作企业不会利用我们的问题去获利	1□	2□	3□	4□	5□	6□	7□
9.4	我们觉得合作企业在同我们协商时很诚恳	1□	2□	3□	4□	5□	6□	7□
9.5	当环境出现变化时，我们觉得合作企业会给我们提供支持	1□	2□	3□	4□	5□	6□	7□
9.6	我们觉得当合作企业做出重大决策时，会考虑我们的利益	1□	2□	3□	4□	5□	6□	7□
10. 合作绩效测量项目								
10.1	彼此合作达到了我们的预期目标程度	1□	2□	3□	4□	5□	6□	7□
10.2	彼此合作关系富有成效	1□	2□	3□	4□	5□	6□	7□
10.3	彼此都对合作关系比较满意	1□	2□	3□	4□	5□	6□	7□
10.4	彼此都从合作中获得大量收益	1□	2□	3□	4□	5□	6□	7□
10.5	这一合作对彼此企业市场价值有很大提升	1□	2□	3□	4□	5□	6□	7□
10.6	这一合作给彼此都带来更大的竞争优势	1□	2□	3□	4□	5□	6□	7□
10.7	这一合作给彼此都带来长期的竞争力	1□	2□	3□	4□	5□	6□	7□

　　请您检查以上问题有没有漏选，并注意保存数据，再次感谢您付出的时间与精力!祝您身体健康、工作愉快。